金融科技背景下商业银行业务转型中的风险管控研究

孙志娟　著

中国财经出版传媒集团
中国财政经济出版社
·北京·

图书在版编目（CIP）数据

金融科技背景下商业银行业务转型中的风险管控研究 / 孙志娟著. -- 北京：中国财政经济出版社，2024.10
ISBN 978-7-5223-3180-5

Ⅰ.①金… Ⅱ.①孙… Ⅲ.①商业银行-风险管理-研究-中国 Ⅳ.①F832.33

中国国家版本馆 CIP 数据核字（2024）第 102984 号

责任编辑：高文欣　　　　责任印制：史大鹏
封面设计：卜建辰　　　　责任校对：徐艳丽

金融科技背景下商业银行业务转型中的风险管控研究
JINRONG KEJI BEIJINGXIA SHANGYE YINHANG YEWU
ZHUANXING ZHONG DE FENGXIAN GUANKONG YANJIU

中国财政经济出版社 出版
URL：http：//www.cfeph.cn
E-mail：cfeph@cfeph.cn

社址：北京市海淀区阜成路甲 28 号　邮政编码：100142
营销中心电话：010-88191522
天猫网店：中国财政经济出版社旗舰店
网址：https：//zgczjjcbs.tmall.com
中煤（北京）印务有限公司印刷　各地新华书店经销
成品尺寸：170mm×240mm　16 开　15.25 印张　223 000 字
2024 年 10 月第 1 版　2024 年 10 月北京第 1 次印刷
定价：78.00 元
ISBN 978-7-5223-3180-5
（图书出现印装问题，本社负责调换，电话：010-88190548）
本社图书质量投诉电话：010-88190744
打击盗版举报热线：010-88191661　QQ：2242791300

前 言

商业银行业务运营是现代经济资金流转的命脉之一，同时也是整个经济、社会发展中最为活跃、最为脆弱的环节之一。近年来，随着金融科技理念的发展，金融领域业务发展中的新痛点、业务转型中的新趋势及传统风险防控手段的新瓶颈均对商业银行业务转型提出了重大挑战，再加上当前不良贷款率的持续攀升，原有的风险管控体系已难以胜任。因此以金融科技背景下商业银行业务转型中所出现的新风险、新痛点及新趋势为背景，依托金融科技背景下的商业银行业务发展中的长尾效应及脱媒效应等理论，从区块链、人工智能等金融科技的信任博弈规制、节点赋能、去中心化及加密计算规则等视角完善商业银行业务转型中风险管控的CA识别认证体系、SDAE降噪评估模型、GM（N，N）风险应对流程及宏微观政策相结合的管控框架，解决商业银行业务转型中面临的防控机制设计、管理体系、管理手段等方面的缺陷，克服业务转型升级中的二八定律、信息不对称、技术支撑难以有效衔接业务发展等问题，已成为当前商业银行业务转型升级中刻不容缓的工作之一。本书在梳理金融科技背景下商业银行业务转型升级中风险管控的现状、困境及趋势的基础上，研究了金融科技兴起、金融科技背景下商业银行的业务发展及转型中的新风险，依托金融科技的长尾效应、脱媒效应及跨界耦合共生演化机制，从风险的识别、评估、应对及管控四步骤，重构业务转型风险的CA识别溯源体系，从时空、类别及业务等视角调整业务关联度及风险指标，提高风险管控溯源效率；改进业务转型中风险的SDAE降噪评估模型，模拟样本数据的GAN生成算法，将高维稀疏的数据特征转换为低维稠密的特征表达，提升风险评估精准度；完善业务转型中风险的GM（N，N）应对流程，筛选风险防控指标，保障风险管控信号输出入的流畅与精确，检验风险应对的效果；从制度保障、组织保障及法律保障等视角完善业务转型中商业银行风险管控的宏微观政策统筹，提高风险管控质量。以期实现利用金融科技手段，结合商业银行禀赋差异高效率识别溯源、精准测度风险，提升处置效率，规避资产、负债及权益三端的风险叠加，避免风险交叉感染和集中爆发，从而优化商业银行服务经济发展的“输血路径”。

本研究以“背景描述－机理分析－体系建构－政策建议”为逻辑主线，构建“金融科技背景下商业银行业务转型及转型中的风险，依托金融科技的长尾效应、脱媒效应等理论，完善风险识别、评估、应对及管控等流程，进而优化商业银行业务转型中风险管控”的分析框架，解决商业银行业务转型中面临的防控机制设计、管理体系、管理手段等方面的缺陷，从理论上构建商业银行风险管控的研究框架，助力商业银行业务从模仿迭代到颠覆重塑的转型，丰富风险识别溯源机制及风险管控聚类分层理论；从实践上对商业银行资金流向定点追踪、精准溯源、有效测度，实现业务转型中风险管控的差异化管理；从政策上完善商业银行业务转型中风险管控的宏微观政策统筹，为监管和业务运营部门提供建议参考。

本书依托自上而下的机理分析与自下而上的政策引导展开相关研究。自上而下的机理分析：金融科技背景下商业银行业务转型及博弈规制外部环境双重作用下→完善商业银行风险识别手段、评估方法、应对流程及管控保障等步骤→优化商业银行业务转型中风险管控的政策建议。自下而上的政策引导：完善商业银行业务转型中的风险管控→需要与之匹配的风险识别、评估、应对及管控等工作步骤→根据商业银行业务转型特性及博弈规制引导金融科技手段的跨界融合。

一、具体研究框架

第一章：绪论。梳理商业银行业务转型升级中存在的风险、影响因素及识别、评估手段等方面的研究成果，对智慧中国、金融科技、风险溯源等关键概念进行内涵界定与外延拓展，并对其创新之处、研究方法等加以说明。

第二章：金融科技背景下商业银行的业务转型。从金融科技兴起、金融科技背景下商业银行业务发展的长尾效应与脱媒效应、金融科技背景下商业银行业务转型升级等展开理论分析。（1）金融科技浪潮的兴起。介绍金融科技背景下商业银行业务发展的四大模块16个核心业务、四大发展阶段及五大特点，构建金融科技的“四梁八柱”，为金融机构特别是商业银行的业务升级提供了理论基础。（2）金融科技背景下商业银行的业务发展。从金融科技背景下各类金融机构的长尾效应及脱媒效应等视角，分析区块链、人工智能等数字技术有助于打破商业银行传统业务的二八定律、解决信息不对称、促进金融业务对消费者日常生活的渗透等机制。（3）金融科技背景下商业银行的业务转型。分析金融科技背景下商业银行业务转型的必然性、目标、特点及具体类型，分析业务升级过程中存在的业务渠道优化、金融服务品质提升及风险防控升级等新特征。

第三章：业务转型中商业银行风险管控的新挑战。分析业务转型后商业银行风险的新特点、风险管控的痛点与缺陷、风险管控的新挑战等内容。（1）业务转型中商业银行风险的特点。分析商业银行业务转型后风险的非独立性、亲周期性等普遍存在但总体可控特点。（2）业务转型中商业银行风险管控的痛点。结合金融科技迅猛发展的新趋势，分析业务转型后商业银行面临的国内外宏观制度短板、金融科技转型、银行风险蔓延等内外部环境变化，探讨商业银行在风险防控机制设计、管理体系、管理手段及外部环境等方面的缺陷。（3）业务转型中商业银行风险管控的趋势。分析金融科技背景下商业银行的数据管控缺失、信息泄露、人才短缺、难以有效衔接金融科技理念及风险被放大等新隐患，探讨新背景下商业银行风险管控的业务发展短链化、向经营风险理念的转变、重塑风险分布与权重及重构“输血路径”与“造血功能”等新趋势与新动向。

第四章：金融科技背景下商业银行风险管控的理论分析。分析商业银行风险管控的理论基础、金融科技背景下赋能风险管控的理论基础及智慧中国赋能风险管控的作用机制等内容。（1）商业银行风险管控的理论基础。从马柯维茨均值－方差理论、资本资产CAPM定价模型、期权定价理论等视角探寻金融科技背景下商业银行业务转型后风险管控的理论基础。（2）金融科技背景下赋能商业银行风险管控的理论基础。从科技跨界耦合金融的共生演化机制、风险管控的创新理论等视角探寻金融科技背景下赋能的理论基础。（3）金融科技背景下赋能商业银行风险管控的作用机制。依托金融科技背景下赋能的理论基础，重塑商业银行风险识别、评估、应对及管控体系，从去中心化、透明性等博弈规制视角探寻提升资产配置效率、降低风险的作用机理，从加密计算规则和共识机制视角研究保证系统账本数据真实、为商业银行风险测度提供精准指标的工作机制，从节点赋能视角解析有效记录机构间业务关联性、准确计算风险阈值的技术支撑。

第五章：金融科技背景下商业银行业务转型中的风险识别。分析商业银行风险识别与溯源的机制、基于金融科技场景完善CA认证溯源体系及依托CA体系溯源商业银行风险等内容。(1) 商业银行风险识别与溯源机制。从定性、定量等视角分析商业银行风险溯源的模型与评估方法，分析商业银行业务转型中风险溯源测度指标的选择。(2) 金融科技背景下完善商业银行CA风险认证溯源体系。以金融科技赋能商业银行资产负债、表外及同业等三大业务节点的视角，从层次聚类、密度聚类的角度进行业务分类及指标设计，构建覆盖国有、股份及城商等多类别商业银行的风险信息分类数据平台，分类整理信息数据，为识别、追踪并溯源商业银行资金流向提供数据平台；基于信息分类数据平台，完善商业银行全面风险CA溯源体系架构，构建宏观体系环境层、中观管理机制层及微观核心要素层等三个层级的全面风险溯源体系，分时点、分类别、分业务对商业银行风险进行定位追踪与识别溯源。(3) 依托CA体系溯源商业银行业务转型中的风险。在金融科技背景下，从事前、事中、事后等视角识别商业银行风险并溯源风险传染机制。构建安全阈值，以区块链、人工智能等金融科技为手段，依托CA溯源体系从时空、类别及业务等不同视角，调整业务关联度及风险指标，实现商业银行风险管控溯源。

第六章：金融科技背景下商业银行业务转型中的风险评估。分析商业银行风险定价博弈困境、依托金融科技改进SDAE降噪评估模型及依托SDAE模型评估商业银行风险等内容。(1) 银企双方关于风险定价的博弈。从银企双方博弈的基本原理出发，分析风险定价中银企双方的博弈困境，探寻样本信息失真、数据不均衡等的原因。(2) 金融科技背景下改进商业银行SDAE风险降噪评估模型。分析影响商业银行风险评估的因素，介绍国际传统商业银行风险定价模型与金融科技的融合成果，构建风险信息分类数据平台，模拟样本数据的GAN生成算法，构建堆栈自编码SDAE降噪评估模型。(3) 依托SDAE模型评估商业银行业务转型中的风险。依托SDAE评估模型，将商业银行高维、稀疏的数据特征转换为低维、稠密的特征表达，提升其风险评估精准度。

第七章：金融科技背景下完善商业银行业务转型的风险应对流程。分析商业银行风险应对的基本原理、金融科技背景下完善GM（N，N）风险应对流程及依托GM（N，N）流程应对商业银行风险等内容。(1) 商业银行风险应对的基本原理。从SOM－PNN映射神经网络预测原理、灰色自效应GM（N，N）预测原理等视角分析商业银行风险应对的基本原理。(2) 金融科技背景下完善商业银行GM（N，N）风险应对流程。基于金融科技背景，构建商业银行风险应对与防控流程，确保风险管控信号输出入的流畅与精确，调整业务关联度及风险指标，完善GM（N，N）风险应对流程。(3) 依托GM（N，N）流程应对商业银行业务转型中的风险。依托GM（N，N）风险应对流程，选取商业银行风险应对与防控指标体系，筛选样本变量，检验其风险应对流程的通畅度。

第八章：金融科技背景下健全商业银行业务转型的风险管控体系。分析商业银行风险管控的基本模式与瓶颈、发展新趋势及金融科技背景下如何完善风险管控体系等内容。(1) 商业银行风险管控的瓶颈。从国际环境、监管自由化、市场虚拟化、监管同质化及业务转型中的管控真空、管控机制不完善、管控过度与管控空白并存等方面分析其瓶颈。(2) 金融科技背景下商业银行风险管控的新趋势。分析新形势下商业银行风险管控的新要求、新尝试及新趋势，分析人工智能、区块链等金融科技在风险管控中的应用新场景与新模式。(3) 金融科技背景下完善商业银行风险管控体系。基于金融科技背景，从宏观政策扶持与微观管控框架重塑等视角，研究商业银行完善风险管控的组织结构、法律保障及国际合作等内容。

第九章：政策启示与研究展望。分析新形势下实现商业银行风险管控的政策建议及其对实践工作的启示，讨论未来研究方向的展望等内容。

二、主要创新与研究展望

（一）主要创新

依托金融科技背景下赋能商业银行业务转型中风险管控的作用机制，完善其CA风险识别认证体系、SDAE降噪评估模型、GM（N，N）风险应对流程及宏微观层面的管控框架，以期在学术思想、学术观点及研究方法等方面有所创新。

1. 从博弈角度将金融科技新视域场景应用于商业银行资源优化在学术思想上具有一定创新。(1) 依托金融科技可使互不信任的双方在无第三方参与下达成博弈均衡的特点，降低了商业银行间风险传染性，在理论上具有一定的创新。(2) 从风险溯源视角完善异质性银行、异质性业务风险防控的路径提升，从金融科技新视域场景赋能视角研究宏微观政策的统筹，实现资产优化配置，在政策观点上具有一定创新性。

2. 从金融科技视角展开商业银行风险管控在学术观点上具有一定的创新。(1) 依托新视域场景下的信任博弈规制，从层次聚类、密度聚类等视角进行异质性银行、异质性业务风险指标设计，追踪资金流向，整理风险信息数据，在实践操作上具有一定的创新。(2) 依托区块链、人工智能等金融科技的去中心化及加密计算规则构建商业银行风险 CA 识别溯源模型、SDAE 风险降噪评估模型及 GM（N，N）风险应对流程，从空间维度甄选风险贡献度，从时间维度刻画风险时变性，在学术观点上具有一定的创新。

3. 数理模型与综合评价相结合的分析方法具有一定的创新。(1) 依托新视域场景下的信任博弈机制完善风险数据分类信息平台，构建商业银行业务转型中的 CA 风险识别溯源模型，在研究手段上具有一定的创新。(2) 金融科技背景下，依托区块链、人工智能等金融科技手段模拟商业银行风险 GAN 生成算法，改进 SDAE 降噪评估模型，在研究工具上具有一定的创新。(3) 运用综合评价法对金融科技背景下商业银行风险识别、评估、应对与管控体系的完善及路径的优化等问题进行综合评价，在研究方法上具有一定的创新。

（二）研究展望

本书在前人研究的基础上依托金融科技新思维对商业银行业务转型中的风险识别、评估、应对及管控进行了部分研究，但由于受理论修养和现实经验的限制，在一些诸如深入挖掘风险数据、构建风险控制技术与手段等微观领域的研究还不够到位，需在如下几方面加强学习：

1. 应在商业银行风险溯源、评估与管控等微观领域内加大研究力度。在商业银行业务转型的风险管控上，应加大对区块链、人工智能等金融科技手段的运用力度，将关于 CA 识别溯源模型、SDAE 降噪评估模型及 GM（N，N）风险应对流程的研究进一步细化。

2. 应利用区块链、人工智能等金融科技手段、神经网络、小波分和模糊理论等加强对风险波动的模拟和预测。应加强对博弈规制、节点赋能异质性等机理的研究，提升商业银行风险溯源与防控的效率。

3. 应依托金融科技新思维实现多学科理论的交叉应用。应基于金融科技新视域场景，将协同理论、超循环理论及耗散结构理论等多学科理论融入商业银行风险溯源与防控中，实现多学科交叉应用。

目录

第一章　绪　　论

当前商业银行急需实现业务运营转型升级以匹配我国金融发展新形势与经济发展新态势，而业务转型中实现风险防控、进而促进金融稳定则是国家金融安全的重要组成部分，是经济平稳发展的重要支撑条件。当前一些商业银行面临企业账期拖延、数字化转型、国际金融市场波动等多重冲击，同时也面临着由传统资产业务向数字消费、数字交易理念转型过程中相匹配的风险管理制度的缺失。因此，在商业银行业务特别是面向中小微企业和弱势个体的业务中就亟需利用金融科技手段，重塑经营模式、重构业务体系，并结合自身禀赋差异高效率识别、追溯、评估转型过程中可能出现的信用、流动性及操作等风险，提升金融风险防控效率，规避资产、负债及权益三端的风险叠加效应，避免风险交叉感染和集中爆发。基于区块链、人工智能等金融科技手段的可追踪、可节点赋能、防篡改等信任博弈视角，构建“金融科技背景下商业银行业务运营急需转型升级－业务转型后面临风险防控的新挑战，依托金融科技识别、评估、应对及管控风险－提升风险处置效率”的分析框架，从理论上探讨依托金融科技提升商业银行风险识别与溯源能力的内在机理，从实践上完善金融科技背景下优化商业银行风险评估与防控的实践路径。

第一节　研究背景和意义

一、研究背景

（一）金融科技战略转型刺激了经济但也加大了金融风险

在金融与科技衔接日益紧密、先进科技手段逐步向金融市场渗透的当下，怎样保障商业银行的传统业务、日益创新的新型金融产品业务及复杂多变的金融衍生产品的安全，怎样依托金融科技的新视域场景与新思维、依托新手段，将商业银行传统业务升级、新型金融产品及金融衍生产品等业务运营过程中的风险控制在可接受的范围内，已成为当前学界及相关部门重点讨论的话题之一。

面对国内外金融宏观制度短板、经济增速衰退、智慧中国理念实施、商业银行自身风险在机构间蔓延等内外部环境的变化，我国政府采取了一系列的货币政策及财政政策，以期能抓住当前环境下经济发展的巨大机遇，同时也有效应对内外部环境变化给我国经济发展所带来的冲击，在“危”中求“机”，在“机”中有效应对“危”。目前，金融业的科技战略转型在引导经济高质量发展、帮助旧动能产业渡过难关、推动新经济产业升级的同时，也滋生了一定程度的风险。区块链、人工智能等金融科技手段在提高商业银行业务效率、节省运营成本的同时，一定程度上也可能使得诸如资金托管、信托业务计划等传统业务风险敞口加大，且有可能将一些较高杠杆嵌套的“通道类高风险资产”由传统实体经济流向虚拟领域，从而产生部分低效的金融供给，致使资金在某些领域或行业的投放受阻，一定程度上为业务无序扩张埋下隐患，并有可能激发金融机构特别是商业银行的风险。

当前外部经济环境依旧复杂，经济下行压力仍然较大，商业银行也面临着外部输入性风险和内部高杠杆风险。特别是随着金融科技理念的持续推进，随着金融科技新视域场景及新理念思维在各行各业的深入渗透，金融科技手段的互联互通性、去中心化等特点更是使得商业银行风险的隐蔽性、传染性及突发性等特征凸显，新思维下商业银行的潜在风险更为复杂。故金融科技新思维下如何既引导经济高质量发展又防范金融机构自身面临过度风险就显得十分关键，因此重构商业银行风险溯源的新机制，依托新技术溯源并防控潜在的风险，必将直接影响银行系统乃至整个金融体系的稳定性。

然而，面对制度、政策、科技及业务等内外部环境的变化，传统的商业银行风险识别及溯源方法、风险测度与评估手段等由于各主体间的博弈困境而出现了信息传递失真、难以有效识别及管控效率低下的弊端，怎样依托金融科技新思维与新手段进行商业银行风险的追踪溯源，进而防控其风险，就显得至关重要。

（二）商业银行业务转型中存有较大潜在隐患

由于受到经济、政治、道德及技术手段等内外部因素的干扰，金融系统存在着天生的、不可消除的风险，故一定程度上金融系统就显得特别脆弱。特别是商业银行作为金融系统中最重要的组成部分之一，其在业务运营中可能面临的外部环境、内部市场及技术手段等方面的干扰更是容易加剧银行系统的风险隐患。近年来随着国际范围内历次危机的爆发，银行系统风险的累积更是给金融体系甚至整个经济发展带来了前所未有的压力与后果，各个国家也纷纷将金融风险特别是商业银行风险的溯源、评估、防范与管控等工作提上了重要日程。

改革开放以来，我国经济实现了突飞猛进的高速发展，在完成经济由快速发展向更高质量、更高效率发展的顺利转型之后，当前已进入了由求速度向求质量的新发展时期。实际 GDP 总量也由 1978 年底的 0.36 万亿元增长到了 2021 年底的 114.37 万亿元，增长了 317.69 倍，40 余年来经济实现了快速、高质量的发展。然而，这一过程中，不断变化的国内外金融环境也使得我国经济发展受到一定的制约。特别是 2008 年国际金融危机爆发之后的十余年间，各国的经济发展更是处于长周期的下行趋势，一定程度上拖累了我国外需的增长，同时随着“4 万亿”救市计划“强心针”作用的逐渐消退、内需动力也受到部分影响。面对当前内外部环境的变化，我国部分产业特别是一些传统产业出现了产能结构性过剩、产需间结构性失衡及国际市场疲软等新特征，一定程度上也影响了商业银行的业务，致使其不良贷款率易升难降，违约风险加大，杠杆率居高不下。银保监会披露的数据显示，2013～2021 年末，我国商业银行整体不良贷款率呈逐年上升趋势，商业银行的风险也将持续暴露，商业银行面临的包括信贷风险在内的各种风险进一步加大，历年不良贷款率如表 1－1 所示。

表 1－1　2013～2021 年我国商业银行不良贷款率

项目＼年份	2013	2014	2015	2016	2017	2018	2019	2020	2021
不良贷款率（%）	0.95	1.0	1.0	1.25	1.67	1.74	1.74	1.89	1.84

首先，在国内外环境影响下，商业银行可能面临未来数年内不良贷款率持续上涨的压力。当前经济形势下，虽然各国也采取了部分举措来尽可能地规避外部环境对整个金融体系的负面影响，但不难看到目前有限的调节政策对于各国经济发展乃至其金融体系稳定性而言都只是杯水车薪，难以真正起到较显著的促进作用。因此面对内忧外患的大环境，我国经济一路高歌猛进的发展势头也受到了一定程度的影响与制约，经济发展势头受阻势必将制约包括金融业在内的各行业、各领域的良好发展，具体表现为近几年我国商业银行债务负担较重，不良贷款率居高不下。

其次，当前较为宽松的货币政策，也使得企业、个人等主体能较容易地申请到银行贷款，同等资质的企业或个人在同样条件下可申请到更多的资金，略差资质的企业或个人在贷款条件下调的情况下亦可申请到一定的资金，一定程度上会使得企业或个人过高估计自身的资金运营能力及实力，从而造成企业盲目扩张及个人过度消费，使得资金运营陷入资本运作的“黑洞”，无形中放大了商业银行的风险隐患。加之前几年房地产市场的过度膨胀，一定程度上也导致了商业银行住房按揭及住房抵押等业务资产质量的恶化，房地产市场风险的进一步加剧也放大了商业银行的风险隐患。

在金融体系去杠杆和防风险的两难困境下，杠杆率结构性风险依然居高不下，宏观经济下行可能引发债务偿还风险，微观金融产品体系日益复杂、金融机构间关联性日益增强，机构间风险同质共振的概率进一步加大，致使若为刺激经济加杠杆则可能引发未来风险通胀，如若严格管控去杠杆则可能使得风险进一步显性化，故防范商业银行风险的形势依然严峻。当前国家也已意识到了这一问题的严重性，相继出台了《中国银监会办公厅关于防范化解金融风险严守风险底线工作的建议》（银监办发〔2016〕27 号）[①] 等一系列文件，要求各金融机构特别是商业银行要时刻关注贷款企业或个人的资金运营情况与财务状况，及时发现问题，及时调整政策，尽最大可能地规避贷款企业的风险隐患。因此今后一段时间内我国在促进经济高质量发展的同时，也应对金融体系的风险特别是商业银行的风险隐患保持高度警惕，在保证经济保质保量发展的

① 《中国银监会办公厅关于防范化解金融风险严守风险底线工作的建议》（银监办发〔2016〕27 号）。

同时也应注意商业银行风险的溯源追踪与防范化解。

（三）商业银行资产质量不容乐观

近年来商业银行资产面临较大挑战，资产质量不容乐观。商业银行面临着企业账期拖延、数字化转型、国际金融市场波动等多重冲击，同时也面临着与主体信用向资产信用、交易信用转型相匹配的风险管理制度缺失的问题。

首先，近年来商业银行出现资产规模增长势头。次贷危机后在全球经济复苏政策的刺激下，世界范围内各行各业贷款投放规模高涨，国内也出现了资产投放比例小幅增长的态势。据中国人民银行的统计数据显示，2007 年以来，我国商业银行贷款规模小幅上涨，而质量却显著下降。由表 1－2 不难发现：我国商业银行增长额整体呈现小幅上涨态势。同时，近年来我国商业银行弹性系数的波动幅度也较大。商业银行的弹性系数主要反映 GDP 变动幅度对商业银行变化幅度的敏感程度，通常弹性系数 = GDP 变动幅度/变化幅度 × 100%，若系数大于 1 则说明商业银行的市场富有弹性，小于 1 则说明缺乏弹性。由表 1－2 不难发现：近年来特别是 2008 年次贷危机以来，我国在积极的政策的刺激下，经济发展逐步实现了由追求快速增长向追求高质量发展的平稳转型，GDP 增长幅度对商业银行变化幅度的敏感程度也相对较高，商业银行的市场处于较富有弹性的波动区间。

表 1－2　　2007 年以来我国商业银行弹性系数①

年份	GDP 增速	增长额	增速	弹性系数
2007	9.30%	13884	22.62%	0.41
2008	7.80%	17011	22.61%	0.35
2009	7.60%	12350	13.39%	0.57
2010	8.40%	16592	15.86%	0.53
2011	8.30%	8387	6.92%	1.20
2012	9.10%	39315	30.34%	0.30
2013	10%	32370	19.16%	0.52
2014	10.10%	19590	9.73%	1.04

① 《2007～2020 中国统计年鉴》。

续表

年份	GDP 增速	增长额	增速	弹性系数
2015	10.20%	29561	13.38%	0.76
2016	11.60%	38312	15.30%	0.76
2017	11.90%	50921	17.64%	0.67
2018	9%	39720	11.69%	0.77
2019	8.70%	24021	6.33%	1.37
2020	9.90%	75600	18.74%	0.53

其次，近年来商业银行资产质量不容乐观。银监会相关数据显示：我国商业银行不良贷款率在 2008 ~ 2012 年小幅下降、随后又呈现不良贷款余额与不良贷款率的“双升”趋势，近年来贷款质量整体向好的局面逐渐被打破，商业银行信用风险和流动性风险逐渐上升，贷款违约风险隐患显著增加。同时，企业应收账款增多，资金周转速度变慢，资金面吃紧，行业贷款质量下降，商业银行贷款质量也随之受到影响。尽管这期间从数据上来看，部分商业银行的主要资产质量指标在逐步改善，部分年份不良贷款余额与不良贷款率也出现“双降”态势，但这并不意味着呆账坏账风险隐患的降低，总体上看近年来商业银行的资产质量仍不容乐观（如图 1－1、图 1－2 所示）。

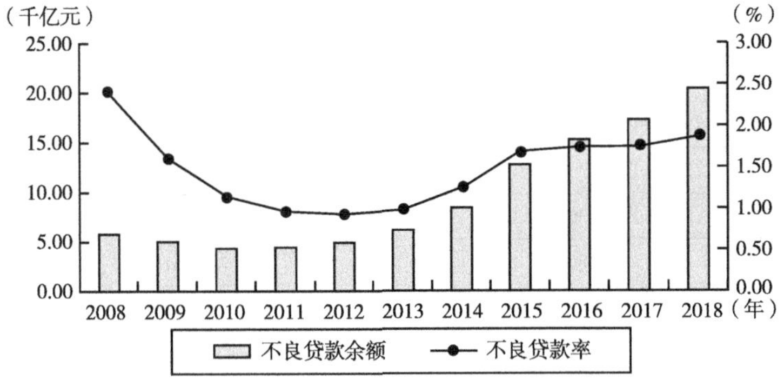

图 1－1　我国不良贷款余额和平均不良贷款率

在不良贷款余额和不良贷款率“双降”的外表下，资产质量正面临较大挑战，新增贷款风险逐步显现。首先，部分年份商业银行不良贷款“双降”的原因，是投放规模的大幅度提高致使贷款总量增多，因而“双降”更多是体现在了账面上的改善与下降，实质仍面临较大的资产质量压力。其次，正常

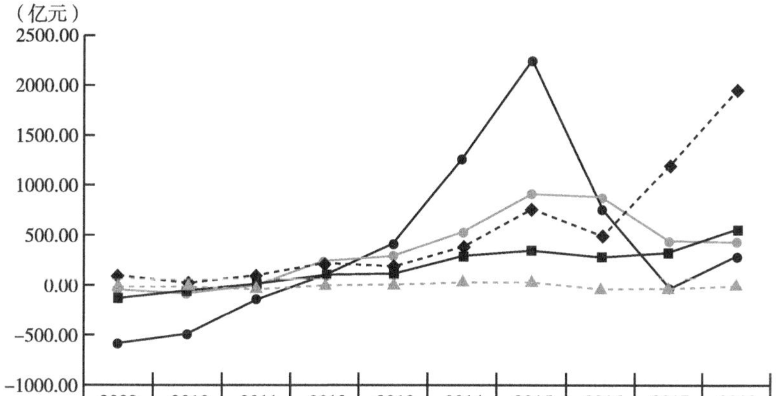

	2009	2010	2011	2012	2013	2014	2015	2016	2017	2018
大型商业银行	-580.93	-502.30	-129	99.00	405	1265.0	2237	759	-36	293
股份制商业银行	-19.88	-71.20	-3	234.00	294	528.00	917	871	444	441
城市商业银行	-107.92	-50.90	13	80.00	129	307.00	358	285	325	547
农村商业银行	78.65	0.90	70	223.00	162	365.00	771	487	1217	1968
外资银行	0.83	-12.80	-9	14.00	2	40.00	34	-27	-18	11

图 1-2 分机构类型商业银行不良贷款余额变动趋势

贷款迁徙率也呈现出普遍上升的态势。早在 2018 年末，商业银行风险就已逐步显露，资产质量压力也逐步增大，各大银行的正常贷款迁徙率普遍升高。从某种程度上讲，商业银行的风险要远比想象中更深。最后，商业银行贷款投放行业集中、企业还款意愿及还款能力的降低以及金融行业自身的冲击，极有可能爆发危机，直至拖死商业银行。尤其是近几年商业银行贷款在房地产行业的集中投放，在面临较严的房地产市场调控、地产业陷入淡季泥潭的当下，部分地产商资金链断裂，其还款能力及还款意愿持续偏低，直接引起了商业银行风险的凸显，也引发了不良贷款率的大幅上升。加之国际环境的持续动荡，部分商业银行持有的海外资产也正遭受着不同程度的违约损失，无疑也加大了其海外资产的风险隐患。面对商业银行业务运营中所出现的一系列问题和困难，如何改进并完善其风险管理机制，加强对其资产风险隐患的溯源与防控就显得刻不容缓。

如何利用金融科技新思维，结合各商业银行自身禀赋差异高效率识别、追溯、精准测度风险，并进而提升其风险处置效率，规避资产、负债及权益三端的风险叠加效应，避免风险交叉感染和集中爆发，已成为当前金融机构特别是各商业银行刻不容缓的历史使命。2016 年习近平总书记在中央经济工作会议上强调，要把防控金融风险放在更加重要的位置。随后在 2017 年全国金融工作会议上，中央再次对新时期金融改革发展稳定做出全面部署，特别是党的十九大更是将防范化解重大风险列为三大攻坚战之首。防范化解金融风险、促进金融稳定已成为了国家安全的重要组成部分，也是经济平稳发展的重要条件。

（四）金融科技战略的实施为风险溯源提供了技术工具

现阶段我国商业银行转型升级的方向之一就是将金融科技等新思维融入金融生态系统中，然而业务创新中也可能伴随着风险，新工具、新手段的应用在给银行业务发展带来新鲜血液的同时，也可能会催生新的经营风险。故溯源并防范风险理应是商业银行的生命线，防控风险也应是现代商业银行业务转型升级中的重中之重，因此基于金融业加大应用金融科技创新的新趋势，不仅会使得传统风险管理理念及管理方式出现显著改变，也势必会使得商业银行转型升级其风险管理框架。在商业银行的风险管理上，应加强各银行内控管理、完善全面风险管理体系，同时也应加快新技术、新手段在各业务、各部门间的综合应用。在科技金融发展迅猛的当下，金融业各类创新业务跨度越来越大，交易性越来越强，复杂度越来越高，导致了商业银行风险的表现越来越复杂，隐蔽性和交易性越来越高，识别难度急剧增加，管理难度也越来越大。因此各商业银行应依托新手段、新工具尽快完善其风险管理体系。

首先，要大力推进金融行业的专业化建设，不断增强风险管理深入性。建立和完善涉及新场景下新业务的风险约束和控制机制，推进完善风险管控机制，建立风险隔离防火墙，有效避免经营过程中的传统风险及智慧中国视域下的特殊风险，从自身发展过程中的外部环境变化特征以及自身的整体能力等角度实现风险管理体系的有效构建，以满足科技创新需求。其次，推进不同业务范畴和不同机构间的风险管理协商机制，依托金融科技新场景及新思维理念，强化各商业银行不同部门内部及不同银行机构间风险管理的统筹协调，增强商业银行风险管理过程的全面性与系统性。最后，增强商业银行风险管理人员的专业培训，打造一支新型的专业风险管理高级专家队伍来科学识别并应对各种潜在风险等。在融合金融科技创新优势的过程中也应高度重视数据敏感度等特征，以现有的大数据技术来提出更加科学的风险识别机制及风险应对机制，促进金融科技在商业银行风险识别能力与风险应对能力等方面能力的不断增强，各商业银行应大力推进风险数据的管理建设，加快以区块链、人工智能等金融科技为核心的信息系统建设进程，从而实现商业银行等金融机构的可持续发展。

二、研究意义

历史上的历次危机均表明：风险是商业银行破产的最直接、最重要的原因之一。近年来，虽然我国的存贷比呈现出了一定的下降趋势，但由于当前信贷业务仍然是商业银行的主营业务之一，其占总资产的比例超过 60%，而且收益仍是各商业银行的主营业务收入，因此一定程度上信贷风险仍是当前商业银行面临的主要挑战之一。新形势下依托金融科技以新技术研究商业银行风险特别是其信贷风险的溯源机制与防控措施就显得意义非凡。

首先，风险研究是商业银行在业务转型升级中急需解决的课题，特别是近年来随着我国经济及金融业的发展，金融领域部分业务也发生了翻天覆地的变化，更需加强对商业银行风险的研究力度。再加上当前国内外经济环境、商业银行宏微观经营环境及贷款企业资金运营的实际状况等诸多因素的不确定性，一定程度上也加剧了其风险，进而也极有可能给整个金融体系乃至整个经济体系造成较大危害，故风险研究历来都是商业银行亟待解决的重要课题之一。

其次，依托金融科技新思维研究商业银行的风险溯源机制与防控路径，不仅有助于提升其自身经营与发展的效率，同时还有助于加深对数字经济新背景下我国金融运营体系乃至国家经济运行过程中所存在的深层次矛盾及潜在冲突的理解，为我国宏观经济运行及政治社会稳定提供强有力的金融支撑。

再次，从理论上来说，研究商业银行的风险度量与控制虽然并不是一个崭新的课题，但在我国采取了“适度宽松”的稳健货币政策后敏锐地意识到商业银行潜在的风险并基于智慧中国视域、依托金融科技新思维加以研究的专著还不多见。因此，通过理论与实践相结合，深入探讨新背景下应如何把握商业银行业务转型的度、如何处理好业务转型与风险管控之间的关系，相信会对完善和健全新背景下商业银行业务转型中的风险管控体系有所帮助。

最后，依托金融科技进行商业银行业务转型中的风险管控研究，还具有重要的学术价值和应用价值。依托长尾效应、脱媒效应等理论，有助于从信任博弈规制、节点赋能、去中心化及加密计算规则视角完善商业银行业务转型中风险管控的 CA 识别认证体系、SDAE 降噪评估模型、GM(N, N) 风险应对流程及宏微观政策相结合的管控框架。依托金融科技新手段有助于完善其业务转型中风险管控的研究框架，有助于从理论上拓展商业银行风险管控的理论分析视角，丰富金融机构风险管控的长尾效应与聚类分层等理论基础；依托新视域下的新思维理念，有助于重塑商业银行风险认证 CA 溯源依次、SDAE 风险降噪评估模型及 GM(N, N) 风险应对流程，有助于从实践上提升风险因子的识别精确度、突破风险评估模型的固有瓶颈，夯实数字金融从模仿迭代到颠覆重塑转型的实践支撑；依托区块链、人工智能等新工具有助于分类整理风险信息样本数据，有助于从政策上完善商业银行业务转型中风险管控的宏微观政策统筹，为相关监管和具体业务部门进行差异化管理提供参考。

第二节　对象界定与结构安排

一、对象界定

（一）风险概念的界定

所谓风险指：在任何跨时期的财产权转移交易中一方可能会不按照他所承诺的那样交出那些财产的风险①。即，借款人不能按期归还或逾期不归还贷款本息而引起贷款人收益变动的可能性。商业银行风险既不是风险的事实风险即确实已经发生的损害，也不是经营的实际结果与既定目标的偏离，而是在业务运营中由于各种不确定性而遭受损失或获取收益的可能性，通常包含广义和狭

① 彼得·纽曼. 新帕尔格雷夫货币金融大辞典［M］. 北京：经济科学出版社，2001.

义的风险。广义的商业银行风险一般指商业银行业务运营中所出现的损失和盈利的不确定性；狭义的商业银行风险则更强调业务运营中出现损失的可能性。本研究更倾向于分析狭义的商业银行风险，研究以商业银行风险溯源识别与防范监督为研究对象，依托商业银行禀赋异质性和信任博弈规制的理论基础，构建基于新思维的商业银行风险管控机制，分时点、分业务、分类别地研究风险识别模式选择、测度方法优化及防控路径升级。

（二）贷款风险定价的界定

本研究主要依托 Peter. S. Rose（1996）①、刘忠燕（2002）②、彭建刚（2004）③、任远（2004）④ 等中西方学者关于商业银行的成本加成模式、价格领导模式及客户盈利分析模式等三种贷款定价模式，研究我国商业银行风险的定价问题。

1. 成本加成模式

该模式认为：一笔贷款的价格由其运营成本与目标收益两部分构成，具体而言由筹集成本、员工工资、评估和管理费用、贷款的风险溢价、商业银行预期利润等构成。因此，多数学者认为该模式属于“成本导向型”模式，通常可表示为：贷款利率 = 可贷资金的边际成本 + 非资金性经营成本率 + 补偿贷款风险损失的边际成本 + 商业银行预期收益率。该定价方法是商业银行较早采用的方法之一，主要是从补偿成本的角度所进行的考虑。但这种方法往往忽视了客户需求及同业竞争等诸多因素的影响，易造成客户的流失和市场份额的萎缩。该模式主要适用于垄断型商业银行或贷款市场需求旺盛的商业银行（陈燕玲，2002）⑤。

2. 价格领导模式

价格领导模式是目前国际上较为广泛采用的模式之一，此类定价模式属于“市场导向型”模式。一般情况下，该定价模式在定价时通常会选取某一市场

① Peter S. Rose. Commercial BankManagement. 3th. McGraw – Hill，1996.

② 刘忠燕，娄树本．商业银行经营管理学［M］．北京：中国金融出版社，2002.

③ 彭建刚．商业银行管理学［M］．北京：中国金融出版社，2004.

④ 任远．商业银行经营管理学［M］．北京：科学出版社，2004.

⑤ 陈燕玲．贷款定价模式比较与利率市场化后的模式选择［J］．华南金融研究，2002（2）：24 – 27.

利率作为基准利率，进而依托该利率，确定某笔贷款的价格由基准利率与风险溢价点数两部分构成。其通用的表示公式为：

贷款利率＝基准利率＋风险溢价点数

或

贷款利率＝基准利率×风险溢价乘数

3. 客户盈利分析模式

成本加成模式与价格领导模式均是针对单一的定价方式，只是考虑到了成本、风险及利息等因素，而关于结算、咨询、委托代理等中间业务收入并未得到应有的重视，而这些中间业务却又是贷款定价过程中不能忽视的，故为尽可能考虑到影响贷款定价的因素，部分学者提出运用客户盈利性分析模式进行贷款定价。该模式是以客户导向为主的定价模式，主要是通过比较商业银行为客户提供服务的总成本、总收入及目标利润来权衡其价格水平。通常用公式可表示为：

$$\text{税前收益率}=\frac{\text{向客户提供贷款和服务的收益}-\text{向客户提供贷款和服务的费用}}{\text{超出该客户存款额的贷款资金净额}} \tag{1-1}$$

在以上三种贷款定价基本模式的基础上，结合我国的实际情况，提出了构建 RAROC 贷款风险定价模型的建议。认为该模型的计算公式应为：

$$\begin{aligned}\text{贷款}\ RAROC &=\frac{\text{贷款风险调整收益}}{\text{贷款风险资本}}=\frac{\text{收益}-\text{资金成本}-\text{经营费用}-\text{预期损失}}{\text{贷款风险资本}}\\&=\frac{\text{贷款风险资本}\times\text{利率}-\text{资金成本}-\text{经营费用}-\text{预期损失}}{\text{贷款风险资本}}\end{aligned} \tag{1-2}$$

这种定价模型实际上类似于上面的客户盈利分析模型。

（三）金融科技的界定

商业银行风险溯源与评估过程中应嵌入金融科技，依托金融科技场景及核心特征研究风险溯源顽疾的诊治与管控，重塑商业银行风险管控机制，并设计相应的配套支撑措施与政策建议。依托金融科技中心化、透明性使互不信任的双方在无第三方参与情况下达成博弈均衡的特性，赋能商业银行资产配置效率提升，进而降低业务运营中的风险等级；依托区块链、人工智能等技术的严格加密计算规则和共识机制保证系统账本各项数据的真实和准确的特性，赋能商业银行业务运营中相关信息的精准追踪与溯源；依托数以千计节点可有效记录机构间各种业务关联性的特征，赋能商业银行风险预警阈值的精准测度与计算。

总之，依托区块链、人工智能等技术手段可使用户画像刻画更为精准，并将提高各对接物联网贷款系统的风险控制水平，同时通过建立去中心化的数字身份识别平台，将各类信息以数学代码的形式出现，进而促进参与交易的各方在不需要任何信用机构背书、也不需要验证对方道德与信用身份的情况下，仅仅依托人工智能数学算法即可保证交易的可靠性、安全性与真实性，使得信息传递与对接更加精准，从而赋能风险溯源与防控机制的有效实现。

二、结构安排

本书以“背景描述—机理分析—模型构建—对策建议”为主线展开研究。在梳理金融科技背景下商业银行业务转型升级中存在的新风险、新痛点及风险管控新趋势的基础上，从金融科技兴起、新视域下商业银行业务发展的长尾效应与脱媒效应等视角研究商业银行业务转型及转型中出现的新风险，随后尝试依托长尾效应理论、脱媒效应理论及跨界耦合金融的共生演化机制，从风险的识别、评估、应对及管控四步骤，重构商业银行业务转型中风险 CA 识别溯源体系，从时空、类别及业务等不同视角调整业务关联度及风险指标，提高风险管控溯源效率；改进商业银行业务转型中风险的 SDAE 降噪评估模型，模拟样本数据的 GAN 生成算法，将高维稀疏的数据特征转换为低维稠密的特征表达，提升风险评估精准度；完善商业银行业务转型中 GM(N，N) 风险应对流程，筛选风险防控指标，保障风险管控信号输出入的流畅与精确，检验风险应对流程的效果；基于金融科技新视域，从制度保障、组织保障及法律保障等视角完善商业银行业务转型中风险管控的宏微观政策统筹，提高风险监管质量；从而重塑金融科技背景下商业银行业务转型中风险管控的机制与路径，实现优化商业银行服务经济发展“输血路径”的管控目的。

第一章：绪论。梳理商业银行业务转型升级中存在的风险、影响因素及识别、评估手段等方面的研究成果，对金融科技、风险溯源等关键概念进行内涵界定与外延拓展，并对其创新之处、研究方法等加以说明。

第二章：金融科技背景下商业银行的业务转型。从金融科技兴起、金融科技背景下商业银行业务发展的长尾效应与脱媒效应、金融科技背景下商业银行业务转型升级等展开分析。（1）金融科技浪潮的兴起。介绍金融科技背景下商业银行业务发展的四大模块16个核心业务、四大发展阶段及五大特点，构建智慧中国的“四梁八柱”，为金融机构特别是商业银行的业务升级提供了理论基础。（2）金融科技背景下商业银行的业务发展。从金融科技背景下各类金融机构的长尾效应及脱媒效应等视角，分析区块链、人工智能等数字技术有助打破商业银行传统业务的二八定律、解决信息不对称、促进金融业务对消费者日常生活的渗透等机制。（3）金融科技背景下商业银行的业务转型。分析金融科技背景下商业银行业务转型的必然性、目标、特点及具体类型，分析业务升级过程中存在的业务渠道优化、金融服务品质提升及风险防控升级等新特征。

第三章：业务转型中商业银行风险管控的新挑战。分析业务转型后商业银行风险的新特点、风险管控的痛点与缺陷、风险管控的新挑战等内容。（1）业务转型中商业银行风险的特点。分析商业银行业务转型后风险的非独立性、亲周期性、普遍存在但总体可控等特点。（2）业务转型中商业银行风险管控的痛点。结合金融科技迅猛发展的新趋势，分析业务转型后商业银行面临的国内外宏观制度短板、金融科技转型、银行风险蔓延等内外部环境变化，探讨商业银行在风险防控机制设计、管理体系、管理手段及外部环境等方面的缺陷。（3）业务转型中商业银行风险管控的趋势。分析金融科技背景下商业银行的数据管控缺失、信息泄露、人才短缺、难以有效衔接金融科技转型及风险被放大等新隐患，探讨新背景下商业银行风险管控的业务发展短链化、向经营风险理念的转变、重塑风险分布与权重及重构“输血路径”与“造血功能”等新趋势与新动向。

第四章：金融科技背景下商业银行风险管控的理论分析。分析商业银行风险管控的理论基础、金融科技赋能风险管控的理论基础及作用机制等内容。（1）商业银行风险管控的理论基础。从马柯维茨均值－方差理论、资本资产CAPM定价模型、期权定价理论等视角探寻商业银行业务转型后风险管控的理论基础。(2) 金融科技赋能商业银行风险管控的理论基础。从科技跨界耦合金融的共生演化机制、风险管控的创新理论等视角探寻金融科技赋能的理论基础。(3) 金融科技赋能商业银行风险管控的作用机制。依托金融科技赋能的理论基础,重塑商业银行风险识别、评估、应对及管控体系,从去中心化、透明性等博弈规制视角探寻提升资产配置效率、降低风险的作用机理,从加密计算规则和共识机制视角研究保证系统账本数据真实、为商业银行风险测度提供精准指标的工作机制,从节点赋能视角解析有效记录机构间业务关联性、准确计算风险阈值的技术支撑。

第五章:金融科技背景下商业银行业务转型中的风险识别。分析商业银行风险识别与溯源的机制、基于金融科技场景完善 CA 认证溯源体系及依托 CA 体系溯源商业银行风险等内容。(1) 商业银行风险识别与溯源机制。从定性、定量等视角分析商业银行风险溯源的模型与评估方法,分析商业银行业务转型中风险溯源测度指标的选择。(2) 金融科技背景下完善商业银行 CA 风险认证溯源体系。从金融科技背景下赋能商业银行资产负债、表外及同业等三大业务节点的视角,从层次聚类、密度聚类的角度进行业务分类及指标设计,构建覆盖国有、股份及城商等多类别商业银行的风险信息分类数据平台,分类整理信息数据,为识别、追踪并溯源商业银行资金流向提供数据平台;基于信息分类数据平台,完善商业银行全面风险 CA 溯源体系架构,构建宏观体系环境层、中观管理机制层及微观核心要素层等三个层级的全面风险溯源体系,分时点、分类别、分业务对商业银行风险进行定位追踪与识别溯源。(3) 依托 CA 体系溯源商业银行业务转型中的风险。金融科技背景下,从事前、事中、事后等视角识别商业银行风险并溯源风险传染机制。构建安全阈值,以区块链、人工智能等金融科技为手段,依托 CA 溯源体系从时空、类别及业务等不同视角,调整业务关联度及风险指标,实现商业银行风险管控溯源。

第六章:金融科技背景下商业银行业务转型中的风险评估。分析商业银行风险定价博弈困境、依托金融科技改进 SDAE 降噪评估模型及依托 SDAE 模型评估商业银行风险等内容。(1) 银企双方关于风险定价的博弈。从银企双方博弈的基本原理出发,分析风险定价中银企双方的博弈困境,探寻样本信息失真、数据不均衡等的原因。(2) 研究金融科技背景下如何改进商业银行 SDAE 风险降噪评估模型。分析影响商业银行风险评估的因素,介绍国际上传统商业银行风险定价模型与金融科技的融合成果，构建风险信息分类数据平台，模拟样本数据的 GAN 生成算法，构建堆栈自编码 SDAE 降噪评估模型。(3) 依托 SDAE 模型评估商业银行业务转型中的风险。依托 SDAE 评估模型，将商业银行高维、稀疏的数据特征转换为低维、稠密的特征表达，提升其风险评估精准度。

第七章：金融科技背景下完善商业银行业务转型的风险应对流程。分析商业银行风险应对的基本原理、金融科技背景下完善 GM(N, N) 风险应对流程及依托 GM(N, N) 流程应对商业银行风险等内容。(1) 商业银行风险应对的基本原理。从 SOM - PNN 映射神经网络预测原理、灰色自效应 GM(N, N) 预测原理等视角分析商业银行风险应对的基本原理。(2) 金融科技背景下完善商业银行 GM(N, N) 风险应对流程。基于金融科技背景，构建商业银行风险应对与防控流程，确保风险管控信号输出入的流畅与精确，调整业务关联度及风险指标，完善 GM(N, N) 风险应对流程。(3) 依托 GM(N, N) 流程应对商业银行业务转型中的风险。依托 GM(N, N) 风险应对流程，选取商业银行风险应对与防控指标体系，筛选样本变量，检验其风险应对流程的通畅度。

第八章：金融科技背景下健全商业银行业务转型的风险管控体系。分析商业银行风险管控的基本模式与瓶颈、发展新趋势及金融科技背景下如何完善风险管控体系等内容。(1) 商业银行风险管控的瓶颈。从国际环境、监管自由化、市场虚拟化、监管同质化及业务转型中的管控真空、管控机制不完善、管控过度与管控空白并存等分析其瓶颈。(2) 金融科技背景下商业银行风险管控的新趋势。分析新形势下商业银行风险管控的新要求、新尝试及新趋势，分析人工智能、区块链等金融科技在风险管控中的应用新场景与新模式。(3) 金融科技背景下完善商业银行风险管控体系。基于金融科技背景，从宏观政策扶持与微观管控框架重塑等视角，完善风险管控的组织结构、法律保障及国际合作等。

第九章：政策启示与研究展望。分析新形势下实现商业银行风险管控的政策建议、对实践工作的启示及对未来研究方向的展望等内容。

第三节 研究文献综述

一、危机理论应用于风险预期的文献综述

危机理论发展到今天已经形成了三代危机模型，而且国内外学者也对这三代危机模型进行了较系统的阐述，但相关研究更多侧重于对较早年份金融危机历史的研究与阐释。因此，结合金融危机理论与模型，本书在对前人相关研究进行系统性梳理的基础上，尝试探寻该理论的最新发展趋势，将该理论应运用于宏观经济变量与商业银行风险预期的相关性研究之中。

（一）第一代危机模型

早期的危机理论研究仅局限在货币危机方面，且更侧重于汇率制度研究。危机模型首先是由 Krugman1979 年①时在塞兰特和赫得森关于国际价格稳定性研究的启发下②提出来的。随后众多学者结合墨西哥（1973～1982 年）和阿根廷（1978～1981 年）等国家的所发生的危机，经过不断的改进与修正，形成了第一代危机模型：Krugman 模型。

Krugman 模型假定：在开放条件下，小型国家通常可通过将自己货币汇率与有贸易往来的较大贸易伙伴国的货币汇率进行锁定，进而实现本国国内货币市场的供需均衡。所以，小国的国内货币市场均衡可表示为：

$$\frac{M_d}{P_t} = a - b\pi_t, b > 0 \tag{1-3}$$

---

① Paul Krugman. A Model of Balance - of - Payments Crises [J]. Journal of Money, Credit and Banking, 1979 (3): 236 - 270.

② 塞兰特和赫得森的基本结论是类似国际商品价格稳定计划的这种价格稳定方案极易招致投机攻击。其基本逻辑是任何资产只有当能提供与其他资产相同的回报率时，投资者才会持有该资产。如果政府试图将资产价格固定在某一水平上并按固定价格买卖资产，那么若固定价格低于市场价格，投机者就会向政府卖空自己持有的资产——因为持有该资产没有相应的资本收益，政府就会发现自己购进了太多的存货；反之，如果固定价格超过市场价格，这时该资产的收益会超过其他资产而成为投资对象，政府如果试图继续维持固定价格，并以此价抛售存货，存货很快就会被耗尽，因此价格稳定计划具有内在的不稳定性。

$$\pi_t = \frac{\hat{P}_t}{P_t} \tag{1-4}$$

$$P_t = E_t \tag{1-5}$$

$$M_s = R_t + D_t \tag{1-6}$$

$$\hat{D}_t = \mu, \mu > 0 \tag{1-7}$$

式（1－3）中 M_d 为某一小国的货币存量；P_t 为某一小国的物价水平；π_t 则表示该国预期的通货膨胀率，一般认为该值为将来某一时刻可能的物价水平 $\hat{P}_t$ 与该国现行的物价水平直接的比率；同时假定较大贸易伙伴国的物价水平：即期汇率为1；M_s 为某一小国的名义货币供给量；R_t 为某一小国的外汇储备；D_t 为某一小国的国内量，μ 为某一小国增加比率，同时需假定 $\mu > 0$ 。

该模型表明：只要初始储备足够多，那么资金就可以得到较大规模的扩张，此时对于固定汇率体系而言，体系崩溃就不会是那么容易的事。但是，一旦投机者事先预测到了货币当局有可能对货币供给采取冲销政策的话，他将采取一切措施攻击货币当局的固定汇率体系，那么此时无论货币当局持有多少的外汇储备，影子汇率都会大于固定汇率，即便是初始储备足够多，牺牲掉的储备货币供给效应也还是会被冲销掉，此时的固定汇率体系将全面崩溃。

通过以上分析不难看到：第一代危机模型更侧重于外汇市场上投机行为与宏观经济各指标变量间的相关性分析，认为危机的根源在于一国对外的固定汇率政策与国内过度扩张的货币财政政策间匹配的失衡。当一国政府出现财政赤字时，相关管理部门就发行新的货币以便为赤字融资，则此时货币供应量必将增加，货币供给大于需求，势必会导致本币贬值，进而增加国内民众对外币的持有欲望，随着政府为弥补财政赤字进行新一轮融资的延续，该国国内的外汇储备总将耗竭，此时该国的固定汇率制度也必将崩溃，货币危机也必将爆发。

20 世纪 70 年代布雷顿森林体系的瓦解即为该危机模型的典型代表。该模型详细阐述了 20 世纪 70～80 年代时布雷顿森林体系下的美元危机，该阶段危机的爆发更多原因在于当时美国货币的过度扩张及实际汇率的提升等基础指标变量的恶化。但当时如果能够做到及时调整、完善一个国家的宏观经济运行状态，并保证其财政、货币政策实施的到位，就有可能延缓危机的发生。而所谓的投机冲击则是市场对政府不恰当行为的惩罚。同时，第一代危机理论也存在着假设条件不符合实际情况、政府行为不够灵活等制度性缺陷。而且危机爆发的因素复杂多变，仅仅依靠经济变量来对危机的产生与发展进行单方面解释显得力度不够。

（二）第二代危机模型

在1992～1993年爆发的欧洲货币体系危机中，一部分国家在危机爆发前后一直保持着较低的通胀率，并且这些国家在实际工作过程中由于采取了一些不合适的宏观经济政策，导致了汇率与宏观经济的不协调发展，按第一代危机理论的解释，这些国家本应该有足够的把握来维持汇率稳定的，但货币体系危机却偏偏发生在了这些拥有足够多外汇储备的国家。显然，第一代危机理论已无法解释此时的危机现象，在此基础上，莫里斯·奥巴斯特菲尔德、杰拉多·埃斯奎韦和菲利普·拉润等提出了第二代危机模型。

第二代危机模型主要强调：一旦政府出现内外政策决策的失误时，投机者会根据对汇率上升的预期而提前进行某种或部分外汇的抢购，这势必会削弱国内经济的实力，同时也增加了维护汇率水平固定不变的成本，当维护成本增高到一定程度时，一国政府则最终会放弃固定汇率制度，进而致使危机的提前爆发。

一般认为：第二代危机理论有两个重要的假设前提：

（1）政府的目标是最大化其国家利益。政府出于利益最大化的考虑，在对固定汇率制度进行取舍时，可能会维持，也可能会放弃，当维持固定汇率成本过高时，一国政府就有可能会放弃固定汇率制度。

（2）引入了博弈的理念。在公众预期与一国经济状况的博弈中，如果公众预期某些经济变量的状况不尽如人意时，就会产生心理上的偏差并通过扩散机制导致市场危机的爆发；而如果在博弈过程中，公众未能预期到经济层面的变化的话，则有可能延缓危机的爆发。

该理论模型认为：公众的预期与固定汇率制度的维护关系密不可分。一旦公众预期到将来某个时刻可能会出现一定程度的贬值的话，则固定汇率制度的维护成本就会急剧上升，因此根据利率平价公式可知：

$$e = \frac{(i - i_f)}{1 + i_f} \approx i - i_f \qquad (1-8)$$

其中：e 为远期汇率，i，i_f 为国内外利率。

第二代危机模型的均衡一般可通过图 1－3 所示的均衡表示，在该图中，利率平价曲线表示外汇汇率与国内利率 i 呈正比例关系，而政府成本曲线却呈现出一定的凸性，而且随着国内利率 i 的变化，外汇汇率 e 与国内利率 i 间的边际替代率 d_e / d_i 呈现反方向变化，即：随着 i 的上升，维持固定汇率制度的成本也随着增加，当维持成本高到某一水平时，政府就有可能放弃对固定汇率制度的维护和坚守。图 1－3 中，政府会选择 A 点和 B 点作为其运行的均衡点。因为：当国内货币贬值的预期较高时，就会促进利率水平的提高，一国政府为了保证货币市场能在 B 点处安全运行，也会选择增加一定量的货币供给，选择较高水平的贬值率。而当政府可以将维护固定汇率的成本控制在可接受的范围之内时，此时公众将不会期望外汇汇率有较大的升值空间，市场也将在 A 点安全运行，并且危机具有“自促成”性质。

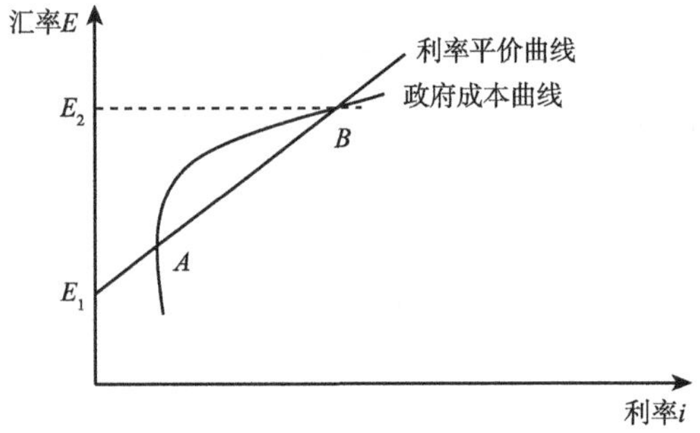

图 1－3　第二代均衡图

总之，第二代危机理论认为经济危机的爆发是不可避免的，固定汇率制度具有极易受到投机主义外围冲击的先天不足，所以，如果一国政府想坚持固定汇率制度的运用，就必须辅助以资本管制或限制资本市场交易等政策的实施。

（三）第三代危机模型

大规模热钱的泛滥、金融资产的过度扩张、资产的过度泡沫化倾向以及资本管控的缺失等经济现象均是 20 世纪 90 年代亚洲金融市场的主要特征，由于较早时期的第一、二代危机模型已不能达到对这些经济现象进行合理性解释的要求，因此第三代模型应运而生。第三代危机模型大致可分为以下三类：由非对称信息理论发展而来的非对称信息模型、金融脆弱性模型及流动性市场无效率模型。

1. 非对称信息模型

非对称信息理论主要是指在市场上信息的获取是非对称的，一些信息只能由某一个或某一部分行为人所拥有，其他人员则没有获取这些信息的权利。1994年时学者海萨尼曾引入“自然人”这样一个虚拟行为人，即：行为人拥有自己的私人信息，行为人了解自身的特征而对手却并不了解，但引入“自然人”这一虚拟行为人，通过“海萨尼转换”，即可将非对称的不完全信息市场转化为不完美信息市场，并进而在转化中寻找到贝叶斯均衡点。一般而言，非对称信息模型主要包括逆向选择危机模型、道德风险危机模型等多种信息模型。

关于逆向选择危机模型。关于“逆向选择”的研究最具代表性的文献当属1970年乔治·阿克劳夫的《柠檬市场：质量不确定性和市场机制》[①]这篇文章，在该文章中，乔治·阿克劳夫首次提到了“逆向选择”的概念。他认为：“逆向选择”实质上是由于买卖双方信息的不对称性引起的。例如：在旧车市场上，卖方总是比买方更了解车的实际状况，这样一来，卖方就有可能用比较次的车子来代替较好的车子，而买方由于不知道较多的关于车子的信息，所以他只愿意支付一个平均价格，这种情况下售价高于平均价格的质量较好的上等车就会逐渐退出市场。随后，买方支付的价格继续压低，次上等车也随之退出；以此类推，最后市场上只会剩下最烂的车，该过程即为“逆向选择”的过程。因此可以看出：阿克洛夫的“旧车市场”模型实际是一个经典的“劣币驱逐良币”的故事。

关于道德风险危机模型[②]。该模型的主要思维逻辑可归纳为：管理当局出台相关政策以促使政府对经营困境中的商业银行进行隐性担保——在隐性担保过程中部分贷款企业出现道德风险——商业银行不良贷款率持续攀升——发生整个国家范围内乃至全世界范围内的危机。

---

① 乔治．阿克劳夫．柠檬市场：质量不确定性和市场机制［J］．经济导刊，2001（11）：1-8.

② 道德风险亦称道德危机，是20世纪80年代西方经济学家提出的一个经济哲学范畴的概念，即“从事经济活动的人在最大限度地增进自身效用的同时做出不利于他人的行动。”或者说是：签约一方不完全承担风险后果时所采取的自身效用最大化的自私行为。

2. 金融脆弱性模型

金融脆弱性模型是建立在非对称信息基础上的模型，该模型主要用来衡量商业银行本身的脆弱性。即：经营过程中，商业银行由于存在将短期存款用于长期放贷来获取收益的行为，就极易造成借贷期限的不匹配，并且随着风险的扩大，极有可能会造成挤兑现象，甚至有可能引发银行的破产。其中最著名的当属 Diamond 和 Dybvig 模型。该模型假定：在商业银行的一些长期项目投资中，一般情况下可以实现投资的正常运转，此时银行会取得相应的投资收益，存款人也可以获得利息收益，进而最终实现整个资金市场的均衡。然而一旦存款人获知银行将过多短期存款投放到了长期贷款项目，就会出现众多存款者同时提款的现象，而银行的流动资金又非常有限时，银行就得放弃贷款所支持的中、长期项目，这必将导致银行资产损失。通常，在银行偿还存款者的本金和利息上有困难时，应在最初就提取一定的存款损失准备（Diamond and Diybvig，1983）①。

3. 流动性市场无效率模型

1998 年亚洲金融危机后，商业银行大规模的挤兑现象和流动性市场无效率危机开始引起众多学者的广泛关注。Radelet 和 Sachs 认为：在这期间，东南亚国家危机大规模爆发的根本原因在于国际金融市场上存在诸多的不稳定因素。当时部分东南亚国家由于流动性资金的不足，再加上他们又没有能力在较短时间内筹集到较多的新资金偿还到期债务，所以在这些国家流动性危机的爆发就成为了历史的必然结果。特别是在信息不完全市场上，当流动性出现无效率时，在宏观经济环境的冲击下，某一商业银行内所出现的局部性危机一时间极可能会引起整个金融市场动荡（Radelet and Sachs，1998）②。关于流动性市场无效率模型的研究则主要包括内生资产价值模型和商业银行间同业拆借的流动性无效率模型。

（四）第三代危机模型的扩展

在理论的分析中，可以看到：第一代危机模型更侧重分析外汇市场上投机

① Diamond D，Diybvig P. Bank runs，deposit insurance and liquidity [J]. Political Economy，1983 (91)：401－419.

② Radelet S，Sachs J. The onset of the East Asian financial crisis [M]. Harvard University，1998.

行为与宏观经济各指标变量间的协调性问题，认为危机的根源在于一国对外的固定汇率政策与国内过度扩张的货币财政政策间匹配的失衡。第二代危机模型则更侧重公众预期与政府经济政策间的平衡问题分析，认为当国内货币贬值的预期较高时，此时就会促进利率水平的提高，一国政府为了保证货币市场能在 B 点处安全运行，也会增加一定量的货币供给，选择较高水平的贬值率。而当政府可以将维护固定汇率的成本控制在可接受的范围之内时，此时公众将不会期望外汇汇率有较大的升值空间，市场也将在 A 点安全运行，危机具有“自促成”的性质，可能会使得经济运行从一个好的平衡点转向一个较差的平衡点。而第三代危机模型则将着眼点主要集中在了金融领域，已不仅仅是简单分析货币、财政、汇率等传统宏观经济变量对危机的影响，但目前关于第三代危机模型的研究尚缺乏统一的研究范式。

在总结前人对三代危机模型研究成果的基础上，当代的一些学者开始了对危机模型的扩展与完善。首先，Desai 和 Henry 认为以往的危机模型由于未能注意到宏观经济基础变量是如何影响危机的发生与发展的之间的联系，所以也就忽略了理性预期这一假设前提对其产生的根本影响（Desai and Henry，2003）①。其次，Beeby 和 Morris 等学者在前人研究成果的基础上不断完善和拓展了对前三代危机模型的研究。例如 Beeby、Hall、Henry 和 Marcet 等就用“适应性学习”替代了第三代危机模型中的理性预期假设，从而完善了第三代危机模型（Beeby，Hall，Henry and Marcet，2003）②。Morris 和 Shin 等则通过将“有差异的私人信息”引入第二代危机模型，弥补了二代危机模型中的公共信息缺陷，进而尽可能规避了市场均衡的不确定性（Morris and Shin，1998，2000）③。同时由于信仰结构和经济基础两个变量共同决定了均衡状态下的投机行为，所以 Prati 和 Sbracis 认为用 Morris 和 Shin 的方法所得到的市场均衡仍

① Desai M. and Henry S. Financial crises and the macroeconomy [D]. Mimeo., centre for Golbal Governance, London School of Economics, 2003.

② Beeby M, Hall S, Henry Sand Marcet A. Expectations formation and the 1990s ERM crisis [D]. mimeo., CIM Oxford Unversity, 2003.

③ Morris Sand Shin H. The theory of currency attacks. mimeo [J]. Nuffield College, Oxford, 1998 (05): 287 -308.

Morris Sand Shin H. Rethinking multiple equilibria in macroeconomic modeling [J]. NBER Macoeconomics, 2000 (10): 362 -380.

不能协调成功（Prati and Sbracis，2002）[①]。故应在众多学者研究成果的基础上，继续对第三代危机模型进行完善与拓展。

（五）危机理论在风险预期中的应用

危机理论在商业银行风险预期中的应用主要有：克鲁格曼等认为，政府对商业银行负债的隐形担保会促使其将资产投资于高风险行业，造成高风险状况下其资产恶化，随后政府采取政策救助，导致商业银行进一步冒险将资金投资于高风险行业，并最终导致其不良贷款率持续升高，直至危机爆发，并产生不可避免的损失（Krugman，1999）[②]。同时，Chari 和 Jagannathan 等通过将信息的溢出效应引入商业银行挤兑模型并进行检验，发现：市场上信息的外溢效应及收益的外部性特征一定程度上可能会导致银行挤兑现象的发生。因为，一般情况下，当部分存款人观察到银行的基础变量指标恶化时，他会将自己在银行的存款提前取出，从而锁定自己的收益，并尽可能规避风险。随后信息闭塞的存款者则通过观察其他人的存款支取信息来实现对自己存款的支取，从而导致商业银行挤兑现象的发生（Chari and Jagannathan，1988）[③]。而 Saches、Chang 和 Velasco 等则认为：危机的发生主要在于投资者预期的变化。在投资过程中，如果某一投资者预期到在将来的某一时候别的投资人有可能会存在商业银行的资金提前支取，则他将会在别的投资人撤资之前提前采取行动将自己的存款提出，从而导致所有投资人均迅速支取资金的集体性恐慌行动的出现，并最终导致危机的爆发（Saches，1998[④]；Chang and Velasco，1998a，1998b[⑤]）。

1998 年亚洲金融危机后，商业银行大规模的挤兑现象和流动性市场无

① Prati A. and Sbracia M. Currency crises and uncertainty about fundamentals mimeo [M]. DMF Research Department. Washington DC.，2002.

② Krugman，Paul. Balance Sheets，the Transfer Problem and Financial Crises [J]. International Tax and Public Finance，1999 (06)：459 -472.

③ Chari，Jagannathan，Ravi. Banking panics，Information and Rational expectations equilibrium [J]. Ame - Rican Finance Association，1988 (43)：49 -61.

④ Saches，Andres Velasco. The Mexican Peso crises：Sudden death or death foretold [J]. Journal of international economics，1998 (21)：265 -283.

⑤ Chang，R. and Velasco，A. The asian linquidity crisis [M]. NBER working paper，1998.

效率危机理论开始引起学者们的广泛关注。首先，Donaldson 模型认为，商业银行资产的流动性是一个外生变量，但如果商业银行对于其资产流动性具有较高需求的话，则流动性储备的获得就需付出高昂代价。该模型表明：在商业银行对现金的供需均衡中，当需求大于供给（即商业银行的现金储备）时，商业银行就会发行有关非流动性资产的证券。此时如果商业银行对于流动性资产的需求较小时，则该非流动性资产的证券价格就由宏观经济变量指标决定，而如果商业银行对于流动性资产需求较大时，则该非流动性资产证券的平均价格就将低于其实际价值（Donaldson，1992）①。其次，Allen 和 Gale 认为：对于长期资产而言，挤兑并不是存款者在风险规避过程中的最优行为，因为一般情况下，长期资产市场上的收益均高于流动性资产的收益，此时流动性市场上就会出现供给不足的状况，商业银行要想缓解流动性市场上供给不足的现状就必须将全部或一部分长期资产卖掉，但是长期资产的出售价格却又必须低于“平均价值”，因此只要投机者能在这一过程中以较低价格购买到长期资产，他们就会盈利（Allen and Gale，1998）②。同时，Bhattacharya 和 Gale 认为：商业银行间的“搭便车”行为造成了整个同业拆借市场上的流动性不足（Bhattacharya and Gale，1987）③。再次，Bhattacharya 和 Fulghieri 发现：对于商业银行而言，虽然持有一定的流动性资产有成本，但只要能成为同业拆借市场上的一员就可以盈利（Bhattacharya and Fulghieri，1994）④。最后，Alger 认为：同业拆借市场上的借贷行为是有风险的。当风险较高时，具有较高还款能力的商业银行就会放弃借款，进而造成整个同业拆借市场的崩溃（Alger，1999）⑤。

同时，关于商业银行危机和经济危机的研究还有以下一些方面：第一，

① Donaldson G. Costly liquidation，interbank trade，bank runs and panics［J］. Journal of Financial Intermediation，1992（2）：59－82.

② Allen F，Gale D. Bubbles，and crises［M］. TheWharton School，1998。

③ Bhattacharya，S. and Gale，D. Preference shocks，liquidity and central bank policy，InW A. Barnett and－K. J. Singleton（eds），New approaches－to—lVlonetary Economics［M］. Cambridge Unversity Press，1987.

④ Bhattacharya，Sudipto and Fulghieri，Paolo. Uncertain liquidity and interbankcontracting［J］. Economics Letters，Elsevier，1994，vol. 44（3）：287－294.

⑤ Alger. Liquid assets in banks：Theory and practice［J］. Boston College working papers in Economics from Boston College Department of economics，1999，12：463－478.

Velasco认为：商业银行危机的出现及社会中财政赤字现象的出现将造成经济危机的爆发（Velasco，1987）①。第二，Goldfjin和Valdes认为：金融中介的存在放大了波动性规律和经济周期的作用，导致了其危机的发生（Goldfjin and Valdes，1995）②。第三，Mishkin认为：商业银行的外币债务将使其在其资金经营过程中面临较多困难（Mishkin，1996）③。第四，Mckinnon和Pill认为：引起商业银行发生危机的最根本因素在于金融市场的自由化行为、行为的扩张及经济发展的衰退等（Mckinnon and Pill，1996）④。第五，World Bank和Calvo等学者提出了外资导向型的危机模型，发现：较大规模外资的跨国流动可能会导致一国经济危机的发生，因为较大规模的外资流动可能会影响一国宏观经济的稳定性，并进而导致商业银行过度放贷，最终贷款增加，进而致使其体系变得更加脆弱（World Bank，1997⑤；Calvo，1998⑥）。第六，Kanminsky和Reinhart的研究表明：商业银行危机和整个社会的经济危机是相互影响的，被称为"孪生危机"（Kanminsky and Reinhart，1999）⑦。第七，Dekle和Kletzer通过构建一般均衡模型，发现：政府相关部门的一些经济政策可能是商业银行危机发生的直接原因之一。例如：存款隐性担保措施就使得商业银行在业务运营过程中积累起来的风险最终由政府买单，从而加大了经济的持久衰退和商业银行危机的频繁爆发（Dekle and Kletzer，2002）⑧。

---

① Velasco，Andres. Financial Crisis and Balance of Payments Crises，A Simple Model of the Southern Cone Experience [J]. Journal of Development Economics，1987 (27)：263－283.

② Goldfajn，Ilan，. Valdes，O. Rodrigo. Capital Flows and the Twin Crisis：The Role of Liquidity [M]. IMF Working Paper，1997.

③ Mishkin，Frederic S. Symposium on the Monetary Transmission Mechanism [J]. Journal of Economic Perspective，1995 (09)：3－10.

④ McKinnon，Ronald L，Pill. Exchange－Rate Regimes for Emerging Markets：Moral Hazard and International Overborrowing [J]. Oxford Review of Economic Policy，1999 (15)：19－38.

⑤ World Bank. Private capital flows to development countries [M]. Washington，D. C，1997.

⑥ Calvo，Cuillermo A. Balance of payments crises in a cash－in－advance economy [J]. Journal of Money，Credit and Banking，1987 (19)：19－32.

⑦ Kaminsky G L，Lizondo S，Reinhart C M. Leading indicators of currency crises [J]. International Monetary Fund，1998 (45)：1－48.

⑧ Dekle R. and Kletzer K. Domestic bank regulation and financial crises：theory and empirical evidence from East Asian in Jeffery Frankel And Sebastian Edwards. eds.，Preventing vurrency crises in emerging markets [J]. Chicago：The University of Chicago Press，2002.

二、商业银行风险理论的文献综述

（一）风险分析的经济学理论基础

关于商业银行风险分析的相关经济学基础主要有古典经济学理论与现代经济学理论两大类理论。

1. 风险分析的古典经济学理论基础

当前，古典经济学理论关于商业银行业务风险问题的研究主要体现在亚当·斯密的媒介学说及约翰·劳的创造论学说等方面。

首先，1776 年亚当·斯密在《国民财富的性质和原因研究》（即《国富论》）中首次提出了货币的媒介学说[①]，随后其追随者大卫·李嘉图和穆勒等又对该学说进行了不断的完善与发展，并使该学说于 19 世纪前期逐渐流行于学术界。该理论认为：在市场的交换过程中，货币只充当交换媒介的职能，商业银行也只是通过货币这一媒介实现财富的再分配，但这一过程并不创造资本[②]。该学说揭示了商业银行信用只是关系学说的一个媒介，商业银行也只是通过对财富进行再分配以减少资本的闲置与浪费，减少资本流通过程中对实际金银货币发行量的要求。

其次，1705 年约翰·劳在《贸易与货币的考察》一文中提出了创造论学说[③]，随后在克鲁德曼和熊彼得等的完善与发展下，该学说得以正式形成。该理论主要认为：商业银行的信贷资产业务具有等同于资本、货币的财富创造功能，一般而言商业银行可以通过提供足够的货币来创造，并促使货币资本控制实物经济，以促进社会经济的繁荣，所以说，其具有创造财富的功能。[④]但不可避免，约翰·劳等的创造学说在某种程度上夸大了商业银行的功能。

2. 风险分析的现代经济学理论基础

现代西方经济学关于该问题的研究主要有：马歇尔的波动论、凯恩斯的扩

---

①② 亚当·斯密著，郭大力等译．国民财富的性质和原因研究［M］．北京：商务印书馆，1972.
③④ 约翰·劳著，朱泱译．贸易与货币的考察［M］．北京：商务印书馆，1986.

张论、弗里德曼的反扩张论、威尔逊与凯琳的破窗理论以及斯蒂格里茨等人的不对称信息理论，同时还包括阿罗等人的道德风险及汤森德等人的不完备契约理论等。

第一，以马歇尔为代表的波动论，该理论主要通过检验货币需求量与经济生活中所实际需要的货币流通量间的相关性，来研究一国银行与经济发展间的关系。研究发现：银行是时刻波动的，正是不断波动导致了经济危机的产生与蔓延。同时马歇尔学派还发现：也可以通过市场的自我调节实现经济的平衡。然而通过市场自动调节实现经济平衡的这一“市场自我调节”功能在 20 世纪二三十年代的经济大萧条面前却显得无能为力。

第二，以凯恩斯为代表的扩张理论。通过分析投资、储蓄等经济变量与商业银行、国家财政等金融体系的比变量间的相关性，凯恩斯等认为：国内有效需求不足导致了经济危机的爆发与蔓延，因此应探寻积极的财政和货币政策，扩张体系、增加投资、刺激需求，进而尽最大可能规避危机的爆发。尽管以凯恩斯为代表的扩张理论改变了美国政府不干预宏观经济运行的历史，但随后在 20 世纪六七十年代美国滞胀时期，该理论却未能发挥应有的作用。

第三，以弗里德曼为代表的反扩张理论。该理论是在 20 世纪 60～70 年代以美国为代表的主要资本主义国家陷入滞胀泥潭之后，前述两大理论无法解释这一滞胀现象的背景下应运而生的。该理论认为：滞胀现象的出现是长期扩张的必然结果，以美国为代表的主要资本主义国家要想消除滞胀，实现经济的复苏反弹，就必须采取一系列反扩张的政策措施，实行稳健的政策。但同时，该理论并未对经济的内部活动进行深入研究。

第四，以威尔逊和凯琳为代表的破窗理论。该理论主要是用来解释经济的环境问题：若某家企业在市场交易过程中违约但并未受到应有的惩罚，时间长了，就有可能会释放“即便违约也不会受到惩罚”的市场信号，从而致使违约现象日益增多、原有的环境逐渐被破坏的不良局面。

第五，20 世纪 80 年代以来，关于信息不对称的理论已日益渗透到了金融市场的研究领域之中（李家军，2006）①。关于信息不对称理论的研究主要有：信息经济学的鼻祖斯蒂格里茨认为：信息是消除一切不确定性的重要工具，一

① 李家军．信贷风险控制的博弈［M］．西安：西北工业大学出版社，2006．

个主体要想做出最优化的决策，单纯依靠其初始状态时的信息是完全不够的，必须尽可能收集所有的相关信息（Stiglitz et al.，1981）①。之后，K. Arrow 在斯蒂格里茨研究框架的基础上，详细研究了不确定条件下经济主体的行为特征，发现：由于不确定性是具有一定经济成本的，因此经济主体在行动过程中致力于减少不确定性就是致力于创造经济收益；同时，K. Arrow 等还认为：在交易中由于双方对市场信息占有状况的不同，可将市场分为强式市场、半强式市场及弱式市场，将市场信息分为完全信息、对称信息及非对称信息等（Arrow，1964）②。

第六，阿罗（Arrow，1963）、德雷兹（Drew，1961）、波利（Pauly，1968）、梅耶森（Myeson，1991）③ 等首次在市场经济学研究的相关文献中介绍了道德风险。他们认为：道德风险是指市场的经营者由于得到了一定条件的保障，因此在交易过程中即便是做出了某些错误的决定、引起了一定的损失，他也不会承担所有责任、或者其损失可以得到一定程度的补偿，这就刺激了经营者为了更大的利益而有可能做出一些风险超出自身承受能力范围的决策。

第七，近些年来众多经济学家也将不完备契约理论作为分析社会经济问题的一种重要工具，通过不完备契约理论，可以修订并完善业务运营中的那些无效的合同及其制度规范，以实现资源的有效配置再利用。早在 1979 年时汤森德就提出一级最优投资水平契约（first - best level of investment contact）（汤森德，1979）。同时，戴蒙德、哈特、莫尔及博尔腾等学者也在汤森德的最优投资水平契约理论的分析框架下，分别从不同角度探讨了债务契约激励相容性的特征。

---

① Stiglitz and Weiss，Credit rationing in markets with imperfection [J]. American Economics Review，1981，71 (3)：393 -410.

② Arrow，K. J. The Role of Securities in the Optimal Allocation of Risk - Bearing [J]. Review of Economic Studies，1964 (31)：91 -96.

③ Arrow K. J. Uncertainty and the Welfare Economic of Medical Care [J]. American Economics Review，1963 (53)：941 -969.

Dreze，J. Tanslated as Chaperter 3 of Dreze，Essays on Economic Decision Under Uncertainty [D]. Cambridge University Press，1961.

Pauly，M. V. The Economics of Moral Hazard：Comment [J]. American Economic Review，1968 (58)：531 -536.

（二）风险相关研究的文献综述

所谓风险，其本质仍是商品货币关系的一部分，而且更是一种特殊形式的价值运动形式，一般具有如下特征：一是以偿还为条件的，资金到期后一定是要归还的；二是在贷款期限结束时，债务人在归还贷款时必须是连本带利一起归还的，即：在偿还时要附加一个利息的增加额①。一般情况下，风险是指贷款企业或个人或者是债券发行人因为某种原因而致使他们不能按期偿付债务所导致的商业银行等金融机构遭受损失的可能性。通常狭义的风险更多侧重分析由于贷款企业、个人等自然人在资金到期后未能按时还本付息，从而致使商业银行等金融机构遭受损失的不确定性，这一概念较为侧重于商业银行的风险研究；而广义的概念则主要是指社会经济中各种不确定性都有可能导致商业银行等金融机构在经营过程中出现实际利润与预期收益的不一致，并进而给其带来损失或获得额外收益的可能性，通常风险的表现形式主要有以下三种：商业风险、进出口风险以及期货中的实物交割风险等形式②。

关于风险，其最早研究可以追溯到 18 世纪中期。早在 1952 年 Markowitz 就从投资组合视角提出了风险的概念，随后随着经济发展及社会活动范围的逐步扩大，业务开始向企业及消费者逐渐渗透，而同时部分企业或消费者由于经济形势、企业运营及个人消费等各种宏微观原因，不能及时偿还贷款的现象时有发生，所以关于风险的研究也逐渐引起部分学者及相关部门的重视。随后全面风险管理理论在 20 世纪 80 年代的出现与发展在一定程度上奠定了风险管理的基石，特别是 2008 年次贷危机暴露出风险管理制度短板后，关于风险的产生根源、传染评估及综合管理等的研究更是引起国内外学者普遍关注。

1. 风险产生根源的研究文献

风险产生的根源无外乎是借款者不能及时还本付息，因而造成了资金回收的不及时和一定程度上的资本损失。一般关于不能适时还本付息现象的理论解释主要体现在委托代理理论与解释风险产生根源的相关研究。

---

① 叶岳良，文炳勋．金融学［M］．长沙：中南工业大学出版社，1999.

② 王曼怡．金融企业信贷风险管理［M］．北京：中国经济出版社，2003.

①委托代理理论的相关研究。

1961 年，施蒂格勒在《信息经济学》一文中首次将信息不完全性的问题引入经济学的研究领域，并开创了关于早期信息经济学的研究（J. Stigler，1961）。[①] 通常认为，委托代理理论是建立在非对称信息博弈基础上的理论。该理论产生于 20 世纪 60～70 年代，它是部分学者通过对信息不对称性和激励不足性等问题的研究而逐渐成熟起来的一种理论。同时，委托代理关系是一种多次性的动态模型，当前关于委托代理理论的研究主要就是将动态概念引入委托代理理论之中。一般动态的委托代理理论主要包括一个委托人与一个代理人关系的理论以及一个委托人与多个代理人关系的理论，主要包括重复博弈的委托代理模型、代理人市场声誉模型、棘轮效应模型、强制退休模型及考虑逆向选择的模型等。当前关于一个委托人与一个代理人关系的研究文献大致上有以下几点：

第一是委托代理的动态模型。早在 20 世纪 80 年代，Radner 和 Rubbinstein 就开始了对委托代理动态模型的研究，认为：委托人可以依据大数定律判断代理人的工作状态，此时在委托人的监督与管理下，代理人偷懒的机会就大大减少；同时，在委托人和代理人的长期博弈过程中，双方为了自己的声誉，都会努力尽到各自的义务（Radner，1981）[②]。同时，Rogerson 等也都证明了合同期限越长越有利于激励政策的实施（Rogerson，1985）[③]。

第二是代理人市场声誉模型。认为：隐性激励机制的激励效果与显性激励机制的激励效果相同。1980 年 Fama 首先明确提出了关于声誉的研究，认为：代理人的价值主要是由他在过去经营过程中所取得的经营业绩决定，因此，即便是在委托人不能提供显性激励的情况下，代理人出于自己声誉这一隐性激励的考虑，也同样会努力工作（Fama，1980）[④]。同时 Holmstrom 在 1982 年对法

---

① 约瑟夫．斯蒂格利茨著，纪沫，陈佳，刘海燕译，信息经济学［M］．北京：中国金融出版社，2009.

② Radner. Repeated Partnership Games with Imperfect Monitoring and No Discounting［J］. The Review of Economic Studies，1986，53（1）：43－57.

③ Rogerson，W. P. The first－order approach to principal－agent problems［J］. Econometrica，1985，52（03）：53－82.

④ Eugene F. Fama. Agency Problems and the Theory of the Firm［M］. The Journal of Political Economy，1980.

玛思想进行了模型化研究，认为：随着年龄增长，声誉的激励效应会逐渐减小，相对于有一定资历的代理人而言年轻经理的努力程度更大一些，（Holmstrom，1982）①。

第三是棘轮效应模型。魏茨曼等在关于俄罗斯计划经济制度的研究中首次提到了“棘轮效应”一词。魏茨曼认为：“棘轮效应”主要以同以代理人过往的历史业绩作为评判标准，但是这样一来，该代理人取得的业绩越好，评价“标准”就越容易在无形中被提升，因此代理人为避免评价“标准”被提升，必将是降低努力程度并维持原有“标准”，该行为即为“棘轮效应”（魏茨曼，1986）②。同时 Holmstrom 和 Ricart－Cost 的模型认为：股东们往往认为较高的收益是由金融资本的高回报性带来的，而并不认为是经理人努力工作的结果，因而在下一期管理过程中会再一次对经理人提高要求，而在这一过程中，经理人则意识到自己努力工作的结果不但没有为自己带来较高收益反而提高了股东们对自己的要求，他努力工作的积极性就会逐渐削弱。因此，从长期看，“棘轮效应”的存在必将一定程度上弱化激励机制的作用（Holmstrom and Hart，1986）③。

第四是强制退休模型 。Lazear 在 1979 年证明：在雇员较早期的工作中，由于“保证金”制度的存在，能够遏制偷懒行为的发生。但当雇员工作超过一定的年限后，其工资水平就可能会超过其边际生产率水平，到了这一阶段雇员是不愿意主动退休的，因此就必须实施强制退休的政策（Lazear，1979）④。

第五是关于逆向选择的模型。McAfee 和 McMillan 认为：由于委托人在事前收取了代理人一定的保证金，而委托人又极想得到这笔资金，所以委托人就会想尽一切办法来破坏代理人的管理活动，因此就需要采取相应措施让委托人对代理人进行有效监督而不是靠收取代理人的保证金，只有这样，才能保证代理人产生较高的工作效用，进而才能保证留给委托人的剩余也比较多，此时委

① Holmstrom B.. Moral Hazard in Teams［M］. Bell Journal of Economics，1982.

② 马丁.L. 魏茨曼著. 林青松，何家成，华生译，分享经济——用分享制代替工资制［M］. 北京：中国经济出版社，1986.

③ Hart，O. and B. Holmstrrom. Theory of Contracts in Advances in Economic Theory：fifth world congress［M］. Cambridge University Press，1987.

④ Lazear Edward. P. Why is There Mandatory Retirement［J］. Journal of Political Economy，1979（87）：1261－1284.

托人就不再破坏代理人的管理活动（McAfee and McMillan，1991）①。

同时，委托代理理论的相关延伸研究主要有：首先是关于“相对业绩评估”的模型 。“锦标制度”评级法是“相对业绩评估”过程中的重要方法之一。该制度认为：每个代理人的收益不仅取决于其本身的努力程度，更主要的还是由他在所有代理人中的排名顺序决定。该制度最早由 Lazear 和 Rosen（1981）提出，并由 Green 和 Stokey（1983）② 进一步发展。其次是关于监督问题的模型 。关于商业银行风险的监督可以借鉴这一模型展开讨论。Solow 和 Stiglitz 认为：经理人的工资越高，则其边际效率就越高，委托人在管控过程中就越容易取得较高的管控收益，因此其管控的积极性就越高，在下期的管控中就会再次提高对经理人的要求；而随着经理人工资的提高，其努力工作的边际成本也会逐渐提高，因此他努力工作的积极性就会被逐渐削弱，委托人在管控过程中监督的边际收益逐渐降低，其管控的积极性就受到了重挫（Solow，1979③；Stiglitz，1984④）。

②对风险产生根源的解释。

首先，市场上的“逆向选择”问题。关于该问题国内外学者已取得了较成熟的研究成果，诸多研究表明市场上由于各类贷款人风险承受水平的不同，所以对于商业银行而言，其在业务运营中若不能精准测度风险或测度成本较高时，难以对不同贷款人采取不同的利率，就不得不按市场平均风险水平拟定贷款利率。此时市场上不同风险承受水平的贷款人就会出现不同的反应，对于那些风险规避型的贷款人而言，由于利率的提升致使其成本超过理性预期，将会退出市场，于是市场上只留下了风险偏好型的贷款人，市场的风险水平则被相应提高，银行不得不再次提高市场的平均贷款利率，风险水平次优的贷款人退出市场，留下风险水平更好的贷款人，如此循环下去，整个市场的潜在风险必然增大，从而出现市场的“逆向选择”。早在 1981 年 Stiglitz 和 Veiss 就对市场

---

① R Preston McAfee John McMillan. Optimal Contracts for Teams [M]. International Economic Review, 1991.

② Green, J. and N. Stokey, A Comparison of Tournaments and Contracts [M]. Journal of Political Economy, 1983.

③ Solow, R. M. Another Possible Source of Wage Stickiness [M]. Journal of Macroeconomics, 1979.

④ Shapir. C, Stiglitz. T, Equilibrium Unemployment as a Worker [M]. Discipline Device, 1984.

上的“逆向选择”问题进行了相关研究，并诞生了“配给理论”。该理论认为：当商业银行充分意识到市场上贷款人的“逆向选择”行为后，则是采取配给政策，而不再以增加贷款利率或加大贷款抵押力度等方式来满足超额需求(Stiglitz and Veiss，1981)①。

其次，关于代理人“道德风险”分析。1995 年 Dewatripont 和 Tirole 按标准委托代理的机制进行了关于代理人“道德风险”的分析。他们认为：在委托代理机制下，若商业银行管理者管理不善将会被辞退；但如果他们在经营管理过程中增加了一定的风险并且也取得了一定的成效的话就可以加薪晋职；如果增加了一定的风险但是并没有取得成功，此时也无须受到惩罚。那么在这样的制度引导下管理者首先想到的是增加一定的风险去进行相应工作的尝试，此时市场的风险就会增加。同时，虽然商业银行在市场中，其管理者也会受到银行股东的监督，但在监督成本日益增加的当下，股东的管控频率和力度也势必会受到影响，进而也无形中提高了市场上的机会风险的水平（Dewatripont and Tirole，1994)②。

根据市场上的“逆向选择”理论的研究，金融业会盲目扩大市场份额，然而根据代理人“道德风险”的分析，管理者又会增加其风险水平，因而在关于风险的不完全信息博弈分析时，我们应辩证地看待该问题。从不完全信息经济博弈的角度展开研究，通过对商业银行风险产生根源的探究，寻找改进内部制度设计的方法方式如绩效考核政策、政策的制定等，以利于风险的控制和管理。

③随后形成了关于风险成因研究的四大理论。

首先是金融脆弱性理论。该理论倾向于从商业银行的主观因素视角进行分析，其中 Minsky 最早在 1982 年就提出了金融脆弱性假说，认为商业银行风险积累一旦超过一定阈值（明斯基时刻）就会引发集中释放（Minsky，1982）；随后，Kregel 从安全边际、Kaufman 从资金链、Griffin 等从经济周期等视角完善了该理论（Kregel，1997；Kaufman，1996；Griffin et al.，2003）。其次是道

① Stiglitz，Joserph E. Weiss. Credit Rationing in Market with Imperfect Information [J]. American Economic Review，1981.

② Dewatripont. M. The Prudential Regulatlon of Banks [M]. Cambridge MA：MIT Press，1994.

德风险理论，倾向于从客户客观因素角度分析，Diamond 和 Dibvig 运用 DD 模型首次解释机构和客户间信息不对称导致道德风险（Diamond and Dibvig, 1983）；随后，Jacklin 和 Bhattacharya 从信息因素视角、Davis 从信任程度差异、Alin Marius Andries 及李建军从羊群效应等视角完善该模型（Jacklin and Bhattacharya, 1988；Davis, 1998；Alin Marius Andries, 2019；李建军，2019）。再次是风险溢出理论，倾向于从风险传导渠道角度分析。商业银行间的业务渠道（Goodhart, 1996）、信息渠道（Elsinger, 2003）、时间积累和空间传染渠道（英格兰商业银行，2009）等均会引起风险溢出。最后还有外部冲击理论，倾向于从外部因素角度分析。市场环境区制突变（IMF, 2009）、货币政策（陈雨露，2012；易纲，2016；方意，2019）、经济周期和政策干预（Milton Friedman, 1962；周小川，2010；陶玲，2016；丁友刚，2019）、外部经济状态（马勇和陈雨露，2017；翟永会，2019）、商业银行行业层面波动（张天顶，2017）等均会对商业银行产生外部冲击。

2. 风险评估的研究文献

一直以来学者和实务工作者都明白风险的存在直接影响着金融产品的价格，但关于两者之间究竟有什么样的量化关系，直到 20 世纪 70 年代以后才得以发现。首先，Black 和 Scholes 从期权定价的角度展开了对风险定价模型的研究（Black and Scholes, 1973）[①]。之后，Merton 通过进一步研究分析，将 Black 和 Scholes 的研究成果纳入了 Merton 模型（Merton, 1974）[②]。

随后人们追随 Merton、Black 和 Scholes 的研究成果又进行了大量的研究。风险的定价模型一般主要有传统定价方法（traditional methods）、公司价值模型（firm value models）、首越边界时间模型（first passage time models）和密度模型（intensity models）（Duffle and Singleton, 1999）等几种定价方法[③]。

---

① Black F. Scholes M. The pricing of options and corporate liabilities [J]. Journal of Political Economy 1973, 81 (03): 637-659.

② Merton R. On the pricing of corporate debt: The risk structure of interest rates [J]. Journal of Finance, 1974, 29 (05): 449-470.

③ Duffie D, Singleton K. Modeling term structures of defaultable bonds [J]. Review of Financial Studies, 1999, 42 (10): 687-720.

首先，关于商业银行风险的传统定价方法。主要是通过分析历史数据，从而推导出违约信息。Litterman 和 Scheinkman（1991）、Jonsson 和 Fridson（1996）等通过实证检验分析，从观察到的利差视角推导出了隐含的违约概率。[①] 传统的定价模型不仅可以通过对历史违约数据的总结与研究来投射未来的风险状况，同时在该定价模式下的风险利息与无风险收益之间的利差也可以用来反映经验概率测度下的预期违约损失。

其次，公司价值模型即结构模型。主要是通过建立模型来推导企业资产价值违约风险的价格。Merton 最先提出关于企业资产价值违约风险的分析框架，并在此基础上创立了关于零息债券的风险模型（Merton，1974）[②]。随后，Geske 对次级债券的定价问题进行了分析与研究，并通过计算，得出了一个封闭解（Geske，1977）。[③] 同时，Ho 和 Singer 也分析了 Merton 框架体系下的到期期限及支付时间安排等契约条款在风险分析中的作用（Ho and Singer，1982）。[④] 此后，Cox、Ingersoll 和 Ross 等通过分析莫顿方法在可变票面利率风险评估过程中的应用，研究可变票面利率风险的支付结构，表明：这种支付结构有助于消除或减少利率风险（Cox，Ingersoll and Ross，1980）。[⑤] 而 Jamshidian 和 Shimko，Tejima 和 Deventer 分别在 1989 年、1993 年建立了维西塞克利率下零息债券的期权定价公式，并给出了封闭解（Jamshidian，1989；ShimkoTejima and Deventer，1993）[⑥]。

---

① Litterman. R. & Scheinkman. J.. Common Factors Affecting Bond Returns [J]. The Journal of Fixed Income, 1991, 28 (02): 54-61.

Jonsson, J. and Fridson, M. Forcasting Default Rates on High-yield Bonds [J]. The Journal of Fixed Income, 1996, 32 (10): 69-77.

② Merton R. On the pricing of corporate debt: The risk structure of interest rates [J]. Journal of Finance, 1974, 29 (08): 449-470.

③ Geske, R.. The Valuation of Corporate Liabilities as Compound Options [J]. Journal of Financial andQuantitative Analysis, 1977, 29 (05) 541-552.

④ Ho, T. & Singer R.. Bond Indenture Provisions and the Risk of Corporate Debt [J]. Journal of Financial Economics, 1982, 42 (10): 375-406.

⑤ Cox, J., Ingersoll, J. & Ross, S.. An Analysis of Variable Rate Loan Contracts [J]. Journal of Fiance, 1980, 15 (-3): 389-403.

⑥ Jamshidian, F.. An Exact Bond Option Formula [J]. Journal of Finance, 1989, 44 (03): 205-209.

Shimko, D, Tejima, N. & Deventer, D. V.. The Pricing of Risky Debt When Interest Rates Are Stochastic [J]. The Journal of Fixed Income, 1993, 52 (07): 58-65.

再次，首越边界时间模型。目前主要有以下几个方面的研究。第一，1976年时，Black 和 Cox 首次提出了首越边界时间模型，主要是在 Merton 模型的基础上对贷款企业公司价值模型所进行的调整（Black and Cox，1976）。① 第二，1980 年 Brenman 和 Schwartz 也做了类似于 Black 与 Cox 模型的研究，并且将连续性违约边界的概念运用到了可转换债券模型之中（Brenman and Schwartz，1980）。② 第三，Longstaff 和 Schwartz 在 1995 年对 Black 与 Cox 模型进行了改进，使假设前提更加符合现实（Longstaff and Schwartz，1995）。③ 第四，1981 年 Mason 和 Bhattacharya 对 Black 与 Cox 的首越边界时间模型第一时段的探讨方法进行了拓展（Mason and Bhattacharya，1981）。④ 第五，1997 年 Zhou 又依托条约发散函数对 Mason 和 Bhattacharya 的探讨方法进行了一般化的处理。（Zhou，1997）⑤。第六，1993 年 Kim，Ramaswamy，Sundaresan，Nielsen 及 Sad－Requej 等，依托方根函数，通过引入随机利率，对 Black 与 Cox 的首越边界时间模型第一时段的探讨方法进行了一般化处理（Kim，Ramaswamy and Sundaresan，1993；Nielsen and Sad－Requej，1993）⑥。

最后，关于违约或破产密度模型的相关性研究主要有：第一，最具代表性的是 1995 年由 Jarrow 和 Turnbull 提出的，并且 Jarrow 和 Turnbull 是在“清偿率和违约密度均是可估计的外生常数，同时违约概率相等”这样两个假设的基础上提出的（Jarrow and Turnbull，1995）⑦。第二，1996 年 Das 和 Tufano 对 Jarrow 和 Turnbull 1995 年的模型进行了扩展，并削弱了对违约密度和利率的独

① Black F. 和 Cox，J.. Valuaing Corporate Securities：Some Effect of Bond Indenture Provisions [J]. Journal of Fiance，1976，42（31）：351－367.

② Brenman，M. 和 Schwartz，E.. Analyzing Convertible Bonds [J]. Journal of Financial and Quantitative Analysis，1980，52（15）：907－929.

③ Longstaff F，Schwartz E. Valuing credit derivatives [J]. Journal of Fixed Income，1995，35（06）：6－12.

④ Mason，S. & Bhattaca，S.. Risky Debt Jump Processes，and Safety Covenants [J]. Journal of Financial Economics，1981，32（09）：281－307.

⑤ Zhou，C.. A Jump－diffusion Approach to Modeling Credit Risk and Valuing Defaultable Securities [M]. Federal Reserve Board of Washington，1997.

⑥ Kim. J.，Ramaswamy，K. & Sundaresan，S.. Does Default Risk in Coupons Affect the Valuation of Corporat Bonds? A contingent Claims Model [J]. Financial Management，1993，47（10）：117－131.

⑦ Jarrow，R. & Turnbull，S. Pricing options on financial securities subject to default risk [J]. Journal of Finance，1995，43（50）：53－86.

立约束（Das and Tufano，1996）[①]。第三，Jarrow、Land 和 Tumbull 在 1997 年又再次对其 1995 年的违约模型进行了扩展与完善，同时也取消了违约密度的常数项这一假设（Jarrow，Land and Tumbull，1997）[②]。第四，1998 年 Madan 和 Unal 提出了违约调整随机密度模型，认为：在对违约债券进行定价时，可以通过在无风险利率的基础上添加一个违约率的指标、进而构建成经过调整的违约调整利率，随后就可以通过无违约债券的定价方法对违约债券进行定价（Madan and Unal，1998）[③]。第五，Duffle、Schroder 和 Skiadas，Duffle 和 Singleton 通过对以前研究的归纳、总结，并使其结果成为包含固定比例清偿率在内的一般化公式，从而进一步构建了违约债券的定价方程（Duffle，Schroder and Skiadas，1996；Duffle and Singleton，1998，1999，2003）[④]。

同时近几十年来，学者们也在 Merton 模型的基础上做了大量的实证研究。Jones、Mason 和 Rosenfeld 发现 Merton 模型在低级债券的风险定价上的应用相当不错，但对于投资级债券的定价效果却并不明显；对于公司债券而言，Merton 模型也只是考虑到了极小一部分系统风险的影响（Jones，Mason and Rosenfeld，1984）[⑤]。Titman 和 Torous 在用商业银行的抵押贷款来测试 Merton 模型的研究中发现：Merton 模型较好地解释了商业银行抵押贷款的风险定价问题，但在商业银行抵押贷款到期日下利差的变动，Merton 模型却并没有解释这一问题

① Das，S. R. & Tufano，P.. Pricing Credit - sensitive Debt When Interest Rates，Credit Rating and Credit Spreads Are Stochastic [J]. The Journal of Financial Engineering，1996，5 (2)：161 - 198.

② Jarrow R A，Land D，Turnbull S M. A markov model for the term structure of credit risk spreads [J]. Review of Financial Studies，1997，52 (10)：481 - 523.

③ Madan，D. & Unal. H.. Pricing the Risks of Default [J]. Review of Derivatives Research，1998，42 (02)：121 - 160.

④ Duflie，D.，Schroder，M. & Skiadas，C.. Recursive Valuation of Defaultable Securities and the Timing of Resolution of Uncertainty [J]. The Annals of Applied Probability，1996，6 (4)：1075 - 1090.

Duffle，D，& Singleton，K.. Simulating Correlated Defaults [M]. Stanford University，1998.

Duffle，D，& Singleton，K.. Credit Risk，Princeton Series in Finance [M]. Princeton University Press，2003.

Duffle，D，& Singleton，K.. Credit Risk for Financial Institutions：Management and Pricing [M]. Princeton University Press，1998.

Duffie D，Singleton K. Modeling term structures of defaultable bonds [M]. Review of Financial Studies，1999，45 (12)：687 - 720.

⑤ Jones，E. Mason，S. & Rosenfeld，E.. Contingent Claim Analysis of Corporate Capital Structures：An Empirical Investigation [J]. Journal of Finance，1984，54 (39)：611 - 625.

(Titman and Torous, 1999)[①]。在 Duffi 与 Singleton 的密度模型基础上，2009 年 Duffee 构建了方根利率函数，并借助卡尔曼过滤法，测算了债券的期限结构 (Duffee, 2009)[②]。Anderson 和 Sundaresan 比较了 Merton 及其扩展模型，并对 Merton 模型的各种扩展进行了实证分析，发现更新的一些结构模型要优于最初的莫顿模型 (Anderson and Sundaresan, 2020)[③]。

3. 违约率与违约损失率的研究文献

在风险评级过程中，一般主要是依据相关的历史数据展开对违约率及等级转移的研究，而且自 1966 年以来关于违约率的研究一直从未间断过。这期间风险的评级方法也经历了多元回归、Logit 回归、聚类分析，贝叶斯决策模型、专家系统、神经网络等多种分析方法的不断完善与发展。

第一，1966 年企业财务困难预测的开山鼻祖 Beaver，依托“财务比率预测经营失败”的经典案例，构建了违约概率单变量评估体系 (Beaver, 1966)[④]，至此违约率问题研究逐渐进入人们视野。第二，1968 年 Altman 又提出了著名的 Z 值模型，并在 1977 年又对该模型不断修正、完善与扩展，建立了较为著名的 ZETA 评分模型 (Altman, 1968)[⑤]。第三，Horrigan (1966)、Carleton 和 Lerner (1969)[⑥] 等也做了类似的研究。之后，着眼于数据挖掘多元判别模型的应用就进入了一个蓬勃发展的历史时期。例如 Martin，Ohlson 和 Wiginton 等均依托数据挖掘技术，运用 logit 分析方法展开了破产预测问题的分析 (Mar-

---

① Titman, S. & Torous, W.. Valuing Commercial Mortgages: An Empirical Investigation of the contingent - claim Approach Pricing Risky Debt [M]. Journal of Finance 1989, 44 (08): 345 - 373.

② Duffee, G.. Estimating the Price of default Risk [J]. Review of Financial Studies, 1999, 72 (12): 197 - 226.

③ Anderson R. & Sundaresan, S.. A comparative study of structural models of corporate bond yields: An exploratory investigation [J]. Journal of Banking and Finance, 2000, 59 (24): 255 - 269.

④ Beaver R. Financial ratios as predictors of failure. Empirical Research in Accounting: Selected Studies [J]. Journal of Accounting Research, 1996, 72 (04): 71 - 111.

⑤ Alhnan E I. Financial ratios, discriminant analysis and the prediction of corporate bankruptcy [J]. Journal of Finance, 1968, 52 (13): 589 - 609.

Altman E I. Haldeman R G, Narayanan P. ZETA analysis: A new model to identify bankruptcy risk of corporations [J]. Journal of Banking and Finance, 1977, 52 (10): 29 - 54.

⑥ Horrigan, J. O. The determination of long term credit standards with financial ratios Empirical Research in Accounting [J]. Journal of Accounting Research, 1966, 72 (4): 44 - 62.

Carleton, W. T. and Lerner, E. M. Statistical Scoring of Municipal Bonds, Journal of Money [J]. Credit and Banking, 1969, 52 (12): 750 - 764.

tin，1977；Ohlson，1980；Wiginton，1980）①。第四，Lundy 也通过运用聚类分析的方法评估了个人消费贷款者的状况（Lundy，1993）②。第五，Tam 等也通过运用 K 近邻判别模型对其样本数据进行了一定的分类（Tam，1992）③。第六，Jain、Duin 和 Mao 在 2000 年时发表了一篇评述，在该评述中 Jain、Duin 和 Mao 对涵盖了统计模式判别领域的 150 多篇最新研究成果进行了简单介绍（Tain，Duin and Mao，2000）④。

之后，学者们又进一步拓展了大量新的研究领域。第一，Cortes 和 Vapnik 等人 1995 年在关于违约率的相关研究中引入了支持向量机的指标（Cortes and Vapnik，1995）⑤；而 Doumpos 等人则在 2000 年将多标准等级判别模型 M. H. DIS 引入了希腊商业银行风险的评估之中，并进一步证实了该模型在风险估计方面的有效性（Doumpos，2015）⑥。第二，随着计算技术的发展，学者们逐渐展开了神经网络在违约预测上的运用研究。例如，1990 年 Odom 依托计算技术，就率先将神经网络技术运用到了企业违约预测上（Odom，1990）⑦；随后，Bell T、Ribar G、Verchio J.、Fletcher D、Goss E.、Han J I 和 Lee H. 等在这方面也进行了类似研究（Bell T，Ribar G and Verchio J.，1990；Fletcher D，Goss E.，1993；Han J I，Lee H.，1997）⑧。

① Ohlson. Financial ratios and the probabilistic prediction of bankruptcy. Journal of Accounting Res.，1980，18：p109 - 131；Ohlson，J. S. Financial ratios and the probabilistic prediction of bankruptcy [J]. Journal of Accounting Research，1980，18（01）：109 - 131.

Wiginton. A note on the comparison of logit and discriminant models ofconsumer credit behavior [J]. Journal of Financial and Quantitative Analysis，198020（03）：129 - 150.

② Lundy M，Cluster Analysis in Credit Scoring，Credit Scoring and Credit Control [M]. New York：Oxford University Press，1993.

③ Tam，K Y and Kiang，Managerial Applications of Neural Networks：The Case of Bank Failure Predictions [J]. Management Science，1992，（38）：927 - 947.

④ Jain，Robert P. W. Duin，Jianchang Mao. Statistical Pattern Recognition：A Review [J]. IEEE Transactions on Pattern Analysis and Machine Intelligence，2000，22（01）：4 - 37.

⑤ Comes，Vapnik. Support - vector networks [J]. Machine Learning，1995，52（20）：273 - 297.

⑥ Doumpos M，Kosmidou，K，Baourakis，Gand Zopounidis. Credit Risk Assessment Using a Multi - Criteria Hierarchical Discrimination Approach：AComparative Analysis [J]. European Journal of Operational Research，2002，138（12）392 - 441.

⑦ Odom M，Sharda R. A neural neural network model for bankruptcy prediction · In Proc. Int. Joint Conf [J]. Neural Networks San Diego，CA，1990.

⑧ Bell T，Ribar G，Verchio J. Neural nets vs. Logistic regression：A comparison of each model's ability to predict commercial bank failures [J]. On Auditing Problems，1990，27（12）：29 - 53.

Han J I，Lee H. Bankruptcy prediction using case - based reasoning，neural networks，and disriminant analysis [J]. Expert Syst. Appl，1997，35（13）：97 - 108.

第三，Sheng - Tun Lia、Weissor Shiue、Meng - Huah Huang 利用支持向量技术对个人贷款评估问题进行了研究（Sheng - Tun Lia，Weissor Shiue and Meng - Huah Huang，2006）①。再者，Bergeron M.、Martel J M.、Zopounidis C、Dimitras A I. 和 Doumpos M、Zopounidis C. 等运用 MCDA 多标准决策支持系统对贷款企业的违约风险进行了预测（Bergeron M. and Martel J M.，1996；Zopounidis C，Dimitras A I.，1998；Doumpos M and Zopounidis C.，2002）②。第四，Vellido、Lisboa P、Vaughan J. 和 Wong T、Bodnovich、Selvi Y. 等则进一步研究了神经网络技术在商业管理中的应用（Vellido and Lisboa P，1999；Wong T，Bodnovich，Selvi Y.，1997）③。第五，Dimitras、Zanakis S、Zopounidis C. 和 Zhang G、Hu M，Patuwo B. 等人则依托数据挖掘，检验了神经网络模型的预测能力（Dimitras，Zanakis S，Zopounidis C. and 1996；Zhang G and Hu M，1999）④。第六，Lee K.、Han I，Kwon Y. 等学者则提出了混合神经网络破产预测模型（Lee K. and Han I，1996）⑤。同时还有部分学者对网络神经模型的遗传算法、神经网络模型的优化及与其他预测模型的对比等内容进行了较系统研究（Back B and Sere K.，1996；Martinelli E，Carvalho A D. 1999）。

同时，在等级转移矩阵方面的相关研究主要有：Nickell、Perraudin 和

---

① Sheng - Tun Lia，Weissor Shiue，Meng - Hush Huang. The evaluation of consumer loans using support vector machines [J]. Expert Systems with Applications，2006，65 (30)：772 - 782.

② Bergeron M.，Martel J M.. Jounnal of Emerging Market review. of coloan applications [J]. The evaluation MCDA，1996，42 (04)：249 - 262.

Zopounidis C，Dimitras A I. Multi - criteria Decision Aid Methods for Prediction of Business Failure [M]. Dordrech：Kluwer Academic Publishers，1998.

Doumpos M，Zopounidis C. Credit Risk Assessment Using a Multi - criteria Hierarchical Discrimination Approach：A Comparative Analysis [J]. European Journal of Operational Research，2002，138 (2)：392 - 412.

③ Vellido，Lisboa P，Vaughan J. Neural networks in business：A survey of applications (1992 - 1998) [J]. Expert System，1999，58 (17)：51 - 70.

Wong T，Bodnovich，Selvi Y. Neural network applications in business：A review and analysis of the literature (1988 - 1995) [J]. Decision Support Syst.，1997，56 (19)：301 - 320.

④ Dimitras，Zanakis S，Zopounidis C. A survey of business failures with an emphasis on prediction methods and industrial applications [J]. European J. Open. Res. 1996，90 (12)：487 - 513.

Zhang G，Hu M，Patuwo B. Artificial neural networks in bankruptcy prediction：Generalframework and cross - validation analysis [J]. European J. Oper.，1999，116 (11)：16 - 32.

⑤ Lee K，Han I，Kwon Y. Hybrid neural network models for bankruptcy predictions [J]. Decision Support Syst.，1996，53 (18)：63 - 72.

Varotto 等检验了随着时间、债务人类型及债务人财务状况等的变化，市场上风险的等级转移矩阵稳定性也会受到一定程度的影响，同时学者们也按照债务人的类型和地理位置变化等与等级转移矩阵间的关系进行了相关分析（Nickell and Perraudin，2000）①。同时，Bangia、Diebold 等通过研究也发现：随着时间区间的增加，银行贷款的等级转移矩阵会呈现出逐渐下降的趋势，一定程度上说明等级转移矩阵具有非稳态性的特征（Bngia and Diebold，2020）②。

当前，在关于风险的测度研究上，国内的研究尚处于起步阶段，只是沿用国外的一些模式进行简单分析。首先，王春峰等通过分析多元线性判别模型以及主成分分析法在国内某商业银行的贷款偿还情况上的应用，发现：通过该方法确定的商业银行业务运营中的 5 个关键财务指标的计算结果是准确有效的，并且其准确率高达 90%（王春峰，1998）③。其次，于立勇等人通过分析正向逐步选择法在风险测度上的应用，构建了一套较为合理的风险评估指标体系（于立勇，2004）④。再次，任兆璋等通过研究 Probit 贷款违约概率模型，发现：通过依托联立双变量的 Probit 模型分析方法，可以较好解释样本选择时可能产生的偏差参数估计的不可靠性与不稳定性（任兆璋，2017）⑤。最后，周勇等通过构建联立双变量 Probit 模型，较精准测度了商业银行违约的概率，同时在其研究中也发现，在估计样本选择可能产生的偏差参数时，双变量 Probit 模型要比单变量 Probit 模型估计精度更高（周勇，2020）⑥。

众所周知，在资产风险的管理过程中违约概率和回收率是两个最重要的参数指标。国内外学者在这两个参数上的研究主要体现在：首先，早在 1996 年

① Nickell. P.，Perraudin，W. and Varotto. S. Stability of Rating Transitions [M]. Paper Presented at The Bank of England Conference on Credit Risk Modeling and Regulatory Implications，London，2000.

② Anil Bangia，Francis X. Diebold，Rating migration and the business application to credit portfolio stress testing [J]. PIER Working Paper cycle，2002，53（12）：101 – 134.

③ 王春峰，万海晖，张维．商业银行信贷风险评估及其实证研究［J］．管理科学学报，1998，（1）：70 – 74.

④ 于立勇，詹捷辉．基于 Logistic 回归分析的违约概率预测研究［J］．金融研究，2004，（09）：15 – 23.

⑤ 任兆璋．商业银行信贷违约风险测度的 SBP 模型研究［J］．金融研究，2006，（11）：127 – 134.

⑥ 周勇，谢尚宇．信贷违约风险模型中违约概率的统计推断［J］．系统工程理论与实践，2008（08）：206 – 214.

Altman 和 Kishore 就认为不同行业、不同贷款人的回收率均值和标准差间存在着较大的差异性，其中基础设施领域的回收率均值最高（Altman，Kishore，1996）①。其次，Izvorsk 认为有形资产的报废情况、行业的增长情况以及密集度等因素直接影响着不同行业的贷款回收率，并且通过研究也发现清算价值较高的那些资产回收率最高（Izvorski，1997）②。最后，Keisman 和 Van de Castle 关注了债务的优先级连续度量方法，发现：一般情况下，当某一个债券偿还的优先级较低时，其回收率则较高（Keisman，Van de Castle，2015）③。同时也有学者研究了违约率与回收率间相关性的问题，部分学者认为违约率和回收率之间几乎每次都存在反相关性（Altman，Resti，2012）④，弗莱伊认为，当经济衰退时资金的违约率和违约损失率会居高不下，进而直接导致资金回收率的急剧下降，故商业银行必须加强对资金的监督监察，尽可能规避资金的违约与损失（弗莱伊，2018）⑤。Jarrow 通过将股权利用融入风险的定价模型，对违约概率与回收率间相关性进行分离，发现：违约概率与回收率间存在必然的内在联系（Jarrow，2011）⑥，且 Altman 在 2020 年系统分析了这种关联（Altman，2020）⑦。

4. 风险定价模型的研究文献

经过多年的摸索，关于商业银行贷款定价方法的研究目前已逐步形成了统一的意见。当前国际上关于商业银行贷款定价的模式主要是成本加成、价格领导与客户盈利等三种定价模式。

---

① Altman，E and V Kishore. Almost everything you wanted to know about recovery on defaulted bonds [J]. Financial Analysts Journal，1996，52 (6)：57-64.

② Izvorski，Ivailo. Recovery Ratios and Survival Times for Corporate Bonds [J]. IMF Working Paper，1997，73 (02)：84-97.

③ Van de Castle，K，D Keisman and R Yang. Suddenly structure mattered：insights into recoveries of default debt [J]. Standard & Poor's，2000，18 (5)：1-47.

④ Altman，E，B Brady，A Resti and A Sironi. The link between default and recovery rates. implications for credit risk models and procyclicality [D]. NYU Stern School Salomon Center Working Paper，2002.

⑤ Frye，Jon. Collateral Damage：A source of systematic credit risk [J]. Risk Magazine，2000，62 (04)：91-94.

⑥ Jarrow，Analysts R. Default Paramenter Estimation Using Market Prices [J]. Financial Journal，2001，88 (09)：134-154.

⑦ Altman，Recovery Business，E.，Brady，B.，Resti，A.，Sironi，A Rates：Theory，Empirical Evidence The Link between Default [J]. Journal of Implications，2005，78 (6)：2203-2227.

目前，关于资产风险定价影响因素的研究主要有：第一，1997 年时牛锡明等在详细阐释国外资产风险定价影响因素的基础上，通过分析我国商业银行在定价过程中需要考虑的诸如筹资成本、利率、央行政策、贷款人的信用风险程度等因素，设计出了我国商业银行风险的基本定价模型（牛锡明，1997）①。第二，石蓉、耿香娥等在分析 VAR 计算方法在商业银行风险定价过程中具有较优支撑作用的基础上，提出了一系列有助于运用 VAR 方法对风险进行定价的政策建议（石蓉，耿香娥，2012）②。第三，陈燕玲、蒋东明、陈高翔等通过分析比较国外在商业银行风险定价过程中所采取的主要模式，对我国商业银行资产定价模型的选择提出了诸多有效的政策建议（陈燕玲，2020；蒋东明，2004；陈高翔，2004）③。第四，喻永新等通过分析我国市场上借贷行为的发生、发展状况，提出了我国在商业银行资产定价过程中应实施的总体思路、政策框架以及应采取的具体措施（喻永新，2020）④。第五，邢毓静在结合我国商业银行风险管理过程的具体情况的基础上，系统性地分析了在我国外币利率的市场化进程中的所出现的问题以及商业银行的内部管理问题（邢毓静，2021）⑤。第六，Ferre De Graeve、Olivier De Jonghe 等通过研究商业银行资产的定价策略，得出：风险定价过程中，贷款渠道的不同以及对资产支配力的不同都将导致差异化定价模型的出现（Ferre De Graeve and Olivier De Jonghe，Rudi Vander Vennet，2017）⑥。

而关于商业银行风险定价模型的介绍与比较的相关研究目前主要集中在如下几个方面：首先，以 Peter S. Rose 的研究最具代表性，他的研究内容在后来

① 牛锡明．我国商业银行实行贷款定价之研究［J］．金融研究，1997（10）：15－20.

② 石蓉，耿香娥．VAR 方法在商业银行贷款定价中的应用［J］．统计与决策，2002（09）：28－29.

③ 陈燕玲．论利率市场化后的贷款定价模式选择［J］．安徽大学学报，2002（03）：82－85.

蒋东明．论国外贷款定价模式及其对我国商业银行的启示［J］．北京理工大学学报，2004（05）：83－85.

陈高翔．利率市场化条件下贷款定价的研究［J］．价格理论与实践，2004（10）：51－52.

④ 喻永新．商业银行贷款定价问题初探［J］．现代商业银行导刊，2000（07）：28－31.

⑤ 邢毓静．我国境内外汇利率市场化进程中的商业银行外汇贷款定价［J］．投资研究，2001（02）：23－27.

⑥ Ferre De Graeve，Olivier De Jonghe，Rudi Vander Vennet. Competition，transmission and bank pricing policies：Evidence from Belgian loan and deposit markets［J］．Journal of Banking & Finance，2007，72（31）：259－278.

相关学者的研究中都得到了相应的体现。Peter S. Rose 认为西方的风险定价模式主要有成本相加定价模式（Cost – plusLoan Pricing）、价格领导模式（Price Leadership）、客户盈利分析模式（Customer Profitability Analysis）等三种模式（Peter S. Rose，1999）①。其次，Thomas Stanley 则在其研究中认为：应将在管理过程中的违约信息与其他正在使用的风险定价信息相融合，并且商业银行可以对风险的定价问题进行适时调整，这样建立起来的风险定价模型将能准确反映商业银行在资金成本、贷款期限以及竞争力等方面的风险状况（Thomas Stanley，1996）②。再次，毛仲玖则重点对国外商业银行的客户盈利分析模式进行了相关介绍。他认为：在对风险进行定价时，应充分考虑到各种业务往来过程中所产生的成本与收益（毛仲玖，2016）③。王俊寿等通过研究商业银行业务运营中的违约损失概率、回收成本及信息不对称性等问题，对当前我国商业银行风险管理过程中所采取的不同定价模式进行了比较（王俊寿，2018）④。最后，沈国勇在对金融系统现在普遍流行的三种风险定价模式进行了相关比较，发现 CPA 模式也就是客户盈利分析模式比较符合当前我国商业银行的风险定价状况（沈国勇，2018）⑤。

同时，关于商业银行风险定价模式的量化研究主要集中于以下几个方面：第一，James T. Fergus 在对建筑贷款数据进行大量实证分析的基础上，提出了应以期权研究为基石的贷款定价模型为主要的商业银行风险定价模式（James T. Fergus，1995）⑥。同时，KMV 公司在 Merton 模型的基础上构建了风险定价的数量模型，认为在商业银行风险的定价过程中，只需考虑贷款人的资产构成状况与资产收益变动情况，即可利用期权定价模型对其资产的风险状况进行有效定价（KMV，1999）⑦。第二，简志宏、李楚霖通过建立数学模型，分析了到期一次性还本付息的风险定价，发现：商业银行风险的价格是零息债券的价

① 彼特.S. 罗斯著，肖慧娟译．资本与货币市场［M］．北京：机械工业出版社，1999.

② Thomas Stanley. 贷款定价——期望收益与基于风险的收益［J］．经济译文，1996（2）：41－43.

③ 毛仲玖．CPA 模型在中小企业贷款定价中的应用［J］．新金融，2003（11）：29－30.

④ 王俊寿．商业银行贷款定价模型的比较研究［J］．南开经济研究，2004（02）：99－102.

⑤ 沈国勇．利率松绑后的贷款定价管理［J］．经济导刊，2004（04）：52－54.

⑥ James T. Fergus. Spatial variation in construction loan pricingat commercial banks［J］．Journal of housing Economics，1995，77（04）：118－135.

⑦ KMV Corporation. Credit valuation［M］．Technology Document，1999.

格与资产期望收益率的乘积（简志宏、李楚霖，2001）①。第三，蒲建平、余剑等依托期权定价模型，检验了银行资金的风险价值与利差之间的关系，认为：我国商业银行的风险与利率管制、贷款管理等因素间具有较显著的直接关系（蒲建平，余剑，2016）②。第四，庄新田和黄小原在极大值原理的基础上，构建了关于我国商业银行风险利率的定量分析模型，并在此基础上求得了供需双方的最优化对策解（庄新田，黄小原，2015）③。第五，Tumbull 通过运用零息风险债券的定价公式，将资产的利息、本金等分成了若干独立的零息债券，从而构建了商业银行资产风险的数量化定价模型（Tumbull，2003）④。第六，毕明强以 CPA 模式即客户盈利分析原理为基础从商业银行与客户关系的角度展开研究，设计了一系列针对大型优质客户的产品价格组合，以帮助商业银行制定较具竞争力的金融资产风险价格（毕明强，2004）⑤。第七，Mario Onorato、Edward I. Altman 通过分析资产管理过程中的市场风险和风险，构建了一类针对贷款和债券市场的综合定价模型（Mario Onorato and Edward I. Altman，2017）⑥。

当前，关于商业银行资产风险定价的实证研究主要集中于以下几个方面：首先，David W. 、Blackwell & Drow B. 、Winter S 通过实证分析研究了银企双方关系同资产风险利率之间的联系，发现：银企关系较好时，商业银行对企业贷款的监测频次就较少一些，故此时商业银行的监测成本就会减少，从而就可降低资产的风险利率（David W. Blackwell & Drow B. Winter S，1997）⑦。其次，

① 简志宏，李楚霖．考虑违约风险的信贷资产定价［J］．武汉理工大学学报，2001，23（4）：71－73.

② 蒲建平．贷款定价的期权分析及对中国商业银行信贷风险思考［J］．北方经贸，2001（12）：113－114.

③ 庄新田，黄小原．基于信息不对称商业银行贷款定价策略分析［J］．系统工程，2002，20（03）：20－23.

④ Tumbull Stuart M. Pricing loans using defatllt probabilities［J］. Economic notes by Banta Monte dei Paschi di Siena Spa，2003，32（32）：197－217.

⑤ 毕明强．基于贡献度分析和客户关系的商业银行贷款定价方法研究［J］．金融论坛，2004（07）：123－130.

⑥ Mario Onorato Altman. An integrated model for defaultable loans and bonds［J］. European Journal of Operational Research，2005，163（13）：65－82.

⑦ David W. Blackwelh Drow B.. Banking relationships and the effect of monitoring on loan pricing［J］. The journal of Americial research，1997，52（07）：275－289.

Andrew H. Chen 通过实证分析，发现：资产的管控成本直接影响其风险利率（Andrew H. Chen，2000）①。再次，史泽友、黎丽、张维梁、刘代光等通过实证分析，发现：商业银行资产的风险利率下浮将引起其收益的较大变动（史泽友、黎丽、张维梁、刘代光，2012）②。最后，Manoj Athavale 和 Robert O. Edmister 通过实证研究，发现：商业银行可以在筛选、监测贷款对象及其活动的过程中解决信息不对称问题（Manoj Athavale and Robert O. Edmister，2004）③。

（三）风险研究的发展趋势

1. GRM 管理浪潮的兴起

当前，商业银行业务运营中面临着前所未有的新局面和新问题，全面综合风险管理（Global Risk Management，即 GRM）已引起了相关管控部门的充分重视。全面综合风险管理即：对商业银行等金融机构所面临的全部风险建立严密、准确的程序，进而用来分析资产交易过程中的各类风险定价模型的构建与运用，同时对资本进行合理性的资产配置，并合理安排资产在各类经营活动中的使用；并且，在全面综合风险管理过程中应建立专门的用以防范和控制风险的管控部门，以保证我国包括商业银行在内的各类金融机构的风险管理可实现统一的综合风险管理（李志辉，2020）④。当前，关于全面综合风险管理的模式已在全世界范围内得到积极推广，例如曼哈顿商业银行、花旗商业银行、加拿大帝国商业银行等诸多跨国商业银行均已开始使用该管理模式，而且在一定范围内取得了不错成绩。

目前在这方面有所尝试的还有：Barnhill 和 Maxwell 等运用模拟仿真的模拟系统开展了对固定资产收益组合的金融风险和市场风险之间的相关性的模拟

---

① Andrew H. Chen，Sumon C. Yuxing Yan. Monitoring and bank loan pricing [J]. Pacific – Basin Finance Journal，2000，79（08）：1 – 24.

② 史泽友，黎丽，张维梁，刘代光．关于利率市场化进程中人民币贷款定价的探讨 [J]．金融论坛，2002（11）：124 – 134.

③ Manoj Athavale，Robert O. Edmister. The pricing of sequential bank loans [J]. The financial review，2004，56（39）：231 – 253.

④ 李志辉．国际金融业风险竹理发展的新趋势：综合风险管理 [J]．南开经济研究，2001（01）：62 – 66.

分析（Barnhill and Maxwell，2018）①。潘淑娟在关于金融风险与市场风险间相关性的研究中，发现：由于利率、汇率波动性的存在，金融风险就成为影响整个金融系统稳定性的主要原因之一。随着风险定价理论和资产组合技术的发展，诸多衍生手段在防范金融风险过程中得到了有效应用。但同时，由于金融衍生手段本身存在着巨大的信用风险及流动性风险，故在使用金融衍生手段时应格外谨慎，以防止后续出现影响金融体系稳定的其他风险（潘淑娟，2019）②。

2. 金融风险研究中的定量化发展趋势

金融科技逐步发展的今天，金融风险研究的定量化必将是未来金融风险管理的发展趋势之一，在未来很有可能会建立一个可以容纳金融系统信用风险、流动性风险及操作风险等在内的综合化的智能性风险管理系统，并采用复杂系统理论、计算机科学分析等技术手段实现对金融风险管理过程中各种风险的度量与分析，从而实现对整个经济社会、金融市场发展过程中一般规律的把握。

3. 金融风险研究中的工程化、智能化发展趋势

未来在金融风险管控的研究中，工程化与智能化发展必将是大势所趋。虽然，近年来金融数学化、工程化的发展态势受到了部分学者的否定与质疑，但他们只是质疑金融发展过程中不能解决实际问题的工程化与数学化发展趋势。今后在金融风险研究中，应结合金融风险产生与发展的实际情况，依托区块链、云计算及人工智能等金融科技手段，采取定性与定量分析相结合的方法，来发展金融计量工具、方法及模型在包括商业银行在内的金融机构中的运用。

三、金融科技与风险溯源关系的文献综述

（一）金融科技与风险溯源关系的两大定性说明

当前依托金融科技进行商业银行风险溯源的研究主要集中在两大定性说

① Theodore M. Barnhill J，William F M. Modeling correlated market and credit risk in fixed income portfolios [J]. Journal of Banking & Finance，2002，26 (02)：347 – 374.

② 潘淑娟．市场风险与信贷风险：风险竹理中存在的悖论［J］．经济问题研究，2004（3）：62 – 64.

明。(1)金融科技有助于商业银行业务转型的定性说明。部分学者认为金融科技对金融机构特别是商业银行的业务运营产生较大影响(PR Newswire,2016;H M Hennayake Bandara,2016;Rhodes and Michael,2018;范忠宝,2018;蔡国华,2019;李苍舒,2019),但少有定量分析。(2)金融科技有助于商业银行风险识别的定性说明。部分学者开始以金融科技为背景展开商业银行风险识别与防范的相关研究(周伟,2017;Rhodes,2017;陈泽鹏,2018;Weixing,2019;吴晓求,2020),但少有运用金融科技手段建模实施风险识别与防控的研究。

(二)金融科技下风险溯源的两大维度五种方法

依托神经网络、供应链等金融科技手段进行商业银行风险溯源的研究,主要集中在两大维度五种方法。(1)时间维度。倾向于量化商业银行系统的不稳定性和内部失衡性,属事前分析。有 EWS 金融防控系统法和 FSI 综合金融压力指数法两大方法。其中,EWS 金融防控系统法有:FR 概率模型(rankel and Rose C,1996)、KLR 信号分析法(Kaminsky,1998)、CRM 危机风险模型(IMF,2014)、DCSD 模型(IMF,2014)等。FSI 综合金融压力指数法有:加拿大 CFSI 金融压力指数法(ILLing and Liu,2006)、发达国家 AE - FSI 金融压力指数法(Cardarelli,2011)、新兴市场 EM - FSI 金融压力指数法(Balakrishnan,2011)、中国金融压力指数和风险防控系统(王春丽,2015;赵丹丹,2019)等。(2)空间维度。倾向于度量系统性风险负面溢出或传染效应的高低,属事后分析。有商业银行间网络模型、或有权益分析 CCA 模型及系统性风险贡献法三大方法。其中,商业银行间网络模型有:DIM 模型(Giesecke,2009)、商业银行间同业市场精密网络模型(Allen and Gale,2000)、风险敞口模型(Chars - Lau,2009)、支付结算风险传递模型(范宏,2014)及外部冲击模型(方意,2019)等。或有权益分析法有:CCA 法(Gray and Merton,2006)、SCCA 法(Gray and Jobst,2010)、J - VaR 法(李志辉,2016)、JUMP - CCA 法(唐文进,2017)等。系统性风险贡献法有:CoVaR 模型(Adrian,2011)及拓展 GARCH - Copula - CoVaR(沈悦,2014;吴卫星,2016)、Co - Risk 模型(IMF,2009)、DIP 模型(Huang,2011)、SES 模型(Acharya,2010;2012 修订)及拓展 SRISK 模型(Brownless,2011)等。

综上所述，国内外学者从不同视角运用不同方法进行了诸多研究，关于商业银行风险形成机理、传染机制及测度方法等研究已日渐丰富。但仍有如下不足：(1) 风险测度方法研究对金融业发展的新变化和新趋势关注不足，测度方法未基于变化进一步完善。(2) 虽有金融科技运用于商业银行业务转型升级的研究，但缺乏基于金融科技手段进行风险测度方法的改进。(3) 虽有文献提出从大数据视角研究风险管控，但缺乏定量研究，深度不够。故本研究拟在关注商业银行风险管控方法发生新变化的基础上，运用金融科技手段完善其业务转型中的风险识别、评估、应对及管控的新风险管理四步骤，完善其业务转型中的风险管控问题研究。

第四节　研究方法

本书通过运用文献研究法、梳理模型法及综合评价法等研究方法，从规范分析与实证分析相结合、定性分析与定量分析相结合的角度展开研究，以确保研究的严谨性和真实性。

一、文献研究法

通过整理商业银行风险成因等相关文献，从理论发展脉络角度对商业银行风险管控过程中的痛点、新挑战及新趋势进行归纳总结，形成研究基础。同时，通过梳理现有风险识别、评估、应对及管控方法，找出其优势和不足，为后续构建金融科技背景下商业银行业务转型中风险识别、评估及应对的新方法提供研究基础。

二、数理模型法

依托金融科技手段完善风险数据分类信息平台，构建风险防控指标体系，筛选样本数据，从时空双维度构建商业银行业务转型中的风险 CA 识别及溯源模型，为追踪、溯源风险信息提供检验证据；模拟样本数据的 GAN 生成算法，改进风险堆栈自编码 SDAE 降噪评估模型，为信息数据降维增稠提供数理支撑；依托 SOM－PNN 映射神经网络预测原理升级商业银行自校正 GM(N，N)应对框架，为保障风险管控信号的流畅与精准提供技术支持。

在商业银行风险识别与溯源这一问题上，本研究还借鉴了多元线性判别法、Logit 多因素回归分析、最小二乘优化法、非参数检验等数理分析方法，丰富了商业银行风险定价的测量与计算方法。

三、综合评价法

本研究通过运用综合评价法对智慧中国视域下金融科技新工具手段、新思维理念对商业银行风险识别、评估、应对与管控体系的完善及路径的优化等问题进行了综合评价与分析。

第二章　金融科技背景下商业银行的业务转型

金融科技的快速发展在助推经济发展、推动金融机构特别是商业银行业务经营与服务创新上发挥了巨大作用，几乎颠覆重塑了金融机构特别是商业银行的各项业务，金融科技背景下金融科技的发展已为该领域带来了较显著影响。

第一节　金融科技浪潮的兴起

21 世纪以来，随着区块链、云计算、人工智能等的出现及快速发展，全球范围内金融科技服务呈逐年上升态势，金融科技企业融资规模也呈爆发式增长趋势，发展势头突飞猛进。正如普华永道《2020 年与未来的金融服务技术：拥抱颠覆者》的报告中所讲到的，全球约 81% 的银行 CEO 在众多领域之中最关注金融科技领域的发展，金融科技正逐步颠覆整个金融领域的业务发展与服务创新，我国也逐步开始了金融科技赋能金融业务的探索之路。例如：从 2013 年互联网金融元年到 2016 年金融科技崭露头角再到 2020 年各类金融科技公司的层出不穷，特别是近年来银行业斥巨资大力发展金融科技业务，金融科技已成为整个金融领域特别是商业银行业务发展与服务创新的关键技术支撑，金融科技逐渐得到了各大机构的普遍关注，其发展浪潮正席卷全国。

一、金融科技浪潮的兴起

迄今为止业界普遍认为：金融科技主要是指科技在耦合金融的过程中会升级或改变金融业务活动，是科技赋能、耦合金融业务并为之服务的新型金融生态，是能与金融业态耦合的各种科学技术及其关联模式的总称。

（一）金融科技概念的首次提出

金融科技 FinTech 为 Financial Technology 的缩写，可理解为金融（Finance）与科技（Technology）的有效耦合，该概念由金融稳定理事会（FSB）于 2016 年首次在国际层面提出，即：在区块链、云计算、人工智能及大数据等前沿科技的作用下对金融市场及金融业务的发展产生较大影响，进而在金融领域形成新型业务模式、新型技术运用及新型产品与服务的过程。随后，随着金融科技的迅猛发展，该概念得到了进一步的完善与拓展。

（二）金融科技浪潮的出现与发展

目前国内外业界均从不同视角对金融科技展开了一系列研究与探讨。有学者认为金融科技是一系列科学技术的集合，这些技术手段影响着金融领域的各类支付、贷款及货币运行等，将科技手段跨界实现与金融业务间的耦合就会对金融领域发展产生较大影响；也有学者认为金融科技是以新型技术为支撑，优化和削减传统模式下“信用中介物”和“信用中介机构”的作用，革新甚至颠覆传统金融模式，创新并拓展金融产品与服务；同时金融科技的出现是对传统金融业务的优化与挑战，特别是在后互联网时代，区块链、云计算、人工智能及大数据等技术与金融间实现了多层面、多视角的交互与融合，技术的发展一定程度上改变了金融业态的生态结构特别改变了是商业银行的业务运行形态，这势必要求各类金融机构应尽快实现其具体业务与服务体系的转型升级，以跟上新技术、新消费的需求，尽快解决传统模式下金融业务发展的低效与不平衡问题。

（三）本研究关于金融科技的界定

在结合国内外相关学者及各实践部门相关研究的基础上，本研究将金融科技及其作用界定为：通过区块链、云计算、人工智能及大数据等一系列技术手段跨界融合到金融领域特别是商业银行等机构中，通过技术手段的革新促进金融领域创新与发展，在金融市场、金融机构、金融业务、金融产品及服务等方面产生较大推动作用，进而实现其业务模式、服务体系及产品开发等方面的升级与发展。

二、金融科技的核心业务特征

（一）金融科技的核心业务

随着金融科技应用的进一步发展，目前各金融机构特别是各商业银行对新视域下金融科技的理解与认识正不断深化与系统，已形成了包含支付清算、筹融资、投资管理及市场设施等四大模块的支付清算、数字货币、投资管理及分布记账等16大核心业务板块，如图2-1所示。

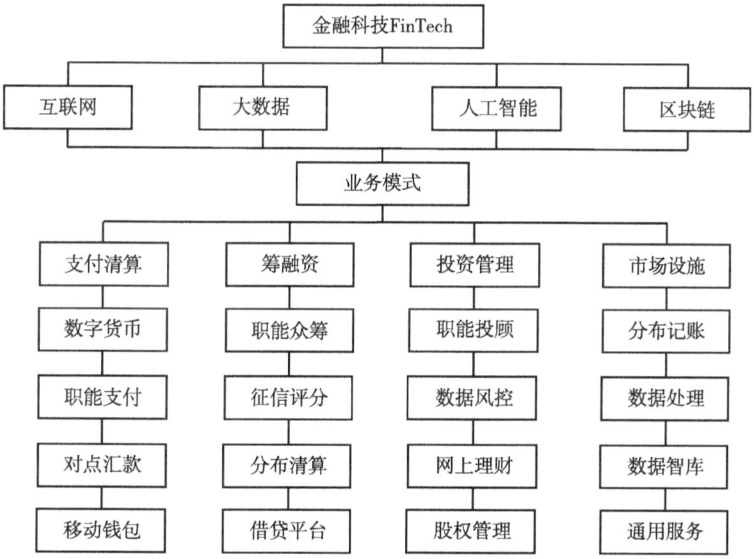

图2-1　金融科技的核心技术及业务板块

（二）金融科技的五大特点

金融科技是技术驱动下金融领域的创新，是金融与科技深度融合的产物，目前已在业务运营、服务创新、风险控制等金融领域的多个方面得到了有效应用，大大提高了金融业务及产品服务的精准度与效率。具体来讲，金融科技具有诸如其本质仍是金融、数字技术驱动金融发展、传统金融应与金融科技深度融合、金融科技有助于降低成本、金融科技背景下应更重视金融业的风险控制等几大特点：

1. 金融科技的本质仍是金融

尽管金融科技的发展实现了金融与科技的有效耦合与深度融合，但金融本身的功能属性及风险属性并未改变，金融科技本质上仍是金融。当然，在金融科技突飞猛进的当下，区块链、云计算、人工智能及大数据等技术手段在为金融发展提供强有力技术支撑的同时，也在金融机构特别是商业银行的业务转型升级中起到了较大的促进作用，技术的贡献度及影响力也正逐渐发挥作用，例如无人银行网点、数字货币及电子支付等的出现，均代表着金融科技发展的进步。尽管金融科技的发展日新月异，但在其推进金融机构及其业务发展过程中仍保持着其金融本质。同时金融科技发展过程中，科技是要服务并支撑金融的发展的，其本质是要服务于金融进而服务于实体经济发展。

2. 数字技术驱动金融发展

近年来，区块链、云计算、人工智能等一系列先进的技术手段陆续应用到了金融业的方方面面，大大提高了金融领域的服务水平与服务质量。例如：云计算凭借着其独特的资源整合及数据计算等能力，为互联网金融等第三方金融机构的发展提供了强有力的技术支撑；同时，机器训练、图像识别等人工智能的发展也为金融机构特别是商业银行在业务转型升级中完善服务流程提供了技术保障；区块链技术也为资产登记、机构对账、融资等的广泛应用提供了优化路径；近年来的人脸识别、虹膜识别等生物识别技术的推广与运用也为诸如小额支付、身份验证等金融科技场景的发展提供了更前端的技术支持。

3. 传统金融深度融合金融科技

近年来，随着金融科技的发展，金融领域正面临着传统金融业与新型金融业间的转型冲突，金融科技企业需跨界耦合大批量金融业务及传统金融机构需加强自身业务转型升级的双重压力，因此，依托区块链、云计算及人工智能等金融科技手段，积极推进传统金融与金融科技间的耦合与融合将是今后大势所趋，我国目前已在移动支付、智能信贷及互联网消费金融等领域取得了较大发展，部分商业银行也已陆续打造了商业银行网络金融联盟、金融科技创新实验室等一系列金融科技项目，在一定程度上实现了银行间的系统互联、账户互认及资金互通等创新。同时，金融机构也正积极与科技公司间创建了深度合作机制。近几年来，金融机构特别是部分商业银行也正陆续与金融科技公司间建立了深度合作机制，展开了信息共享、账户互通、精准营销及风险防控等诸多领域间的合作与融合，探索出了直销银行子公司、数字银行、5G智能营业网点等一系列合作模式，为客户提供了融资、理财及消费信贷等嵌入式金融服务场景。

4. 金融科技有助于降低成本及提高效率

金融科技的迅猛发展为商业银行等金融机构带来了较大的技术红利，降低了金融机构特别是商业银行的业务运营及转型成本，提高了其业务开展的工作效率与工作质量。区块链、云计算、人工智能及大数据等金融科技的应用，链接形成了互联网、物联网等产业链条，构建了以金融科技技术为核心的数据网络平台，并以该平台为依托，构建金融机构的神经网络系统，使金融机构拥有了强大的数据存储、计算及通讯能力，优化了其信贷、融资及理财等各类业务的网络数字平台，形成了较完善的产业链金融，促进了链条上客户、金融机构及存款客户等上下游企业的资源优化，降低了运营成本，提高了运营效率。

5. 金融科技突显了金融机构风险管控的重要性

金融科技的发展在带来业务升级与创新的同时，也将其本身的一些诸如滞后性、负的外部性及隐蔽性等风险特征暴露了出来，甚至在一定条件下、一定程度上还极有可能会使得其风险更为突显。例如：金融科技可能会使得不同机构、不同市场及不同地域间在提供金融服务时，将其风险传递得更广、更快；也可能会在提升资金周转效率的同时，将风险传递的速度及资金的损失加快、放大；随着我国在金融科技领域的快速推进，金融科技在增加金融业务及服务便利程度的同时，也可能增加金融体系特别是大型金融机构对金融科技的过度依赖，进而使得金融风险进一步上升与放大。而且，金融科技的网络效益及规模效应在给金融机构特别是商业银行跨界经营创造便利性的同时，也可能会产生一些不正当竞争，并引发一些风险问题。对金融机构采取有效措施进行及时风险管控，就显得异常重要。

三、金融科技的发展

金融科技其本身的发展也大致上经历了萌芽、电子化、“互联网+”、“智能+”等发展阶段，极大地促进了金融业的发展与突破。在其发展的早期、中期，多以制造型科技为主，其信用媒介也多以传统意义上的金融手段为主。随着金融科技的进一步发展，信息科技逐渐成为其核心，以区块链、云计算、大数据及人工智能等为代表的金融科技手段逐渐优化了金融机构信用媒介及信用中介的功能，进而架起了科技与金融业间的桥梁，减弱了传统意义上的信用媒介及信用中介的作用，降低了金融机构运营成本，提高了其运营效率及质量。

（一）金融科技发展的四大阶段

通过对金融科技发展的系统梳理，发现：近年来我国金融科技的发展大致上经历了萌芽、电子化、“互联网 + 金融”及“智能 + 金融”等四个阶段。

1. 萌芽阶段

萌芽阶段主要发生在2009 年前，该阶段更多的是学术界对密码学及虚拟货币的理论探讨阶段，例如：大卫乔姆的密码学支付系统、莱斯利 · 兰伯特的拜占庭将军问题、哈勃的电子文件时间戳、哈耶克的货币非国家化及马斯阿斯的最小信任基础上的时间戳与服务器等问题，均是该阶段关于金融科技的理论探讨。

2. 金融电子化阶段

该阶段即为金融科技 1. 0 阶段，大致上经历了从 1996 ~ 2009 年十余年的发展。自 20 世纪 90 年代以来，各金融机构特别是商业银行纷纷利用互联网、软件等手段开始实施业务及服务的自动化办公，各类软件公司纷纷为各商业银行提供各类办公软件并运用到金融活动之中，此时金融业与技术手段间是相互独立、相互分离的，两者间的融合度还较低，商业银行等金融机构仅仅负责运营其金融活动，软件公司则负责其技术维护，金融机构依托各类软件及信息技术创建产品交易平台，并优化及清算系统等传统的金融服务渠道，即金融是金融，技术是技术，两者间几乎不存在跨界耦合的问题及现象。

该阶段以中本聪的论文《比特币：一种点对点的电了现金系统》为分界，实现了金融科技由理论探讨向实践运用的转向。此时，金融科技具有如下特征：一是账本全网共享。账本中的所有节点均应享有同样的权利与义务，保证即便是在某一节点信息被恶意破坏后，其他节点仍保存有相关记录。二是数据链条均具有区块结构。其每个节点均可将交易信息的 Hash 值打包传到网上，并且依托每个区块间具有紧密关联性的特性，若想改变某一区块的内容，就必须提供所有区块的交易密码与交易记录，进而防止账本中的内容受到攻击。三是非对称加密的特性。通常依托金融科技特别是区块链技术的加密计算特征构建的金融账户系统往往是由公钥和私钥两部分组成，而且两部分间一一对应，只有私钥正确才能保证提取出对应的公钥资源，故一定程度上也保证了金融账户的安全性与私密性。

3. “互联网 + 金融”阶段

该阶段也即为金融科技 2.0 阶段，大致上经历了从 2010 ~ 2014 年将近 5 年的时间，此时互联网技术逐渐渗透到了各金融机构各项业务的各个环节。特别是 2013 年更是成为我国互联网金融发展史上具有划时代意义的一年，即较为著名的中国互联网金融元年。“互联网 + 金融”模式开创了我国金融业的新型金融业务模式，实现了资金融通、支付和消费信贷、理财投资及信息中介服务等方面的变革与拓展，但此时“互联网 + 金融”模式仍未改变金融功能属性与风险属性的本质，仅是对金融业传统渠道的优化与完善。该阶段，实现了金融与信息技术一定程度的融合，也为将金融嵌入实际经济活动与经济场景之中，构建“无感式”服务生态体系做了较好的技术支撑，此时网上银行、手机银行等成为客户交互的主要渠道，传统意义的银行卡、信用卡等信用媒介逐渐淡出日常交易。

该阶段金融科技的应用范围与水平不断深化，相关金融机构和部门逐渐开始依托区块链、云计算、人工智能及大数据等金融科技手段开展债券与期货的登记注册、商业银行的消费信贷与风险防控等具体业务与服务。该阶段更倾向于依托金融科技进行加密货币、虚拟机交易及智能合约撮合等分布式场景应用，例如以太坊交易等，在用户界面利用虚拟机会进行相关代码的运行，进而依托金融科技实现自己代币与专用语言的应用开发，实现具体业务与服务的编码与自运行。

4. “智能 + 金融”阶段

该阶段即为金融科技 3.0 阶段，大致上从 2015 年开始，此时区块链、云计算、人工智能及大数据等技术逐渐跨界实现了与金融业的深度融合，并在一系列方面引领了重大科技革命。该阶段，依托区块链、云计算、人工智能及大数据等技术手段，为解决传统金融业务领域中的信息不对称、金融机构创新动力不足等问题提供了新思维，传统金融机构与金融科技公司间有了更深层次的沟通与合作，区块链、云计算、人工智能等前沿科技手段逐渐得到了大规模应用，为颠覆重塑金融业务体系、运营模式及风险管控体系，实现科技跨界融合金融提供了新思维与新工具。该阶段，掌上金融、大数据征信、智能投顾及量化投资等逐渐成为金融机构特别是各商业银行业务领域及风险管控等工作的亮点。

在该阶段金融科技应用范围进一步扩大，区块链、云计算、人工智能及大数据等技术手段也已开始了在其他行业与领域的运用，一些企业也纷纷试水金融科技，尝试利用金融科技的技术特点找到企业去中心化、透明化的方法与路径，尝试依托金融科技推动更大产业、更广范围内的产业变革。当前，金融科技已远远突破仅作为一种技术手段的局限，开始逐渐在公益、政务、教育、食品安全等领域渗透，其应用场景也逐渐拓展。

（二）金融科技发展的关键时点

随着5G等通信网络技术及AR、VR等应用的逐渐推广，信息技术已成为人们日常工作和生活的重要组成部分，包括商业银行在内的各类金融机构也都加大了与智能互联、云计算、区块链等金融科技的融合力度。

1. 金融科技发展历程中的关键时点及事件

近年来在我国金融科技的发展历程中也出现了网上银行、网络金融元年、开放银行元年、区块链元年、5G无人银行等一系列具有较大影响意义的关键时点与重要事件，如表2－1所示。

表2－1　我国金融科技发展历程中的部分关键时点及事件概要

时间点	事件概要
1999	招商银行启动国内首个网上银行体系“一网通”
2013	网络金融元年
2015	兴业银行、招商银行相继成立各自的金融科技子公司
2017	成立中国人民银行金融科技委员会
2018	开放银行元年、区块链元年、金融科技的变革之年，此时诸多互联网公司转型升级，商业银行的金融科技发展也不断加快步伐

续表

时间点	事件概要
2018.04	建设银行成立建信金融科技，打响国有大型商业银行成立科技金融子公司的“第一枪”
2019.06	第一家5G无人银行于北京开业
2020.01	上海发布《加快推进上海金融科技中心建设实施方案》，并开始推进金融科技中国管控创新试点工作
2020.05	开展“数字央行”建设，筑牢金融网络安全屏障
2020.08	开展数字人民币试点工作
2021.02	《互联网保险业务管控办法》修订颁布，加强互联网保险风险管控

2. 构建金融科技发展的“四梁八柱”

金融科技发展的关键更多在于依托区块链、云计算、人工智能及大数据等技术手段实现金融机构与客户间的无缝对接，以便能为客户提供最简单便捷、最方便快捷的产品与服务。特别是2019年9月6日中国人民银行发布了《金融科技（FinTech）发展规划（2019～2021年)》，提出要建立健全我国金融科技发展的“四梁八柱”，进一步强化科技技术在金融业的应用，不断实现金融与科技的深度融合和协调发展，并使社会大众对数字化和网络化赋能下金融产品和金融服务的满意度不断提升，让我国金融科技的发展达到世界领先水平①。随着区块链、云计算及人工智能等金融科技的迅猛发展，未来的金融科技必将作为一个独立的产业，未来的货币支付也将会以一串字符的形式出现，业务也终能在信息平台上实现借与贷间价值的瞬间转移。

第二节　金融科技背景下商业银行的业务发展

一、金融科技对商业银行业务发展的长尾效应

金融科技的长尾效应在一定程度上吸引了较大规模的网络用户，对商业银行传统意义上的业务造成了一定影响与冲击，制约了其传统业务的发展。

① 2019年9月6日，中国人民银行发布《金融科技（FinTech）发展规划（2019～2021年)》。

（一）巨大的长尾效应吸引了庞大的网络用户群

金融科技的发展吸引了巨大的网络用户群体，抢占了传统商业银行的客户群体和业务领域，给商业银行传统业务的发展带来了巨大冲击与挑战。金融科技的长尾效应帮助互联网金融、物联网及供应链金融等金融嵌入场景吸引了更大群体的小微客户，截至2021年，中国网民规模已达近9亿，互联网普及率已高达65%，特别是近年来随着5G网络技术和无线网络技术等的发展，网民数量在急剧增加，海量的网络用户成为互联网、物联网及供应链金融等金融嵌入场景快速发展的强有力支撑，因此近几年来依托金融科技所产生的长尾市场逐渐呈现出了较显著的经济集聚效益，一定程度上制约了商业银行传统业务的发展，故商业银行要想突破传统业务的约束就必须依托区块链、云计算、人工智能及大数据等金融科技手段进行有效转型升级。

（二）金融科技的长尾效应打破了传统意义上的“二八”定律

通常，商业银行在向广大客户群体提供金融产品与服务时，往往会设置一个比较高的门槛，其目的是想将80%的资金投放给20%的优质客户，这必将会使得长尾理论上的小微客户群体被无情地抛弃在门槛之外，而近年来随着区块链、云计算及人工智能等新兴金融科技的发展，互联网金融则是利用区块链、人工智能等金融科技的技术优势争取到了80%的小微客户，开拓了市场的业务领域与产品种类，从而也给商业银行的传统产品与服务带来了巨大挑战。

二、金融科技对商业银行业务发展的脱媒效应

金融科技的发展促进了第三方支付交易方式的出现，第三方支付交易的变革也加快了金融脱离信用媒介的步伐。

（一）金融科技的发展有效解决了金融机构的信息不对称问题

传统金融机构体系下，抵押物、成本、效率、平台及渠道等均存在一定程度的“难、贵、慢”现象，道德风险与逆向选择问题较为突出。商业银行在

业务运营中存在较大的信任困境，传统“中心化”金融中介体系下银行成本较高、效率较低；而且传统体系下“人与信息”之间的信息传递模式及信息不对称也一定程度上导致了信任问题；传统金融体系下，诸如信用评估困境、信息传递困境、道德风险困境、逆向选择困境、风险控制困境、监督管理困境、金融资源供需配置困境、金融政策的传导效率困境等痛点长期存在；因此，有效解决传统金融体系的信任问题就成为当前依托区块链、人工智能等金融科技手段，解决金融机构特别是商业银行的诸多堵点的首要问题。故依托金融科技的技术创新“倒逼”制度创新，能够有效解决金融供给侧结构性改革的“外溢效应”，“重构”金融体系的基础设施与信息平台，利用部分商业银行实践先行的“示范效应”促进整个商业银行体系乃至整个金融市场的有效运营。

（二）金融科技的发展促进了第三方支付在日常生活中的渗透

随着区块链、云计算、人工智能及大数据等金融科技在生活中的广泛使用，第三方支付俨然成为日常生活中的重要组成部分，而且其数量与规模呈逐年上涨态势。一系列的第三方支付平台企业掌握着大量的客户信息，互联网支付、跨境支付等一系列方案陆续被研发运用，加上第三方支付平台的信息共享、方便快捷，人们对第三方支付的社交黏性和依赖性逐年提升，交易支付中传统商业银行的市场份额逐渐被挤压，第三方支付逐渐成为人们日常生活中的最主要、也是最重要的支付手段之一。

（三）第三方支付的发展加速了金融业的脱媒效应

随着金融科技的发展，人们对第三方支付社交黏性和依赖性不断提升，传统的金融活动模式受到较大影响。新视域下金融科技在技术层面上的“去中心化”的技术支撑、在经济层面的“去中心化”的内在要求，均促进了第三方支付的发展，传统体系下金融介质的作用逐渐被削弱，金融行业脱媒现象逐渐呈现。同时，利用区块链、云计算及人工智能等金融科技手段的透明、去中心化及信息不可篡改等特性，利用金融科技的“非中心化”的信用数据的信用自证机制、“非中心化”的信用评价及授信准入机制、信用数据共享机制及信用数据传递及增信机制等几大机制，为第三方支付及平台提供信任生态体系，提高了工作效率，降低了运营成本，加速了金融机构特别是商业银行的脱媒效应。

第三节　金融科技背景下商业银行的业务转型

一、金融科技背景下商业银行业务转型的历史必然性

区块链、云计算及人工智能等金融科技手段的出现及运用成为金融业发展的未来方向，新视域下金融科技的发展也必将促使金融机构特别是商业银行一系列具体业务的转型升级。故金融科技背景下商业银行业务转型升级必将是大势所趋。

（一）银行从业人员被新兴科技取代将是大势所趋

金融科技背景下，5G 无人银行、网上银行及第三方支付等智能化新兴科技手段逐渐取代了传统商业银行模式下的从业人员。特别是近几年在一些银行营业网点，业务的具体操作更是越来越依赖机器完成，而且随着人工智能、互联网金融等的发展，商业银行的营业网点也在逐渐减少，柜台服务人员的需求量正日益减少。特别是在 5G 技术的支撑下，5G 无人银行、网上银行及第三方支付等将陆续出现，银行营业网点的智能化转型升级必将是大势所趋，也必将会进一步减少对银行从业人员特别是银行柜台工作人员的需求。不久的未来银行从业人员被新兴科技取而代之、银行运营模式实现大规模的转型升级，将是大势所趋。

（二）依托金融科技提供高效金融服务将是大势所趋

区块链、云计算及人工智能等金融科技手段的发展可有效降低商业银行的运营成本，提高服务效率与服务质量。传统模式下，商业银行是靠大量的人工和营业网点为客户提供金融服务并依托营业网点等传统模式获取客户的有效信息，但由于受到营业网点地区分布不平衡、营业时间难以 24 小时全方位覆盖等限制，银行提供金融服务的效率及质量就大打折扣。而随着区块链、云计算

及人工智能等金融科技的发展，特别是随着网上银行、“掌上银行”、“金融@家”的出现，实现了银行从线下网点搬到网上运营的可能性，许多金融服务可在移动终端自行完成，大大提高了服务效率。同时，依托区块链、云计算及人工智能等新兴技术可实现信息数据的实时交互与传递，快速收集并处理信息数据，进而依托金融科技手段精准测算出客户群体的理财偏好及风险偏好等，从而更精准地为客户提供高效服务。

（三）智能化金融服务日益受到客户青睐

区块链、云计算及人工智能等金融科技手段的迅猛发展在为人们日常生活带来极大便利的同时，也实现了金融领域支付结算方式质的飞跃，智能化的金融服务方式越来越受到客户的青睐。从传统意义上的现金支付到网上银行支付的出现，再到移动支付、面部识别支付、密码支付，特别是近年来微信、支付宝等第三方支付工具的普遍推广，节约了交易成本，提高了交易效率，为人们的金融消费及日常生活带来了极大便利。这在一定程度上也推动了商业银行业务发展的转型升级，银行也应紧跟客户需求，充分利用区块链、人工智能及生物识别等技术手段，参与并积极打造其网上开放平台与智能化营业网点的建设，以便为客户提供线上线下相结合的全方位智能化金融服务场景。

（四）金融科技背景下商业银行传统经营模式受到较大挑战

在金融科技迅猛发展的当下，智能化金融服务的发展与普及，特别是在一些第三方平台也参与资金存贷业务之后，商业银行的传统业务受到了较大冲击与挑战，同时也制约并严重影响了其具体业务运作的盈利空间，其传统业务模式难以为继。新形势下，商业银行受到了金融科技的极大挑战，特别是随着第三方金融市场的发展，金融服务更是呈现出多中心、去中心、智能化的特点，也更是凸显了传统金融业务服务效率低下、金融风险较高、发展不平衡等问题，故金融科技背景下各商业银行必须转变经营思路，积极融入金融科技的新思维，不断优化提升其产品结构与管理模式，积极实现数字化、智能化转型升级，努力完善其融资业务的工作流程，努力打造“金融＋科技＋生活”的良性金融生态圈，实现科技与金融的跨界深度耦合，以期实现商业银行金融服务质量和效率的全方位升级。

二、金融科技背景下商业银行业务转型的目标

区块链、云计算及人工智能等金融科技手段的发展，为金融业带来新活力的同时，也对金融机构特别是商业银行的具体业务运转提出了新的挑战与机遇，依托区块链、云计算及人工智能等技术手段实现其业务转型已成大势所趋，其转型目标主要体现在优化业务渠道、提升服务效率与品质及升级风险防控等方面。

（一）实现优化业务渠道的转型目标

金融科技背景下，各商业银行纷纷加入了向数字化银行转型的大军，也纷纷出台了一系列政策与措施优化业务渠道，积极发展智能移动互联技术、积极打造各自的专属 APP，同时积极推进线下智能化营业网点建设，还依托区块链、云计算、人工智能及大数据等技术手段助推线上、线下业务资源与服务体系的融合发展，以实现线上、线下全方位、多渠道的协同智能化建设。例如：广东发展银行就积极推进“数字广发”智能化银行转型建设，依托区块链、人工智能及云计算等技术手段打造了广发行的产业互联数字化在线平台，构建了智能化、生态化及综合化的广东发展银行，实现了优化其业务渠道的转型升级目标。同时，各商业银行还依托金融科技拓宽了其小微金融的融资渠道与方式，依托金融科技的数字化、网络化及智能化等特点构建了商业银行的金融科技信息服务平台，并通过自建或外包等形式帮助小微企业优化仓单、存货及生产等各类动产及不动产的抵押管理，帮助商业银行实现小微企业专业化与实时化的事后管控。

（二）实现提升金融服务效率与品质的转型目标

金融科技背景下，各商业银行纷纷依托区块链、云计算、人工智能及大数据等技术手段，减少了银行与客户间的信息不对称及道德风险等各类博弈困境，降低了运营成本，提高了工作效率与服务品质，有效帮助了小微经营者及小众客户享受到了方便、快捷的金融服务，使客户享受到了前所未有的方便、快捷，金融科技背景下金融服务模式的发展颠覆了人们的传统交易习惯，真正

实现了任何时间、任何地点消费者的自由交易，突破了传统金融在营业时间、营业地点等各方面的局限与制约。面对外部第三方金融平台的强势发展，各商业银行正遭遇前所未有的挑战，故必须依托区块链、云计算、人工智能及大数据等金融科技手段，积极研发新产品，改变其传统经营模式、原有产品结构与服务特性，开发电子商务金融服务平台等一系列新型金融服务模式，提升商业银行具体业务服务效率与质量，促进商业银行尽快转型升级以适应金融科技背景下各项业务发展的新要求。

（三）实现升级风险防控的转型目标

金融科技背景下，区块链、云计算、人工智能及大数据等技术手段的出现与发展，颠覆迭代了金融行业的传统业务模式，给广大客户带来巨大福利效应的同时，也加剧并一定程度上了放大了金融市场特别是商业银行业务发展中的潜在风险。如依托金融科技提高金融服务效率的同时，由于要在网络市场上收集市场、行业、产业及具体企业的大量相关数据，网络安全问题有可能加大金融风险的暴露；同时随着金融科技手段在金融机构特别是商业银行各类具体业务中的广泛运用，混业经营已是大势所趋，而且各类金融产品的结构及交易方式也愈加复杂，其潜在的风险更难及时发现、更难精准评估；再加上信息披露过程中管控的缺失或不到位，也有可能会由于信息不对称或逆向选择等博弈困境导致信用风险；而且，由于金融科技的快速发展与日新月异的变化，一些评估模型、预测模型及应对此策略等可能会存在技术偏差，传统金融机构在应对这些先进技术时也可能会存在一定的滞后性，再加上在审查、管控等规则的不成熟，管控措施的不完善，也极易加重并泛化金融科技背景下一些金融平台的信用风险。要依托金融科技手段，建立商业银行的自动化数据分析系统、信息的智能化合约评估系统及风险预警防控机制，识别、评估、跟踪并溯源资产的风险状况，以实现对金融风险防控体系进行升级重塑的目标。

三、金融科技背景下商业银行业务转型的特点

随着区块链、云计算、人工智能及大数据等金融科技手段在金融机构特别是商业银行中的不断推广，商业银行在具体业务创新转型及运营效率提升等方

面均取得了较大成绩。在商业银行业务转型过程中也呈现出了一些诸如服务对象日益多元化、服务领域日益个性化及产品规模日益集中化等新特点。

（一）商业银行业务转型中呈现服务对象多元化的特点

当前，各商业银行纷纷与金融科技公司合作，致力于构建多元化金融信息服务平台以期满足广大客户群体的业务需求。该多元化服务平台在传统模式的基础上，积极拓展业务模式与服务模式，将审核、申贷审批与下款等多种功能融合于同一个服务平台，满足客户多项业务需求；同时，金融科技背景下，商业银的行服务对象也呈现出多元化特点，商业银行也逐渐开始了综合化经营模式的探索，纷纷加大了与信托公司、证券公司、保险公司及金融科技公司等之间的合作力度，开展了投资、咨询及与银证合作等业务，逐渐开始了多元化服务体系的探索，以期满足不同客户群体的各种不同需求，为各类客户提供优质、高效的服务。

（二）商业银行业务转型中呈现服务领域个性化的特点

随着金融科技的快速发展，客户对商业银行的金融服务形式、方法及需求结构等均发生了较大变化，不同的客户也对金融服务提出了更高、更个性化、更智能化要求。随着区块链、云计算、人工智能及大数据等金融科技的发展，商业银行也越来越重视其具体业务开展及金融服务过程中的用户体验，各商业银行在为客户提供综合服务的同时，更重视不同客户的个性化需求及附加值的体现。特别是当前银行金融机构、非银行金融机构及第三方金融服务平台三足鼎立的金融格局下，以第三方金融服务平台为代表的网络借贷与移动支付更是将金融科技的个性化服务特点体现到了极致，在这一背景下各商业银行更是要奋起应对金融科技的挑战，积极学习、借鉴金融科技的先进手段，依托其庞大的网络优势，大力发展个性化服务。同时，各商业银行也应依托各类金融科技手段与各类金融科技平台，积极主动地为客户提供更富弹性的私人定制服务。

（三）商业银行业务转型中呈现产品规模化的特点

金融科技背景下，各商业银行纷纷开放了融 e 行、融 e 购和融 e 联产品等一系列金融产品，这些具有较高流动性、较高便捷性及普惠性的产品由于具有极大的市场吸引力，呈现出了资金量大、用户量多的特点，极大地提高了用户数量和资金规模，实现了产品规模化和集中化的效应带动。同时金融科技公司金融产品的规模化经营也一定程度上对商业银行积极发展金融科技起到了助推作用，促进了商业银行金融产品的创新与具体业务的转型升级，这期间其个人消费信贷强度和规模也呈现了较快增长，金融市场上个人消费信贷逐渐呈现了井喷增长，个人消费金融市场也表现出了巨大潜力。

四、金融科技背景下商业银行业务转型的具体类型

随着区块链、云计算及人工智能等金融科技的发展，商业银行势必要实现消费、普惠及新型财务管理等业务的转型升级，势必要对银行传统业务类型进行升级改造甚至颠覆重塑。

（一）新背景下商业银行大力发展消费业务

自 2013 年互联网金融元年开始，我国居民的个人消费强度 CCI（即：个人平均消费/个人平均可支配收入）实现了从 0.52 到 0.91 的快速增长，个人消费强度与消费规模呈现出了不断增长的态势，同时个人消费在金融市场上的渗透力也日益加深，新背景下商业银行大力发展消费业务具有较大的市场潜力与发展空间。而且，从近年来三大消费需求对 GDP 增长的贡献率的变化情况也不难发现：经济新常态下，消费需求将成为拉动经济增长的主旋律，消费的作用将日益凸显，商业银行大力发展消费业务也必将具有较大空间与潜力。三大需求对 GDP 的贡献率如表 2－2 所示。

表 2－2　　三大需求对 GDP 的贡献率

年份	最终消费支出	资本形成总额	货物和服务进出口	合计
2008	44.20	53.20	2.60	100
2009	56.10	86.50	－42.60	100
2010	44.90	66.30	－11.20	100
2011	61.90	46.20	－8.10	100
2012	54.90	43.40	1.70	100

续表

年份	最终消费支出	资本形成总额	货物和服务进出口	合计
2013	47.00	55.30	-2.30	100
2014	48.80	46.90	4.30	100
2015	59.70	42.60	-1.30	100
2016	66.50	43.10	-9.60	100
2017	57.60	33.80	8.60	100
2018	76.20	32.40	-8.60	100
2019	57.80	31.20	11.00	100
2020	54.40	43.20	2.40	100
2021	65.40	13.70	20.90	100

由表2-2可看出，自2008年次贷危机以来，尽管我国最终消费支付对GDP增长的贡献率逐年上涨，特别是近年来个别年份最终消费支付对GDP增长的贡献率更是高达75%以上，其作用远远高于资本形成总额对GDP增长的贡献率，经济新常态下，最终消费支出对刺激经济增长的作用日益增强，这一转变必将对我国经济结构调整与产业结构升级具有重要促进作用，必将带来可持续的消费结构的升级转型，而消费结构的升级也必将刺激我国消费业务的发展。

（二）新背景下商业银行大力发展普惠业务

近年来，金融科技的发展一定程度上突破了中小微企业贷款难、贷款流程繁杂的壁垒。依托区块链、云计算及人工智能等一系列技术手段，可简化审核、审批流程，减免一些不必要的烦琐手续，而且调查也可依托先进的数据挖掘技术，降低成本，提高效率、节省工作时间；同时大数据技术的运用也提升了信息的透明度，解决信息不对称及逆向选择等困境，降低了服务门槛，扩大了服务范围，为有效解决商业银行业务运营中的普与惠问题提供了较好的技术支撑和理论依据，为提高客户的可得性与商业银行的业务覆盖方面提供了可行性，也为商业银行扩展利润空间提供了实践检验。首先，商业银行利用互联网、人工智能等技术手段，创设大数据智能信息平台，构建风控模型及智能决策模型，及时追踪贷款客户的实际经营状况及资金流向，动态评估并优化管理风险，为社会中低收入阶层提供既普又惠的金融服务；其次，商业银行也积极发展了供应链金融服务模式，并依托区块链技术解决了供应链中的授信局限、信息不对称局限及违约风险程度高等问题，实现了对业务的普惠发展。

（三）新背景下商业银行大力发展新型财富管理业务

传统的商业银行理财模式主要是依靠存贷款利率差来获取一定的利润，随着金融科技手段的更新与发展，必须转变商业银行的传统理财思维与理念，依托金融科技等先进的技术手段，大力发展与创新财富管理业务与模式、大力发展“融智”型产品、大力发展轻资本高效率的财富业务，实现商业银行充当信息中介与资本中介的角色转换，开展综合金融服务，实现在资本市场、货币市场、债券市场及银行间市场与非银行金融机构市场等多个市场的跨市场运作。同时，也应依托金融科技开展有针对性的、个性化的私人财富管理业务，树立商业的“大资管”理念，依托金融科技手段将国内外最优质的服务资源进行有效整合，为高净值客户提供资产配置、投资管理、税务筹划等各业务的私人定制，依托金融科技的先进技术，完善信息披露、完善流动性机制，创建银行理财的标准化管理业务，全面管理各类理财产品，防范商业银行金融风险。

（四）新背景下商业银行大力发展金融科技业务

当前一些传统金融机构特别是商业银行也纷纷开始了金融科技的探索。由于增长动力不足、传统业务模式落后及对市场信息反应滞后等，传统运作模式已难以适应金融科技的新要求，故商业银行升级转型势在必行。实现科技与金融技术层面的融合，更重要的是实现科技与在发展理念、业务模式及组织架构等的全方位、多元化深度融合，应打造商业银行金融信息服务平台，依托先进技术将金融与科技场景无缝衔接，探索商业银行从经营产品理念向经营生活理念的转型升级，构建覆盖生活、消费、投资及公共服务等全方位综合金融服务平台。提高智能化服务水平，不断吸纳引进人工智能、大数据等技术手段，将金融科技嵌入银行的金融服务之中，为客户提供更智能、更便捷的金融服务，依托金融科技手段完善社会信用体系，基于区块链技术的信息不可篡改、去中心化及安全性等特性，解决社会信用体系中的信息透明及信任机制等问题，并梳理各个业务系统与后台的工作流程，简化数字货币、资产托管交易、股权交易、跨境金融、电子账单、清算以及供应链金融等各项具体业务的工作程序，降低经营成本。

第四节　本章小结

本章主要从金融科技浪潮兴起、金融科技背景下商业银行的业务发展及业务转型升级等展开相关研究。首先，从金融科技的界定、金融科技的五大核心特征及金融科技的三大发展阶段等探寻金融科技的数字技术驱动、金融与科技深度融合、金融科技助力降低商业银行运营成本、更应重视风险防控等机理，介绍金融科技发展的四大模块 16 个核心业务、四大发展阶段及五大特点，构建金融科技的“四梁八柱”，为升级重塑金融机构特别是商业银行的业务提供技术基底；其次，从长尾效应、脱媒效应等角度分析金融科技发展对商业银行业务发展的影响，分析依托金融科技的长尾虹吸性、透明性、去中心化及信息不可篡改等特性解决业务发展中的二八困境及信息不对称等问题，构建信用自证、授信准入及信用增信等机制，从长尾效应、脱媒效应视角分析金融科技有助打破商业银行传统业务的二八定律、解决信息不对称、促进金融业务对消费者日常生活的渗透等机制；最后，从金融科技背景下商业银行业务转型升级的历史必然、目标、特点及具体类型等角度探寻转型升级是商业银行发展的必然要求，是商业银行优化业务渠道、提升服务效率及完善风险防控的必然选择，也是实现商业银行平衡创新与发展、收益与风险，进而实现多元化、个性化、定制化及规模化发展的现实要求。

第三章　业务转型中商业银行风险管控的新挑战

风险即不确定性，而商业银行风险则主要指：在资金使用权的跨期转移过程中，还款期限届满时由于借款人财务状况的重大变化影响其履约能力兑现的不确定性，即：借款人不能按期归还或逾期不还贷款本息而引起贷款人收益变动的可能性，其形成是一个从萌芽到积累直至爆发的渐进过程。商业银行在金融活动中，由于不确定性而使银行遭受损失或获取收益的可能性，通常有广义和狭义之分。广义的商业银行风险一般指商业银行业务运营中所出现的损失和盈利的不确定性；狭义的商业银行风险则更强调业务运营中所出现损失的可能性。本研究倾向于研究狭义商业银行的风险，即展开对商业银行业务运营中所出现的由于交易对手违约而引起损失的各种可能性。

第一节　业务转型中商业银行风险的特点

一、商业银行风险与宏观经济周期间具有较强亲周期性

很大程度上，商业银行的活动受宏观经济的影响，表现出较强的亲周期性，而且商业银行活动的这种亲周期性一定程度上还会加大其本身的风险，同时活动的风险又会加剧宏观经济的周期性波动，影响我国经济的稳定运行。因为：在经济发展的高峰阶段，在业务运营中往往会高估借款人和借款企业的信誉，从而降低标准，放贷水平得到一定程度的膨胀，致使在宏观经济发展的上升阶段为风险的滋生埋下重重隐患；而在经济发展的低谷期，在业务运营中却又相当谨慎，信贷猛增的势头逐步遏制，因此政策的收紧又在一定程度上使得经济的波动性日益加剧，并持续在谷底徘徊。

二、商业银行风险普遍存在

近年来，随着我国诸多经济刺激计划的实施，商业银行等金融机构在服务实体经济发展的过程中涌现出了诸多的金融创新产品，然而随着金融创新产品的日益增多，以及数字经济、金融科技等新型运营手段和运营环境的发展，商业银行在运营过程中的诸如道德、操作及技术等风险也毋庸置疑地随之增加，特别是在国际地缘政治风险凸显、局部冲突升级等外部大环境下，我国商业银行自身风险特别是市场上的风险也随之增加，同时各机构间又存在着风险蔓延的可能性，当前商业银行风险凸显态势明显。

三、商业银行风险总体可控

一般而言，随着经济社会环境的变化，商业银行在业务运营中所遇到的风险是会随之发生改变的，金融市场上的各类经济主体的发展与变化也可能增加商业银行业务运营中的各类风险。虽然当前我国商业银行在业务运营中的风险总体可控，但也应不断强化其日常管控与防控。同时当前环境下商业银行的风险又具有较显著的“厚尾性”特征（所谓“厚尾性”特征主要是指，虽然发生风险的概率很小，但风险一旦发生，就会发生较大损失）。因此，在当前经济环境下我国商业银行在发展业务时，也应尽量避免风险“厚尾性”特征的出现与发展，应充分依托金融科技，不断加大对商业银行风险情况的管控力度，充分考虑金融科技背景下大环境发展的影响，加强对商业银行各业务风险状况的动态跟踪与实时管控，同时也应及时采取相应监督管控措施加大对各类风险的溯源与控制力度。

四、商业银行风险具有非独立性的特点

虽然在商业银行的业务运营中，其自身具有一定的自我调节与自我平衡的能力。但随着商业银行各项业务间联系紧密程度的日益提高，商业银行业务与整个国家宏观经济环境、金融市场结构及贷款人微观主体的经营状况等的关联

度日益紧密，商业银行业务的变化、国家宏观环境的变化、金融市场结构的变化以及债务人微观主体经营状况的变化等都有可能影响商业银行业务运营中的各项工作。当前经济环境下的一系列商业银行风险剧增即是整个经济环境与科技环境刺激下操作、道德及信用等各类风险因素综合作用的必然结果，商业银行风险管控不单单是业务与流程的管理与疏导，而更应该涉及商业银行经营方方面面影响因素的管理与管控。因此，相关部门及各商业银行应结合各项业务的实际情况，在加强银行自身的自我调节与平衡机制的同时，也应依托先进的管理经验与技术手段，加强对商业银行风险的有效识别与高效管理。

五、商业银行资金闭合循环断链风险概率加大

商业银行资金的闭合循环在经济环境欠佳的情况下呈现出了断裂苗头，风险随之产生。一般情况下，按照马克思的货币资本理论，资金在循环过程中应呈现出由 G—W—P—W′—G′的闭合循环（其中：G 表示生产过程中的初始资金，W 表示初始资金转化为了原材料等商品，P 表示生产过程，W′表示包含了创造出的包含剩余价值的新商品，G′表示经过生产流通后包含有利息的资金，实线表示资金的生产流通过程），当然资金循环也不例外。但是在经济环境不太好时，资金的循环则有可能会表现为：G—W…P…W′—G′（其中虚线表示了资金流通的中断）。因为，资金在循环过程中可能会由于某个循环链的中断比如说贷款企业经营过程（即生产过程）中由于经营不善导致生产过程中断，故而导致资金不能按时收回从而产生风险。

第二节　业务转型中商业银行风险管控的痛点

关于商业银行风险，依照是否是商业银行自身原因这一标准将其成因分为自身原因造成的以及非商业银行方面原因造成的两大类风险。一般认为，我国商业银行风险的影响因素主要有，一是由于商业银行自身原因造成的风险，包括：发放贷款前由于对贷款人信用缺乏有效调查而产生的风险，由于对抵押担

保品评估的缺失或评估不准确而产生的风险，由于商业银行自身贷后监督管理机制的不健全而产生的风险等。二是由于一些非商业银行方面的外部原因所造成的风险，包括：由于宏观经济环境的周期性变化所产生的风险，由于不可控的自然灾害所造成的风险以及由于贷款人自身在管理经营等方面的问题而产生的风险。

当前我国在商业银行风险管理上缺乏有效的理论基础，而且实践经验明显不足，再加上商业银行在业务运营中的种种短期行为，其内部控制体系及机制非常薄弱，尚未能形成科学、高效的风险管理制度。另外，商业银行资产管理模式较为单一，缺乏多元化管理策略，故当前环境下，商业银行在业务运营中就出现了一系列的问题和矛盾，如图 3－1 所示。

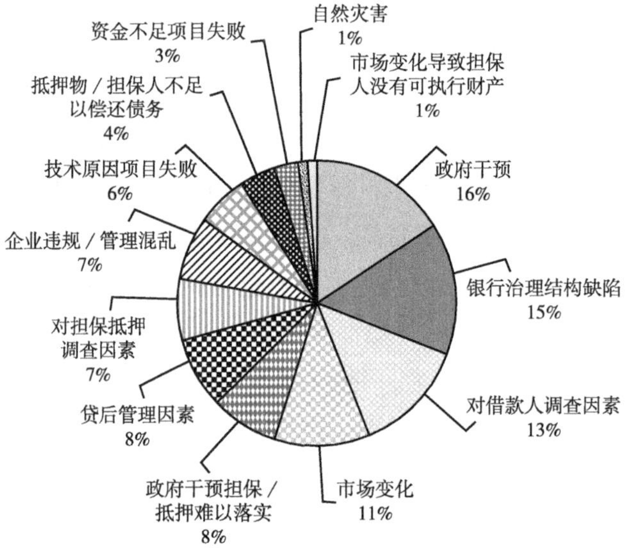

图 3－1　商业银行业务运营中存在的问题

一、商业银行风险日益凸显

自 20 世纪 90 年代亚洲金融危机以来，商业银行的风险就日益凸显且呈不断加剧的态势，而商业银行在其风险的识别与防控上却又缺乏行之有效的手段和技术，故长期以来各银行在风险溯源与测度、防控与管控上明显滞后于其业务的发展，导致商业银行业务运营中长期呈现资产投放量日益提高、利率持续攀升、不良贷款率居高不下的恶性循环状态。特别是近年来由于金融市场利率体系的不完善，金融发展过程中又出现了资本结构不合理、资产质量差、风险管理办法单一、金融市场结构不完备等一系列问题，均给商业银行风险防控系统的有效运行带来了不小压力，故展开商业银行风险的识别与防控已到了刻不容缓的时刻。

（一）商业银行风险呈不断加剧的态势

1. 商业银行资产质量长期低位徘徊

对于商业银行而言，资金资本的规模与质量是保障其业务运营、提升经营效益的根本，是保障商业银行债权债务关系清晰明确的关键，特别是在商业银行投资渠道单一、产品业务单一的当下，影响商业银行资产质量的关键更是在于资产运营过程中风险的防范与管控。只要商业银行的资产质量良好，则其风险就较弱，其运营也会得到有效保障。但当前由于商业银行投放资源的不足，可寻找的优质客户数量下降，致使信贷投放大多向少数企业集中，或者向次优客户投放，势必会导致商业银行业务运营中风险的增加。因此，商业银行为追求短时期内风险的规避，在当前经济环境下其新增贷款更多的是投向了大型企业的大型项目，而中小型企业或个人的需求尽管很旺盛却难以得到有效匹配。这种的高度集中的信贷投放特别不利于风险的有效分散，一旦大型企业、大型项目出现违约，必将对商业银行的资金安全甚至整个金融体系的稳定带来难以估量的危害。

2. 商业银行抗风险能力较差

商业银行长期处于资本充足率低、抗风险能力差的状况。当前背景下，商业银行在其业务转型升级特别是消费信贷的发展中存在财务杠杆率较高、有效抵押较低的风险，故在其业务升级过程中更应重视资本金比例，资本充足率较高时，商业银行偿还债务、抵抗风险的能力就较高，因此金融科技背景下，资本充足率仍是衡量商业银行经济实力的重要指标之一。资本充足率的高低直接关系着商业银行承担风险的能力，直接体现了商业银行对风险的化解能力。目前发达国家均已满足了巴塞尔委员会《新资本协议》中关于资本充足率达到8%的最低要求，甚至部分国家达到了更高水准，但当前我国部分商业银行仍尚未达到巴塞尔协议的基本管控标准，一定程度上也致使其抗风险能力较为低下。

3. 商业银行风险识别与溯源体制过于行政化

商业银行风险识别与溯源长期处于行政管控之下，难以真正发挥效用。当前，我国商业银行的风险识别、溯源及防控机制在运行过程中较为复杂，既存在诸如银保监会、中国人民银行等有隶属关系的上级管控机构，又存在诸如上级机构的专业管控、同行政级别的联合规制等管控机制，双头管控模式下管控措施与制度政出多门，一定程度上造成了管控体系的复杂化与多元化。例如中国人民银行和银保监会，两者在职权划分上的职能重复和权力冲突，必将造成某些时候、某些地方的管控冲突与管控真空的并存，不利于风险的溯源与防控。

（二）商业银行风险防控系统难以有效发挥作用

在商业银行业务中，往往是以核心企业为中心，将上、下游的关联企业通过产业融合、产业链的形式联系在一起，进而向其提供产品和金融服务。但传统的风险管理模式下，由于信息的不对称性，商业银行往往只能对其上游一级供应商提供较为有限的融资服务，或只对其下游一级经销商提供较为有限的融资服务，难以同时兼顾上下游企业、难以同时兼顾大型及小微企业。

1. 商业银行风险防控成本居高不下

商业银行风险评估与防控成本居高不下，故高成本压力下现有的风险防控系统难以真正发挥作用。业务运营中，由于各主体间的信息不对称性及不信任等问题较为严重，各商业银行难以有效掌握其业务及其风险状况，风险评估与防控成本较高。同时在现有风险评估模式上，由于各商业银行的业务模式较为单一、产品较为保守，且各机构授信额度较低，其服务对象也仅为部分优质企业的优质项目，故其拓展空间较小，成本也较高。

2. 商业银行风险防控中信用信息难以有效传递

商业银行业务运营中，由于信息的不对称性，信用传递效率低下，同时授信对象的数量也受到一定局限。现有授信模式下，商业银行的授信杠杆围绕核心企业信用得以衍生，其覆盖面较窄。但产业链上的部分中小微企业，虽然也有较强烈的融资需求，但由于和产业链的核心企业间未能建立紧密关联，故而信用无法在企业间及产业链上传递，难以通过产业融合或融资联合等方式实现自身对资金的需求，商业银行受风险的传统管理模式所限，一定程度上存在信用传递难度较大现象，而且其授信对象受限。同时，由于业务运营中信息的不对称，商业银行在风险管理上往往会出现信息传导不及时、交易过程信息不完整、交易记录较模糊等现象，各交易主体难以知晓其他环节相关信息，其决策机制受到一定限制，再加上业务运营中信息孤岛问题的存在，各商业银行信息化程度参差不齐，特别是部分中小型机构信息管理能力较弱，一定程度上难以实现数据信息的共享，故需通过智慧中国视域下金融科技的新思维对各商业银行的信息资源进行有效整合。

3. 商业银行风险评价体系不健全

尽管我国经济发展取得了突飞猛进的进步，但信用体系特别是社会征信系统并不完善，社会上一些欺诈造假事件频频发生。由于信息不对称、信息传递流程的繁杂，传统体系下往往会出现评估、信息传递、道德风险、逆向选择、风险控制、监督管理、金融资源供需配置、金融政策传导效率等诸多困境，严重制约了企业特别是中小型企业的活动。目前我国商业银行评价体系尚不健全，商业银行的征信体系目前仍存在较大发展空白。

4. 商业银行风险溯源难度大

商业银行业务运营中，由于资金价值传递的受限性，风险识别与溯源难度较大，加之融资效率低下、融资渠道单一、融资抵押物评估难度等痛点的存在，难以为企业特别是中小型企业提供更多的融资平台与渠道，故一定程度上制约了资金价值的传递，也导致中小企业融资成本的增加。同时，由于评价体系的不健全，再加上涉及较多环节，在资金回收过程中往往也容易造成时间与成本的内耗，致使其在一些业务的具体运营中难以自动履约，进而加剧了企业违约风险，也导致了商业银行回款的滞后与损失。

二、商业银行风险防控的缺陷

国内外诸多银行破产案件的产生为相关部门关注商业银行风险治理、关注商业银行活动敲响了警钟，当前相关管理部门也逐渐意识到了商业银行在管理机制设计上存在的一些缺陷与失误。

（一）商业银行机制设计上存在缺陷

1. 商业银行存在管控体制设计上的缺陷

尽管相关部门采取了一系列措施来加强对商业银行管控体系的建设力度，但在其管控过程中仍存在较多明显缺陷。近年来政府为加强对商业银行的财务管控，组建了商业银行监事会；同时，也组建了中央金融工委以强化对商业银行高层领导的监督；并且，在加强商业银行监事会和中央金融工委等管控机构的管控的同时，审计署每年也会对商业银行在国家政策制度执行力度以及其经营业务的操作情况等方面进行审计管控。当前，虽然这些制度安排在商业银行风险的管控上发挥了一定的作用，但是由于这些制度安排只是从较为宏观的角度对商业银行风险的管控提供了一些政策性的指导意见，就其管控的具体实施细则目前仍尚未有统一的管控措施，故在其具体的管控过程中仍存在诸多缺陷。

2. 商业银行存在决策及违约处罚机制设计上的缺陷

商业银行在决策与违约处罚等机制设计上尚存在一定缺陷。当前，商业银行在银行评估、决策特别是一些违约事件的处罚上尚不完善，比如：贷款决策机制设计上难以时时、事事做到全面监督与管理，容易出现贷款过程中的寻租及内部人控制等问题，从而造成资金出现违约、难以及时有效收回贷款等问题。同时，在关于违规行为的处罚界定上也存在一定的制度缺陷，虽然当前我国也制定了诸如《商业银行法》《贷款通则》等管控法规，而且这些法律法规对于工作人员收受贿赂、贪污与挪用公款、违规发放贷款以及在其他经济组织兼职等违规行为都有专门规定，但从处罚制度的规定以及处罚力度上来看，当前我国商业银行在处罚职责与力度设计上仍存在较大的制度性缺陷。

3. 商业银行存在风险治理机制设计上的缺陷

各商业银行在其治理结构及治理机制的设计上存在较大缺陷。尽管我国也采取了一定的措施来促进商业银行风险治理结构及治理机制的完善，但相对于具有有效竞争机制和运作机制的现代化公司治理机制而言，目前各商业银行的风险治理机制仍存在着较大缺陷。从大环境来看，各商业银行缺乏有效的外部竞争机制。由于各商业银行是处于国家宏观政策的保护之下，他们之间虽然也有竞争，但商业银行并没有真正自负盈亏，一旦出现不利局面，最终仍由国家买单，所以市场的约束机制在各商业银行的内部管理上并不能真正发挥作用。同时各商业银行缺乏现代公司制度所规定的信息披露制度。我国政府出于稳定性的考虑，担心商业银行财务状况的披露会影响整个国家社会体系的稳定，所以政府在某种程度上是限制商业银行相关信息披露的。另外各商业银行目前仍尚未建立责任明确、产权清晰的现代公司管理制度。当前，各商业银行的管理者通常是由政府直接任命的，同时由于商业银行管理过程中一些官本位思想的存在，对管理人员在一定程度上缺乏有效的绩效考核体系。

（二）商业银行风险管理体系不够健全

1. 商业银行风险管理缺失的具体表现

当前，面对制度、科技及业务等内外部环境的变化，传统的商业银行间市场风险识别及溯源方法、风险测度手段等由于各主体间的博弈困境而出现了信息传递失真、管控效率低下等诸多弊端。再加上商业银行内部控制体系与机制的薄弱，风险管理长期滞后于其业务发展。具体表现主要为：

第一，相关部门对风险认识不到位。各商业银行在处理其资产配置、对象选择、长短期绩效目标及业务产品创新等方面难以有效展开。并且在买方市场的环境下，商业银行仍然固守规模化、扩张化的经营理念，而忽视了业务运营中的经营效益、风险防范以及管控制度的建设，因此当前商业银行资产的风险管理缺乏较为稳健的经营理念。同时，预期风险敞口损失以及非预期业务损失的计算与弥补并未引起各商业银行的足够重视。特别是在当前经济较为疲软的大环境下，政府为刺激经济的复苏，放宽了部分指标的审查，一些信用状况次优、经营业绩平平的贷款人也加入到申请刺激发展的行列，一旦经济刺激效果不明显，则企业经济业绩跟不上，发生违约的概率就会变大，无法收回贷款，商业银行的风险必将急剧上升。

第二，各商业银行存在管理偏差。各商业银行在不同业务产品的风险水平、不同贷款人的风险水平、不同资产违约损失概率等方面存在认识和管理偏差。目前，我国大部分商业银行关于风险的防范体系尚不健全，大多是“回避”风险而不是管理风险，故一定程度上影响了风险的识别与溯源。同时，商业银行内部各相关部门间职能分工又过于明细，各相关部门员工对于风险认识程度与重视程度也不相同，例如市场开拓部门更看中市场开发，更重视市场规模，认为风险防范是其他人员的事，认识上的偏差一定程度上也会造成市场开拓与风险防控部门间互相推诿、相互扯皮现象，同时造成风险管控体系设计与实施上的巨大落差。

第三，各商业银行风险管理手段较为落后。各商业银行业务运营中的风险溯源与评估手段尚处于传统的比例分析阶段，风险指标的选取及权重的设置仍带有一定的主观性，较难精准测算各类贷款的违约度与回收率。各商业银行的风险溯源与管控专业度不够高，管理模式仅偏重单一风险管理，一些组合型和创新型业务的监督管控较为单薄。同时，各商业银行在风险识别与评估中，分析工具与手段较为传统，精准溯源与衡量风险存在一定难度，相关管理部门缺乏较为先进的风险管理工具，总之各商业银行在风险的评估与计量方面缺乏一定的准确性。另外，商业银行在业务运营中缺乏较为有效的风险化解技术，由于风险化解技术的缺失，在商业银行风险的管理过程中即便是发现了风险，也不具备较好、较准确化解风险的能力，尤其是在关于不良贷款的处理上仍束手无策。

2. 商业银行风险管理体系设计上的缺陷

各商业银行在其风险溯源、评估、防范及管控等的设计上存在较大缺陷，尽管我国也采取了一系列措施来促进商业银行风险管理结构及体系的完善，但相对于具有有效竞争机制和运作机制的现代化公司治理机制而言，目前各商业银行的风险管理体系在设计上仍存在较大缺陷。

首先，各商业银行缺少完善的风险溯源组织架构。当前在各商业银行的日常管理中，由于业务运营中缺乏专门的风险识别与管控机构，所以从商业银行角度采取措施加强对风险溯源与管控就显得困难重重。并且，商业银行的以分行为核算主体的横向管理体制也使得风险难以受到董事会风险限额的制约。所以说，当前我国一些商业银行与行政体制高度媾和的“金字塔”式的管理体系，由于横向分工与制衡关系的不到位而显得漏洞百出。同时，一些商业银行由于缺乏对风险资产的事前、事中及事后的管理而造成了管理上很大部分的“盲区”。

其次，各商业银行缺少健全的风险防控体系。当前，商业银行决策机制的不健全、审贷分离政策落实的滞后性等诸多体制弊端已暴露无遗。当贷款出现问题时，由于风险管理机制的不健全，各职能主体间缺乏较明确的责任分担机制，在风险溯源与管控上往往容易陷入责权利划分不清晰、部门间互相扯皮的恶性循环。同时，商业银行的逐级上报、层层审批的制度，其审批流程较为繁琐，纵深管理较为复杂，其原有的贷前审查、贷中跟踪及贷后处理的风险溯源与防范机制难以及时有效发挥功能。再加上管控部门缺乏商业银行风险的系统性认识，致使其风险管理与管控防控缺乏连贯性，故商业银行风险的管理与防控任重而道远。

最后，各商业银行缺少先进的风险定价与评估方法。商业银行在内部资金转移的定价上，其体系尚不完善，难以将运营过程中的市场风险与系统风险进行严格分离，所以商业银行在风险定价与评估测量上缺乏独立性与专业性。外资机构较为重视转化，而独资机构则更倾向于清收工作的开展，因此贷款的风险评估及后续管理就显得较为滞后。当前经济环境下商业银行风险防控措施的不太到位说明了各商业银行在风险定价及后续管理上的不到位。应借助金融科技的智能合约、点对点传输、分布式数据存储、共享机制等特性，剖析商业银行风险溯源的痛点与难点；依托金融科技的去中心化、透明性等特性，使互不信任的借贷双方在无第三方参与情况下达成博弈均衡，提升商业银行的资产配置效率、降低风险；依托金融科技的加密计算规则和共识机制，保障商业银行系统账本各项数据的真实和准确性，为商业银行风险测度提供精准指标，为风险定价与评估提供精准计算法则与高效计算手段。

（三）商业银行风险管理缺乏良好金融环境

关于金融环境会给商业银行风险管理带来什么样的影响、带来多大的影响这一问题，当前尚无准确定论。由于我国正处于金融科技迅猛发展之时，再加上相关管控部门在改革过程中管控行为的复杂性和不可预测性，所以目前尚未建立可以用来评价商业银行业务运营中是否存在政府干预行为的行之有效的判断标准。同时，风险的显现需要一定时间，关于商业银行损失的情况，目前也尚不能精确判断。不过可以肯定的一点是，外部环境的变化肯定会影响到商业银行的行为，宏观经济环境的不稳定一定程度上也会给商业银行的风险管理带来管理难度。

1. 影响商业银行风险管理的金融市场因素

首先，金融市场运营机制的影响。在商业银行的风险管控与防范体系中，由于良性市场运营机制的缺乏而导致了其市场管控上的制度缺陷。当前，商业银行风险管理过程中市场运营机制的缺乏主要体现为外部治理环境管控的不到位。因为：第一，计划经济时代国家对金融业的高度垄断造成了金融业进入体制的较高壁垒；第二，商业银行监督管理体系缺乏强有力的市场竞争力；第三，在金融管控过程中，相关管控部门对商业银行风险的管控处于既管控又保护的为难境地；第四，在商业银行各类信息管理中，信息的披露尤其是资产质量信息的披露极易引起市场的动荡。

其次，融资制度的影响。金融市场上融资制度的缺失是当前商业银行业务转型中风险难以有效管控的直接导火索，也是导致商业银行风险居高不下的最主要、最直接的原因之一，以致当前商业银行组织体系内滋生出了诸多不平等竞争的制度缺陷。一方面，商业银行的市场准入机制受到了中央商业银行的严格限制。特别是在宏观经济不稳定的大背景下，当局为刺激经济快速复苏，进行了一系列的诸如产业结构调整、资金向基础产业倾斜等政策，这样一来，在商业银行的经营活动过程中就必然会造成存款期限日益缩短而贷款期限却日益增长的资不抵债现象的出现，从而为不良贷款的滋生埋下隐患。另一方面，中央管控机构对商业银行在业务范围和新产品开发等方面的限制也较多，这也必将导致商业银行资金运作渠道狭窄、资产风险度集中、不良资产率较高。

2. 金融环境对商业银行风险管理的影响

首先，宏观经济不稳定影响商业银行活动。宏观经济环境不稳定性影响了商业银行的活动，进而影响其风险的管理与防范。当前，经济发展中存在较多不稳定因素，由于受到全球地缘政治风险的影响以及全球能源结构性短缺等的影响，当前经济波动较大，国家出台了一系列救市计划，一定程度上刺激了各行各业的发展，也刺激并推动了商业银行业务的开展，但同时不可避免的是货币投放过大一定程度上也致使大量资金特别是一些次优等级的资金流入市场，一定程度上也致使资产质量受到较大威胁，风险也急剧增加。

其次，良好管控环境的缺失影响商业银行风险管控。良好外部管控环境的缺失与失效一定程度上影响了商业银行风险的管控与防范。当前在商业银行的风险管控中存在诸多问题，有效管控能力较低。一是尽管当前我国金融监督管控体系较为系统，管控组织也较为健全，管控法律法规也相对完善，但关于监督管控的实施力度尚需进一步提升。二是由于监督管控的非连续性及非针对性，各商业银行风险的现场管控成本较高，大大影响了现场监督的效率。三是由于非现场审核监督缺乏一定的全面性与真实性，其职能的发挥往往会由于外部监督管控环境的缺失而流于形式。

最后，金融市场发育不够成熟影响商业银行风险管控机制的良性运营。金融市场发育程度不够成熟、市场开放程度较低、组织结构不够健全等发展缺陷，一定程度上影响了商业银行风险的管控效率与防控效果。目前，我国金融市场特别是商业银行的业务类型较为单一，产品创新力度不够，再加上社会投融资的单一性及社会征信体系的不健全，一定程度上影响了其风险的识别与防控。同时，尽管当前我国有《商业银行法》《银行业监督管理法》《贷款通则》（G2PR）《公司法》《合同法》《票据法》等一系列法律法规做保障，但这些法规体系尚不能覆盖包括各商业银行在内的所有行为，也影响了其管控措施的实施效率。目前我国金融科技市场发育尚不成熟，难以有效保障商业银行各类活动的良性运营。

三、商业银行风险管理的深层次矛盾

商业银行风险的恶化是一个极具利益性、经济性、社会性、体制性的多因素复杂社会问题，是我国经济社会发展过程中的各利益主体间各种矛盾的集中反映，是市场经济发展过程中不可回避的复杂社会问题，因此加强对我国商业银行的风险管理深层次矛盾的分析与研究就显得至关重要。

（一）市场经济中的不规则主体与商业银行间的矛盾冲突

40 多年来我国经济突飞猛进的发展、社会生活翻天覆地的变化均离不开金融市场的大力支持与有力推进。但一定程度上经济的快速发展也不可避免地牺牲了金融市场的稳定与良性循环，为有力支撑经济发展，近年来金融市场上特别是商业银行的各项贷款增速长期远远超过了经济发展的增长速度，故金融机构特别是商业银行各项贷款的过快增长无形中给金融市场带来了较大压力，以致在“软资产、硬负债、超负荷、高风险”四大压力下，我国商业银行不良贷款率居高不下，资金质量严重下降。

随着我国市场经济的深入发展与逐步完善，经济的发展又需要健康有序、良性循环的金融市场作支撑，必然要求金融机构特别是商业银行应按市场经济规则运行，必然要求商业银行应在市场规则之内发挥作用。然而由于金融机构特别是商业银行在经济快速发展中所出现的负债过度、资本匮乏、资产流失、效益低劣等历史问题的不断积累、爆发，商业银行体系又难以满足经济发展的需要，一定程度上势必会加剧商业银行在支撑经济发展与解决自身风险间的深层次冲突。同时市场规则极不健全，而且市场相关主体过度依赖于商业银行，再加上经济的困扰、经营主体自身的利益以及在商业银行那里根本无法得到满足的金融需求等诸多问题的存在，在这样一种矛盾状态下，市场相关主体均程度不同地绕开或违反金融管控机制而进行金融体系外的活动。市场相关主体的这一无奈选择，不仅一定程度上损伤了市场经济秩序的建立，而且也成为引发风险的主要原因之一。

（二）市场相关主体与商业银行间的利益矛盾冲突

现代银行经营模式下其资金来源的实质无外乎是储蓄存款和部分国家财政，当前该部分资本呈现出了较强的“软约束性”，并且由于该“软约束性”的存在一定程度上严重损害了商业银行和企业的利益。近年来，我国商业银行资金的财政化倾向、非法金融活动的禁而不止、商业银行应收未收利息的不断增加、金融腐败和犯罪的不断涌现、金融债权的大量逃窜等一系列风险恶化案件不断凸现，这表明：目前我国商业银行正面临着前所未有的风险考验，商业银行利益也正遭受着近些年来未曾遇到过的压力测试。而这诸多问题的存在，究其根源仍是经济发展过程中各利益主体间利益关系的扭曲所致，利益主体间的动态博弈也一定程度上加剧了经济对金融的“倒逼”。

（三）商业银行“政治角色”与“经济角色”间的矛盾冲突

由于历史原因，当前部分商业银行特别是国有商业银行在其政治角色定位与经济角色定位上仍存在一定的模糊性，以至于“政经分开、政企分开”并未真正得以实施，其经营过程中仍存在政经合一、政企合一的角色混乱。就目前商业银行的业务而言，由于时不时地受到一些非经济因素的行政干预，独立经营有时会流于形式，在日常管理中未能真正实施“政经分开、政企分开”的现代管理理念，未能完全实现“政治角色”向“经济角色”的有效转换。商业银行行政色彩的存在使得一系列诸如产权制度、授权授信等制度只能建立在国家行政干预的基础之上，商业银行根本无法真正成为“自主经营、自求平衡、自担风险、自负盈亏”的独立法人，也无从实现资源的科学配置。

（四）商业银行精准挖掘真实需求与有效供给间的矛盾冲突

经济新常态下，商业银行业务正面临难以精准挖掘真实需求与有效供给、难以真正实现业务转型与风险管控间的平衡等冲突与挑战。商业银行在挖掘客户真实需求时，更多的是依靠人工手段发展和维系客户，作业效率低下，成本偏高，而且难以实现客户需求信息的批量挖掘，面临着客户获取能力与动力不足的尴尬局面，难以精准挖掘真实需求信息。同时商业银行产品与业务较为单一且同质化现象较为严重，再加上业务办理流程的复杂及时间的冗长，难以快速反应并积极响应市场需求的变革，难以有效满足贷款客户的个性化及新型融资需求，致使资金有效供给的及时性与精准度受到一定影响。随着经济发展模式转型及经济环境复杂性的日益提升，商业银行资金供给与需求间难以实现及时、高效并精准的匹配，进而致使其资金有效供给与真实需求间矛盾冲突的加剧与蔓延。

第三节　业务转型中商业银行风险管控的趋势

一、金融科技背景下商业银行业务运营中的新隐患

金融科技背景下，伴随着金融科技发展及商业银行数字化转型时代的到

来，商业银行在业务的转型与发展中面临着诸如需求挖掘、产品创新、防控风险等方面的问题与挑战，其业务运营中也出现诸如数据安全管控职能缺失、信息泄露、人才短缺、金融科技难以有效衔接商业银行业务转型及风险隐患被放大等新风险与新变化，且其原有的风险防控体系及手段的作用发挥也受到了一定的限制。

（一）商业银行数据安全管控职能缺失的隐患

金融科技的发展在促进商业银行推广“无边界银行”建设与发展的过程中，势必会产生与外部单位间数据交换的场景。然而在与外界进行数据交换时，银行系统内不同业务部门只主导自己业务领域内的数据交换，在金融科技尚未成熟的当下缺乏能供业务部门参考的数据敏感度划分标准、数据开放的范围限制以及具体风控管理要求等具体规定，再加上各商业银行也没有全行层面的数据安全管理职责的定位，从而可能会致使在数据的共享过程中存在一定的安全隐患。同时，也有部分商业银行的具体业务部门也存在一定程度的主观错觉，错误地认为数据安全是风险控制部门或金融科技部门的职责，而非自己应当承担的责任，以至于造成数据传输到银行体系之外后就无人问津、无人管理的尴尬局面。

（二）商业银行数据信息泄露的隐患

金融科技变革重塑了数据服务的渠道，推进了商业银行信息化及数字化的快速发展。但同时在当前愈发复杂的金融科技环境下，也增加了保障网络安全的压力，频发的金融系统网络安全为商业银行敲响了保护信息安全的警钟；同时，随着金融科技大快速发展，数据信息分析逐渐引起了相关部门和管理者的高度重视，进而也诱发了金融数据市场的持续走高，并一定程度上也诱导了个别金融从业人员或个别商业银行为获得金融数据，铤而走险地泄露数据信息，再加上部分商业银行存在诸如信息系统数据访问权限设置上的不合规、银行员工数据安全意识的淡薄、部分商业银行或其员工过度依赖金融科技工具、缺少有效的人工分析与干预阻断措施，一定程度上也加剧了数据泄露的风险。

（三）商业银行金融科技人才短缺的隐患

金融科技的快速发展促进了商业银行风险防控理念的变革，促进了商业业务运营中从应用软件到底层操作系统、数据库构建、共享平台搭建甚至到风险防控体系的迭代重塑。而且，金融科技背景下商业银行管理的变革绝非仅停留于技术层面，其更深的影响更多地体现在管理理念、管理人才、管理结构等方方面面的深度革新上。特别是随着国家对金融科技应用创新支持力度的不断加大，商业银行更是急需由原来直接套用国外金融体系的科技模式转向与金融科技公司共同研发、共同创新的方向。这一迭代过程中必然需要一大批金融科技专业人才，更是需要积极推进产、学、研、用的融合发展，而我国恰恰在这方面存在缺失，故急需解决金融科技背景下商业银行金融科技人才短缺的隐患。

（四）商业银行各部门间金融科技变革难以有效衔接的隐患

商业银行各部门特别是业务部门更侧重自行开展金融科技变革，更倾向于对产品的迭代提效，更致力于开发与运用更为敏捷的系统与业务。甚至部门业务部门还自行主导一些信息系统的构建与建设，这些各部门自行搭建或采购的信息系统，往往会由于不同平台、不同系统间缺乏一定的联动，而形成难以有效衔接的数据孤岛；同时，部分商业银行的金融科技平台建设与金融工具等运维技术工具间缺乏有效联动，未能真正打通管理流程与技术手段间的壁垒障碍，难以形成管理流程与技术操作层面的有效衔接；再加上由于金融科技人员的缺乏，相关部门在引入信息系统之后往往会随着外部金融科技公司的撤离而使其信息系统处于“有建设、无维护”的境地，致使信息系统在运营中存在诸多隐患。

（五）商业银行业务运营中放大了风险传染的隐患

区块链、云计算、人工智能及大数据等金融科技在商业银行业务运营中的具体运用，一定程度上提高了其经营效率、改善了其风险管理结构，但同时也将商业银行的资产、业务、管理及风险管控等进一步置于了互联网、物联网等的影响之下。一方面互联网、物联网交易系统的引入，在带来极高时效性和迅捷性的同时，也扩大了风险损失；另一方面，由于当前金融科技的不成熟，尽管各商业银行也不同程度地实施了智能化的风险防控，但其安全性却极易受到病毒和黑客的威胁，而且一些不法分子也会利用金融科技进行商业骗贷。故尽管金融科技发展日新月异，但仍难实现交易的全方面管控，在风险管控过程中仍会遭受各种漏洞的影响。金融科技背景下，各种新手段的运用加速了风险的传染，增加了风险的损失，也无疑使得商业银行风险管理压力进一步放大。

二、金融科技对商业银行风险管控的作用

当前区块链、云计算、人工智能及大数据等金融科技手段已逐渐应用于商业银行的风险管理之中，依托金融科技的运用将有助于降低不良贷款的风险水平，有助于深化并进一步细化商业银行风险防控。

（一）依托金融科技将有利于完善商业银行风险管控理念

金融科技在商业银行风险防控中的深入应用，不仅将提高其风险防控的技术手段，更重要的是可更新其风险防控理念，实现其风险防控的转型升级。提高银行风险管控效率。尽管区块链、云计算等金融科技的发展给商业银行各项业务带来了较大冲击，但一定程度上也迫使其进行技术升级与服务创新，更新了其风险的管理理念；同时，金融科技的发展也有利于实现商业银行和金融科技公司间的合作共赢，有利于为商业银行提供更多、更全面的客户流、资源流及信息流，进而提高其风险防控效率，提升其管理效率。

（二）依托金融科技将有助于扩充商业银行业务与信息数据库

区块链、人工智能及云计算等金融科技手段的发展，一定程度上有助于完善商业银行风险信息数据的规模与结构，并增加其维度，丰富其细节特征，极大扩充商业银行业务的发展与信息数据库的构建。各类金融科技技术手段的应用有助于商业银行获得更多、更全面、更详细的客户信息，获得广范围、高质量、大规模的信息数据，并进而有助于对数据进行更广泛、更深入、更精准的检验与分析，从而实现对客户画像更立体、更传神的刻画，依托金融科技手段提高对各类客户还款能力及风险等级的识别、溯源及评估。

（三）依托金融科技将有利于构建商业银行风险管控系统

依托区块链、人工智能、云计算、生物识别及大数据等金融科技手段将有助于构建更灵敏、更精准的风险防控系统。依托金融科技手段可帮助商业银行搭建失信客户数据库，构建智能反欺诈体系，对贷款客户的行为、特征及信息等进行精准、客观分析，进而提高风险管理模型与防控系统的准确度，优化商业银行风险评级体系，并提高其风险防控能力。

（四）依托金融科技将有利于优化商业银行风险管控流程

各金融科技手段在商业银行风险防控中的应用，有助于优化其风险管控流程。依托各金融科技手段去中心化、不可篡改、透明性等特征，可打破商业银行业务运营中的信息孤岛状况，改善业务运营中的信息不对称问题，缓解业务运营中供需双方间的博弈困境，使其信息交流更为通畅，使其防控流程更为优化；同时，依托金融科技手段还有助于降低风险水平，优化风险管控与管控，有助于帮助商业银行在追逐利润的同时不逾越国家风险管控的红线。

三、金融科技背景下商业银行风险管控的新趋势

信息化、数据化、智能化必将是未来商业银行风险防控的必然趋势和必经之路。依托金融科技实现业务的短链发展、实现管理风险向经营风险的转变、实现风险分布与权重的重塑、实现资产“输血路径”的改造，必将是金融科技背景下商业银行风险防控的新趋势与新动向。

（一）实现商业银行业务的短链化发展

依托大数据、云计算、人工智能等金融科技手段构建商业银行业务的多个“工作大脑”，利用高科技手段处理呈几何级增长的数据，实现信息数据与业务场景间的扁平化配置，极大可能地缩短工作流程与工作时效；同时，还可依托区块链、智能链等金融科技手段的交易规则与基础制度，缩短业务流程链条，实现业务的短链化发展，进而降低经营成本和风险管理难度。

（二）实现商业银行由管理风险向经营风险的转变

金融科技在商业银行风险管控中的应用，有助于实现预防性风险管理、存款保险制度、紧急救援制度等三道防线间的有效衔接，为商业银行由管理风险向经营风险转变提供契机。在前端，通过纵向与横向多维数据的降维，可实现客户评级由主观经验判断向数据分析检验及智能决策的转变；在中端，可依托金融科技，将风险管控系统嵌入企业日常经营活动和产业链管理之中，实现对风险的动态跟踪，同时也有利于对前期客户画像分析的纠偏与矫正；在后端，可依托金融科技，通过反洗钱、反欺诈等管控手段，实现对商业银行风险管控的有益补充。依托金融科技手段，实现后台风险管控与前、中台业务流程间的高效整合，实现由管理风险向经营风险的转变将是今后商业银行风险管控转型的必然趋势之一。

（三）实现商业银行风险排列组合的重塑

尽管金融科技背景下更强调科技在金融领域的创新与应用，但其实质仍是金融，在经营过程中仍存在信用风险、市场风险、操作风险及道德风险等各类型的风险组合，只是随着区块链、云计算、人工智能及生物识别等金融科技手段的运用，改变了商业银行业务运营中原有风险的排列组合，一些技术性风险逐渐凸显，而这一定程度上也加剧了金融体系特别商业银行在经营过程中的波动性，一定程度上也增加了风险管控的难度。数据分析与云计算的系统性偏差将可能在融资等业务终端产生负面效应并被迅速放大，而这极可能对商业银行业务造成巨大损失；技术性风险往往具有隐蔽性高、突发性强、处置难度大等特点，均需通过不断查缺补漏进行迭代完善，一旦商业银行业务运营中信息化系统发生故障，则对该风险的预判与防控则必将处于被动，商业银行体系的所有参与主体也将陷入被动局面；同时由于金融科技的嵌入，一旦出现技术错误，在业务流程环节也极易产生由技术风险与操作风险衍生出的一些交叉性风险。

（四）实现商业银行资产“输血路径”的改造

众所周知，实体经济的发展是靠金融体系特别是商业银行为其提供资金支撑的，长期以来商业银行都向实体经济的发展输送资金这一“血液”，近年来随着金融科技手段的进步与完善，也逐渐创新改造了商业银行对实体经济的“输血路径”，重塑了其“造血功能”。依托金融科技在信息获取与数据挖掘上的优势，可降低信息获取成本、简化业务流程、缩短业务链条，进而提高服务的可得性与便捷性，为改造“输血路径”与重塑“造血功能”提供平台支撑；依托金融科技将第三方支付平台直接嵌入传统支付流程，缩短了终端客户与商业银行间的交易时间与交流流程，缩短了“输血路径”；依托金融科技刻画客户的精准画像，有效筛选与甄别客户，为客户群体提供个性化需求，重塑了“造血功能”。

第四节　本章小结

本章主要分析金融科技背景下商业银行风险管控中面临的新挑战。研究从商业银行风险的亲周期性、普遍存在性、总体可控性及非独立性等特点入手，进而分析了业务转型中商业银行风险管控在机制设计、管理体系、管理手段及外部环境等方面的缺陷，随后结合当前金融科技迅猛发展的新变化，从政治、经济、社会及科技等视角，探讨了业务转型中商业银行面临的国内外金融宏观制度短板、经济增速衰退、金融科技战略转型、银行自身风险在机构间蔓延等内外部环境的变化，进而分析了金融科技背景下商业银行风险管控呈现出的业务短链化发展、由管理风险向经营风险的转变、风险分布与权重重塑、商业银行业务发展“造血功能”与“输血路径”改造重构等新趋势与新动向。

第四章　金融科技背景下商业银行风险管控的理论分析

第一节　商业银行风险管控的理论基础

当前关于现代风险管理的理论主要有马柯维茨（Markowitz）的均值－方差理论、资本资产定价 CAPM 模型、期权定价理论等，这些理论是商业银行风险溯源与防控的理论基石和技术支撑。

一、马柯维茨的均值－方差理论

1952 年马柯维茨（Harry M. Markowitz）在其代表作《资产选择：投资的有效分散化》中提出了著名的均值－方差理论，开创了现代证券投资组合的理论起点。均值－方差理论主要是从风险资产的预期收益与风险视角研究资产的选择与配置问题，该理论较完整地将数理统计与线性规划等实证技巧运用到了资产投资组合的研究上，开创了金融史上实证研究与技术分析的先河。

（一）基本思想

马柯维茨均值－方差理论的基本思想主要是“风险分散原理”，通过模型详细阐述风险分散原理在选择最优组合中的应用。在该理论中，均值表示投资者的期望收益、而方差则主要用来度量投资者的预期风险，通常风险呈现出围绕均值上下波动的态势，可能是损失，也可能是盈利。同时，马柯维茨均值－方差理论在投资组合的总风险度量中同样适用，通过该理论的技术分析可以将投资组合的总风险更细地分解为各单个资产的风险及各资产间的关联风险。

（二）一般假设

一般情况下均值－方差理论需要对复杂环境做出一定假设，其假设条件主要有：（1）决策过程中，投资者一般只关注投资收益率的均值和方差等两个参数：均值代表对未来收益的期望，而方差则代表对未来风险的估计；（2）投资者是厌恶风险偏好收益的；（3）金融资产间收益率的相关程度一般用协方差表示；（4）投资者的资产供给富有弹性，并且某一资产组合的买卖不会影响整个金融市场的投资收益；（5）每种资产组合的投资收益均服从正态分布；（6）每种资产组合都可以进行无数次的分配，而且投资者均可以购买任意证券的任意数量。

二、资本资产的 CAPM 定价模型

资本资产 CAPM 定价模型的提出对于资本市场上进行无风险投资具有重要的价值和指导意义，同时该模型也较深刻地揭示了资本市场上资产组合的运动规律和运用趋势。而且，通过随后诸多学者的不断完善与修正，该模型也得到了更多的拓展与推广，例如 Morton 的多因素 CAPM 模型、Rose 的 APT 套利定价理论及托宾的资产组合直线模型等，其运用范围逐渐扩大。

（一）假设条件

一般认为，资本资产 CAPM 定价模型需要以下的假设条件：（1）市场要具有有效性；（2）信息的获取是无成本的；（3）投资者所进行的投资均是理性投资；（4）资产配置过程中，投资者应按均值－方差理论进行决策；（5）投资者可以自由借贷等。

（二）基本表达式

1964 年 William. Sharp 依托均值－方差理论提出了著名的资本资产 CAPM 定价模型，其基本数学表达式为：

$$R_i = \beta \times (R_m - R_f) \qquad (4-1)$$

其中，R_i 表示资本 I 的报酬率，R_m 表示市场上均衡组合的报酬率，R_f 表示无风险报酬率，而 β 表示资本的风险系数。

（三）拓展与完善

Limner 和 Mossin 在 William. Sharp 资产定价理论的基础上对 CAPM 定价模型进行了拓展与完善，认为：风险资产的价格更多地体现为风险资产在整个市场总风险中所占的比例，市场总体风险一般用 σ_m^2 表示，即：

$$\sigma_m^2 = \sum_{i=1}^{N} X_i Cov(R_i, R_m) \tag{4-2}$$

其中：i 表示资本 i 在资产组合中的权重，N 表示资产组合中所有资产的数量，并且 $\sum_{i=1}^{N} X_i = 1$。

此时有：资本 i 的期望收益为：

$$E(R_i) = R_f + \beta_i [E(R_m) - R_f] \tag{4-3}$$

其中，R_f 为无风险回报率；R_m 表示市场均衡组合的报酬率；β_i 表示资本 i 的风险系数。

同时，1958 年托宾也在前人的基础上构建了资产组合的直线模型，通过加入无风险资产项目，对马柯维茨的均值－方差理论进行了进一步拓展与完善。

托宾认为：在资产投资组合中，风险资产 i 的权重可表示为 W_i，无风险资产 f 的权重即为 $1 - W_i$，则：直线模型中资产组合 P 的期望收益即为：

$$E(R_p) = (1 - W_i) \times R_f + W_i \times R_i \tag{4-4}$$

$$\sigma_p^2 = (1 - W_i)^2 \times \sigma_f^2 + 2W_i \times (1 - W_i) \times Cov(f, i) + W_i^2 \times \sigma_i^2 \tag{4-5}$$

其中：由于 f 表示无风险资产，所以 $\sigma_f = 0$，$Cov(f, i) = 0$。

则：$\sigma_p^2 = W_i^2 \times \sigma_i^2$ （4－6）

$$\sigma_p = W_i \times \sigma_i \text{ 或 } W_i = \frac{\sigma_p}{\sigma_i} \tag{4-7}$$

则，由式（4－4）、式（4－7）得：

$$E(R_p) = R_f + (R_i - R_f)\frac{\sigma_p}{\sigma_i} \tag{4-8}$$

由式（4－8）看出：由于无风险资产 f 的加入，投资组合的期望收益与组合方差之间由于无风险资产 f 的加入而呈现出了线性关系，而且其斜率为 $\frac{(R_i - R_f)}{\sigma_i}$，如图 4－1 所示。

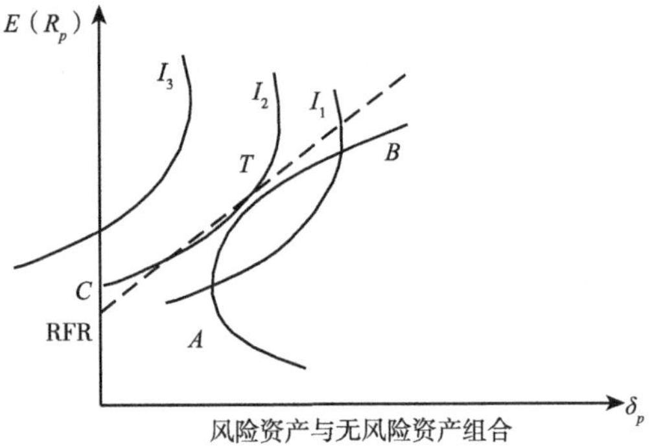

图 4－1　风险资产与无风险资产的组合

在图 4－1 中：由于无风险资产 f 的引入，在 T 点左下方即在线段 CT 上，投资者将一部分资金用于购买无风险型的资产（或将该部分资金以无风险利率借出给别人使用），而将剩余资金用于购买风险型的资产；在 T 点的右上方，投资者将会把其自有资金全部用于购买风险型的资产，并且也会以无风险利率借入一部分资金来进行买空卖空的风险投资。

三、期权定价理论

随着 1973 年股票标的资产看涨期权公式（Black，Schole）的提出，众多学者逐渐展开了关于期权定价理论的研究，并且进一步将风险管理的理念逐渐引入衍生品交易领域，逐渐拓宽了风险管理的运用范围。

Black－Scholes 期权定价模型认为：

看涨期权的到期期望值为：

$$E(C) = E[\max(ST(L,0))] \tag{4-9}$$

其中：$E(C)$ 为看涨期权的到期期望值；ST 为金融资产的到期市场价值；L 为期权交割价。

一般情况下期权到期有以下两种可能：

（1）若 $ST>L$，则期权进账生效，且 $\max(ST-L,0)=ST-L$；

（2）若 $ST<L$，则期权所有人放弃购买权利，期权出账失效，且 $\max(ST-L,0)=0$，

则：$E(C)=P(E[ST|ST>L]——L)$ （4－10）

则：当对期权进行连续复利 rT 贴现时，可得期权初始价格 C 为：

$C=P\times E-rT\times(E[ST|ST>L]——L)$ （4－11）

其中：T 表示期权有效期；r 表示无风险利率，（——表示连接符）。

这样，只要能确定 P 和 $E[ST|ST>L]——L$ 即可求出期权的初始价格 C，

则：$C=SN(D_1)-Le^{rT}N(D_2)$ （4－12）

其中：S 表示金融资产的现价，

$$D_1=\frac{\ln\left(\frac{S}{L}\right)+\left(r+\frac{1}{2}\sigma^2\right)T}{\sigma\sqrt{T}},$$

$D_2=D_1-\sigma\sqrt{T}$，

σ 表示标的资产的波动性风险。

一般，当 σ 增加时，标的资产的期权溢价也会随之增加，则有：期权的瞬间波动性为：

$\sigma_c=\eta_{cs}\sigma$ （4－13）

$\sigma_p=\eta_{ps}\sigma$ （4－14）

其中：σ 表示标的资产的瞬间标准差，η 表示标的资产与基础资产 S 之间的弹性，下标 c 表示标的资产的看涨期权，下标 p 表示标的资产的看跌期权，其弹性可分别表示为：

$\beta_c=\beta\eta_{cs}$ （4－15）

$\beta_p=\beta\eta_{ps}$ （4－16）

其中：η 是基础资产的系统性风险。

第二节 金融科技赋能风险管控的理论基底

关于金融科技，目前尚无统一、公认的定义，只有 2008 年时中本聪在

"*Bitcoin*：*Apeer – to – peer electronic cash system*" 一文中首次提到该概念，从而开始了关于金融科技的相关研究。2015 年时 "*The Economist*" 杂志又刊登 "*The promise of the blockchain*：*The trust machine*" 一文，随后关于金融科技的研究逐渐进入大众视野。

一、科技跨界耦合金融理论

当前，全世界范围内正经历着科技跨界耦合并深度叠加产业的新变革，随着人工智能、云计算、区块链及移动互联等技术发展的推进，人类的社会生活及经济生产模式正面临新与旧的变革转型，全球范围内也正掀起了科技跨界创新产业发展的新浪潮。随着新科技革命时代的到来，也必将导致金融业学科边界、研究范式等不断地被颠覆、被重塑，科技的助推器作用正逐步渗透到经济生活的各个领域、各个行业。

（一）科技跨界耦合金融的动因分析

当然科技跨界金融业创新联盟链的形成也不是一蹴而就的，需要在特定环境下由技术革命推动、市场拉动及国家政策驱动等多重因素的共同作用，需要依托资源依赖理论、产业融合理论等多学科理论基础的共同触发。

1. 技术创新是实现跨界耦合的主要推力

新技术的革新与发展实现跨界耦合的根本因素，科技创新是各行各业实现跨越和持续发展的发动机，故人工智能、云计算、区块链及移动互联等革新技术的出现为金融业特别是商业银行突破各项业务发展瓶颈注入了活力。同时，新一代信息技术的迅猛发展重塑了生产要素的配置模式，加速了各产业的转型升级，科技与金融业的跨界融合推动了"互联网 + 传统实体企业 + 金融"联盟链的发展，实现了信息科技源代码与实体产品硬件、金融产品创新间的嵌入式联盟，实现了金融资源与实体企业间资源的互补性配置。而且，依托资源依赖理论组建金融业与实体企业间的联盟模式，有助于实现联盟层次及范围内的资源整合，有助于增加联盟内各企业间资源与技术的共享与交互，有助于将一些隐显性知识及资源转化为螺旋式的创新成果，进而实现联盟链内新技术新产品新价值的创造与运用。

2. 市场需求是实现跨界耦合的主要拉力

随着互联网资源向各行各业的强势渗透，使得一些信息更为透明、更为对称、更易获得，一定程度上突破了制约各行业健康发展的部分瓶颈，减少了实体企业的交易及资源获取成本，也带来了新的营销渠道、新的用户体验。同时，信息科学技术的发展使得包括金融业在内的各行业都出现了智能化需求，也推进了金融业与各行业的跨界耦合与有效衔接，并形成了新的跨界联盟，产生了新的市场亮点与利润增长点，进而促进了新产品、新服务、新需求及新商业模式的出现，多样化的市场需求在一定程度上拉动了科技与包括金融业在内各行业间的跨界耦合。

3. 国家政策是实现跨界耦合的主要驱动力

随着人口红利、资本红利和制度红利的逐步释放，目前我国经济正处于增长速度换档期、结构调整阵痛期、前期刺激政策消化期“三期叠加”的局面，为尽快突破当前的被动局面，急需从局部创新、行业边界隔离、思维惯例的枷锁中解放出来，寻求向跨界创新型经济的转变，故国家先后推出的“互联网+”“中国制造2025”等重大战略，更是在党的十九大明确提出“要加快建设制造强国，要推动互联网、大数据、人工智能和实体经济深度融合”，为科技跨界融合提供了新的思维方式和结构方式，为信息技术渗透到包括金融业在内的各行业并进而实现颠覆性创新提供了强有力的政策支撑。

（二）科技跨界耦合金融的共生演化机制

科技跨界耦合金融，其本质是为实现金融业各项业务与服务的创新突破，依托人工智能、云计算及区块链等新科技手段，形成与其所处环境间相互依赖、相互制约的复杂生态系统，其中强协作性与弱竞争性是实现跨界耦合创建联盟实现各主体共生的内在驱动力。

1. 科技跨界耦合金融的共生演化机理

该理论认为：跨界耦合联盟中，各成员间往往会通过异质性创新资源的跨界整合形成可相互依赖、相互制约的共生体，联盟链内各成员间由互不相干逐渐走向共生、共适、共进的协同演化机理。该联盟通常由共生单元、共生基质、共生界面、共生环境和共生模式等五大要素形成有机共生系统，并依托云计算、区块链及人工智能等科技手段创新共生环境，实现联盟链内贷款客户、金融企业及相关配套组织间的跨界交互，以期在联盟链这一共生模式下创造价值、获取价值，并创新共生价值在各主体间循环与分配的模式，进而实现联盟链内各主体间的协同共生，联盟链内各主体间的跨界耦合共生网络结构如图 4 – 2 所示。

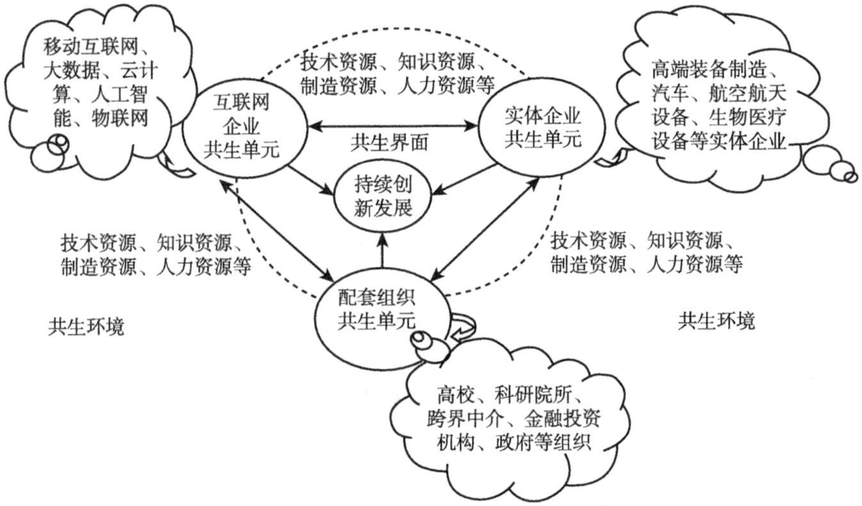

图 4 – 2　联盟链内各主体间的跨界耦合共生网络结构

2. 科技跨界耦合金融的共生演化动力模型

首先，可对该共生演化动力模型进行如下研究条件假设：（1）假设该系统是由 M_i 个贷款客户（$i = 1,2,3,\cdots\cdots,n$）、T_j 个金融机构（$j = 1,2,3,\cdots\cdots,m$）、G_l 个配套组织（$l = 1,2,3,\cdots\cdots,v$）三类参与主体共同组成。（2）假设三类参与主体的共生演化均服从 Logistic 分布，当边际产出等于边际投入时，增长率为零，此时存在最大共生规模。（3）三类参与主体的自然增长率在理想条件下受自身固有属性决定，若忽略自身种群进化的影响，则自然增长率保持不变。

其次，构建科技跨界耦合金融的共生演化模型。设 $x_1(t)$、$x_2(t)$、$x_3(t)$ 分别为贷款客户、金融机构及配套组织的种群规模，而 r_1、r_2、r_3 则表示三个共生单元种群的自然增长率，N_1、N_2、N_3 则表示系统资源有限时贷款客户、金融机构及配套组织种群规模的最大值，则根据生态学 Logistic 生长方程可得贷款客户、金融机构及配套组织的共生演化动力模型为：

$$\begin{cases} dx_1/dt = r_1x_1 \times (1 - x_1/N_1), x_1(0) = x_{10} \\ dx_2/dt = r_2x_2 \times (1 - x_2/N_2), x_2(0) = x_{20} \\ dx_3/dt = r_3x_3 \times (1 - x_3/N_3), x_3(0) = x_{30} \end{cases} \quad (4-17)$$

其中：x_{10}、x_{20}、x_{30}表示三类参与主体的初始种群规模，r_1x_1、r_2x_2、r_3x_3表示三类参与主体自身发展态势；$1-x_3/N_3$、$1-x_2/N_2$、$1-x_3/N_3$则是 Logistic 系数，表示三类参与主体由于有限资源消耗对各自种群规模增长所产生的阻滞。

与自然界生态系统一样，科技跨界耦合金融的创新系统中三类参与主体的种群增长率除了受自身种群规模影响外，也会受到其他种群规模的影响。故本研究进一步引入共生系数，探讨三类参与主体间共生作用对其种群规模增长率的影响。共生条件下，贷款客户、金融机构及配套组织的共生演化动力模型为：

$$\begin{cases} dx_1/dt = r_1x_1 \times (1 - x_1/N_1 - \beta_{21}x_2/N_2 - \theta_{31}x_3/N_3), x_1(0) = x_{10} \\ dx_2/dt_2 = r_2x_2 \times (1 - x_2/N_2 - \alpha_{12}x_1/N_1 - \theta_{32}x_3/N_3), x_2(0) = x_{20} \\ dx_3/dt_3 = r_3x_3 \times (1 - x_3/N_3 - \alpha_{13}x_1/N_1 - \beta_{23}x_2/N_2), x_3(0) = x_{30} \end{cases} \quad (4-18)$$

其中：α_{12}、α_{13}分别表示贷款客户对金融机构的共生作用系数、贷款客户对配套组织的共生作用系数；β_{21}、β_{23}则分别表示金融机构对贷款客户的共生作用系数、金融机构对配套组织的共生作用系数；而θ_{31}、θ_{32}则分别表示配套组织对贷款客户的共生作用系数、配套组织对金融机构户的共生作用系数。

二、金融科技创新理论

（一）金融科技的技术特征

1. 金融科技的自治、共享、防篡改特征

自治、共享、防篡改及去中心化等特征充分体现了金融科技在现代经济发

展中的先进性与实用性。首先，自治性。金融科技是计算机技术发展过程中市场信息化的衍生物，依托区块链、人工智能等金融科技可实现联盟链内信息自治。其次，共享性。除一些私密信息或需要保密的信息外，信息都是面向所有用户公开的，是公开的、透明的。再次，防篡改性。近年来随着金融科技的迅猛发展，许多新型金融科技工具例如区块链、云计算等技术都能记住存储在其系统中的信息，而这些信息记录一旦形成就不可随意更改，具有防篡改的特性。最后，去中心化。云计算、区块链等金融科技的一个最基本特点就是在其系统中有诸多节点，节点间又环环相扣，并且这些节点又将联盟链分成无属性差别的模块，各模块在权利与义务上相同，故这一属性又赋予云计算、区块链等工具“去中心化”的特征。

正是金融科技的自治、共享、防篡改及去中心化等特征的存在，才保证了商业银行在业务运营中可使互不信任的两方在无第三方参与情况下达成博弈均衡，提升了其资产配置效率、降低了风险传染的概率；而且通过严格的加密计算规则和共识机制，也保证了系统账本各项数据的真实和准确性，为商业银行风险测度提供了精准指标；同时通过数以千计的节点也有效记录了机构间各种业务的关联性，并依托关联权重大小辨析商业银行业务禀赋的异质性，进而计算出异质性商业银行不同业务对其风险阈值的影响程度。

2. 金融科技的公有链、联盟链、专有链特征

通常，金融科技具有公有链、联盟链和专有链的“三链同构”特征。

首先具有公有链的特征。通常实际操作中可通过开放式读写与交易权限去中心化的特性在公有链中形成诸多节点，并且可依托共识算法及加密计算完善银企双方间的信任博弈机制，依托共有链上的工作量与权益等证明，重构银行体系的电子货币与虚拟货币制度，进而实现对用户的物质和精神激励。通常，由于公有链具有开放式读写及权限去中心化等特点，其管理模式往往呈扁平化拓扑结构，其链上的诸多节点是平行且相同的，正是公有链的这种去中心化特点，使得公有链同时也具有了共享性的特征；而且公有链的去中心化及共享性特征可帮助用户自由进出其链上每一个节点，帮助用户随时、随地自由读、写链上的每一组数据，大大便利了对相关信息的获取与使用。但当前公有链结构中仍存在对计算硬件要求较高、计算交易速度较慢等技术缺陷，未来若能在这

些方面取得突破，那么公有链得到公众普遍认可、在社会经济生活中得到广泛应用和拓展将指日可待。

其次具有联盟链的特征。在联盟链上，要想进入某个机构，只需通过点击联盟链上对应的节点即可，因为联盟链的每一个节点均对应一个有效的组织单位。但只有得到相关组织的许可才能自由进入，因为每个组织背后都由具有一定利益关系的相关单位组织在一起。当前联盟链可较好地应用于金融领域，各商业银行可依托联盟链技术构建分布式账本系统，在该系统中的各联盟银行均可参与，能实现各银行原有体系与依托金融科技的新体系间的无缝衔接，也能实现银企双方间的脱媒效应与直接对接，实现商业银行业务的转型升级与服务效用的提升。同时联盟链的多中心架构，可帮助商业银行实现市场上许可、授权及交易等权限的设置与读写。故联盟链的开源式、多中心的分布式账本系统，某种程度上可看作是私有信息数据的集合，与传统的大中心数据架构相比，联盟链技术的先进性及服务的便利性必将更具重要意义。

再次具有专有链的特征。在专有链上，商业银行可依托金融科技手段从内部控制链上每个节点的写入权，而在其外部则五对链上节点进行写入的权限，仅可结合实际情况对部分客户开放部分读取权；在专有链上，商业银行还可依托金融科技手段构建多节点的运作架构，满足特定组织内部数据的管理；同时专有链更强调“去中心化”、透明化的数字信任机制，各相应部门需得到信息中心的许可才能进行数据的读取与写入，其本质是一种采用了分布式记账、并依托加密法则进行计算的智能合约，因此依托该类金融科技手段与运作平台将极大地提高商业银行业务转型过程中各类信息数据、各类风险的识别与计算，也将极大地提高其信息数据的处理效率。科技跨界耦合金融系统平台上公有链、联盟链及专有链相关特点的比较如表4－1所示。

表4－1　科技跨界耦合金融系统平台上公有链、联盟链及专有链相关特点比较

公有链	联盟链	专有链
任何人均可加入网络	授权组织可加入网络	控制于一个公司范围内
任何人在任何位置均可参与共识	可通过授权实名参与共识、写入及查询数据	改善可审计性，不完全解决信任问题
3～20次/秒数据写入	1000次以上/秒数据写入	1000次以上/秒数据写入

最后，依托云计算、区块链及人工智能等金融科技手段，可有助于打造银企双方间互联互通的科技跨界耦合金融的系统平台，进而实现银企双方信息沟通的无缝衔接，实现商业银行现有数据系统与传统数据系统间的无缝衔接。因此金融科技的公有链、联盟链和专有链的“三链同构”的特征必将决定其在金融科技的规模化商业应用的前景，特别是在金融领域中科技耦合金融也必将成为未来的主流趋势。

（二）金融科技的创新机理

1. 金融科技的基础架构

按金融科技各层次间的逻辑关系，其基础架构可分为如图4－3所示的六个相互独立且不可分割的层。其中数据层、网络层和共识层是必要层级，是实现科技与金融跨界耦合的基本保障，数据层和网络层分别保证了科技与金融跨界耦合系统平台上有数据和有网络，共识层则确保了系统平台的运行规则。

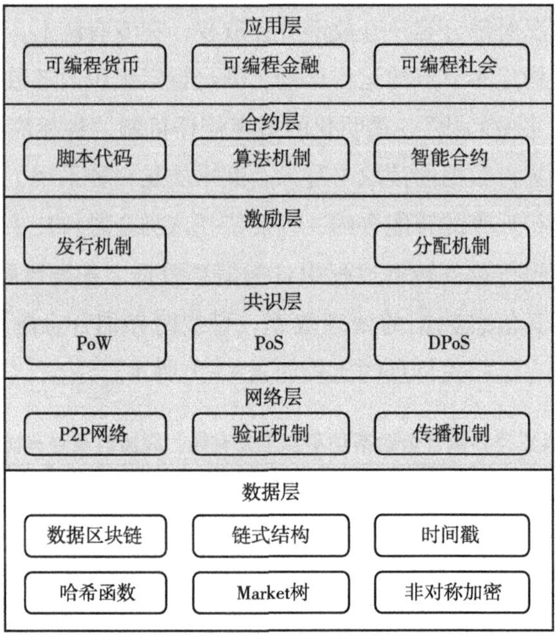

图4－3　科技跨界耦合金融系统平台的基础架构

第一为数据层模块。数据层即为通常所说的分布式账本即数据库，在该层级上存放着具体业务的所有数据信息，同时也封装着时间戳、非对称加密、哈希函数及数据区块链等一系列技术。数据层在进行相关数据存储时可实现信息分布的去中心化，同时也使数据具备了防篡改及可追溯等特性，进而依托区块链、云计算等金融科技手段保障全网信息共享情况下的数据安全与稳定。

第二为网络层模块。该模块更像一个强大的P2P网络系统，在该层级每个网络节点既是信息的生产者，也是信息的接收者，信息可在脱媒的情况下在节点间自由往来。通常，该层级的工作原理主要体现在P2P点对点机制、数据验证机制及数据传播机制等三大机制上，在一个节点生产出信息后，它即会以广播的形式将该信息传递给其他节点，随后其他节点则在受到该信息后即展开对信息的验证与检验，并进而在该节点创建新的区块再次进行数据传播。

第三为共识层模块。该模块主要依靠通识规则来维护系统总账本的运营与安全。在该层级需在各节点间达成共识，进而构建系统的共识法则与去中心化治理机制，通常在共识层上主要依靠委托权益证明机制（DPoS），权益证明机制（PoS）和工作量证明机制（PoW）等算法进行节点数据的记录与计算。

第四为激励层模块。激励层模块工作原理更多地体现在其挖矿机制上，在该模块更多是依靠一些发行机制、奖惩机制及分配机制等经济措施，激励网络节点上的参与主体参与数据记录及维护，从而为提高网络节点的计算能力、找出正确的哈希值提供动力，为系统的安全与稳定提供技术支撑。当然系统只达到安全可靠的程度还不够，还需使得整个区块系统更智能、更高效。

第五为合约层模块。合约层模块是保障系统灵活编程、高效操作的基础，该模块中所包含的主要内容均是依托共识算法及商业逻辑而设置的一些智能合约及各种脚本。该层级更多是依托技术手段将各类代码嵌入系统平台设置银企双方间智能合约的实现条款，进而促使在该系统平台上一旦触发智能合约的实现条款，即可自动执行合约的撮合命令。

第六为应用层模块。应用层模块即为系统与实践层，该层级中封装了电子货币、跨境支付等金融科技主要应用场景及典型案例。在该层级可更好地利用链缝节点结构、共识算法、挖矿机制及智能合约等工作机制，将金融科技更好地应用到消费信贷、电子货币及风险管控等具体应用场景。

2. 金融科技的交易流程

金融科技交易流程大致可分为创建新交易、传播交易、验证交易、传播验证结果、交易写入等五个步骤（交易流程如图4－4所示）：

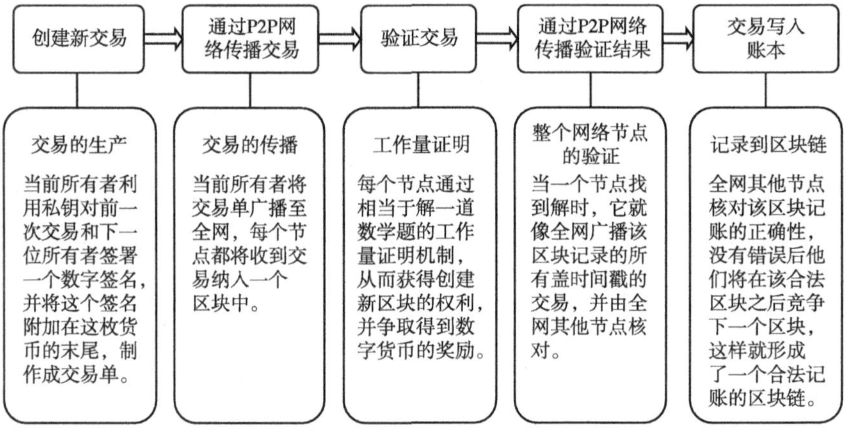

图4－4　科技跨界耦合金融系统平台的交易流程

第一步：创建新交易。依托私钥将两个交易者的签名记录以数字串的形式附加到货币末端生成新的交易单，随后由其所在节点以广播形式传递给其他节点。

第二步：传播交易。若节点上的参与主体需进行相关交易，则网络上的所有节点均会收到消息通知，随后各节点将尚未得以验证的哈希值传递到节点区块形成集合，在系统区块中汇集各条交易信息，并奖励最先将信息传播出去的节点。

第三步：验证交易。各节点依托共识算法，通过验证各自工作量来争取系统中新区块的创建权，验证各节点的计算速度与工作效率，并争夺数字货币的激励。

第四步：传播验证结果。各节点将其计算出的结果向整个系统的所有节点传播，随后其他节点会对该结果进行验证与检验，验证交易是否有效、是否重复交易、其风险是否超过预警阈值，进而判断自己是否接收该交易，如若接收则链接到系统平台，相关交易数据也同时具备了防篡改的特性。

第五步：记录交易。如若某个节点的计算结果被其他节点认可并接收，则生成了一个合法记账区块，同时将其他尚未完成的验证工作视为无效工作，相关数据也将被快速清理，随后再一起创建新的工作区块进行下一工作量的证明。

第三节　金融科技赋能风险管控的作用机制

随着金融科技应用场景与范围的拓展，依托金融科技进行信息数据识别与溯源的需求也不断增加。当前通过网络节点存储信息数据，引入关系语义模型对链上、链下数据进行金融科技建模的工作机制，支持了更丰富的查询类型，提高了商业银行业务转型中各类信息及风险的溯源处理能力。同时，依托金融科技手段也健全了商业银行的数据库系统，优化了表级位图索引和层次索引等索引功能，进而加速了对信息数据的访问，也提升了业务转型中风险跟踪与追溯的效率。

一、金融科技赋能商业银行风险信息查询机制

实际应用场景中，商业银行的业务交易数据通常会同时存储在区块链、数据库等网络系统平台与商业银行的本地 RDBMS 中。其中，储存在网络系统平台中的数据可实现全网络所有参与主体间的共享，也称之为链上数据；而储存在商业银行本地 RDBMS 中的数据则具有一定的隐私性，也称之为链下数据。通常，金融科技在商业银行业务转型风险信息查询的实际应用场景中，较多用到的是链上查询与链上链下联合查询这两种查询机制。

（一）链上查询机制

在依托金融科技进行链上信息查询中，主要包括区块和交易查询、追踪溯源查询及关系查询等三种机制。其中，依托金融科技进行区块和交易查询是业务转型新背景下商业银行进行风险信息溯源的常用操作。依托区块链、云计算及人工智能等科技手段，可锁定区块号、锁定交易号，从而实现对相关信息的查询；同时，依托金融科技进行风险信息追踪溯源对于业务转型新背景下商业银行风险追踪与管控至关重要。依托科技手段、依托系统平台，从参与主体维度与交易类型维度等追踪溯源历史交易记录，进行给定交易发送者、给定交易类型或者给定交易发送者与交易类型时的查询，通常追溯查询的作用机理如

$Q = (Trace, P, [c, e])$，其中 *Trace* 表示查询类型为追溯，P 表示查询条件，$[c, e]$ 表示时间窗口。$P \subset \{(SenID, o), (Tname, P)\} \wedge P \neq \varphi$，其中 o 表示交易发送者，p 表示交易类型，$(SenID, o)$ 表示 *SenID* 属性值为 o，$(Tname, p)$ 表示 *Tname* 属性值为 p。再者，依托金融科技手段进行链上关系查询也是新背景下商业银行风险信息查询的重要方法。在商业银行系统平台的链上关系查询中，用户可通过关系模型的描述查询系统平台上所有区块内的信息数据，进而实现对指定时间窗口 $[c, e]$ 段内的信息查询。

（二）链上链下联合查询机制

通常，同一个实体部门的数据信息会同时存储在区块链、数据库等网络系统平台与商业银行的本地 RDBMS 中，并通过网络系统的链上与本地 RDBMS 的链下数据库间的连接操作、联合查询等技术支持链上/链下数据集聚合成。例如，查询“获取某一资金的客户信息”，就可以通过网络系统平台的链上表 Distribute 与商业银行本地 RDBMS 中的链下表 DoneeInfo 进行连接操作来获取查询结果。通常联合查询可表示为：$Q = \langle Onoff, r, s, \theta, [c, e] \rangle$，其中 *Onoff* 表示查询类型为联合查询，$r, s$ 则分别表示链上 Distribute 关系表和链下 DoneeInfo 关系表，θ 则表示上 Distribute 关系表与 DoneeInfo 关系表的等值连接条件，$[c, e]$ 表示时间窗口。该查询返回在 $[c, e]$ 内，属于链上关系表 r 的交易与链下关系表 s 中的元组在谓词 θ 下的连接结果。链上、链下查询示意图如图 4－5 所示。

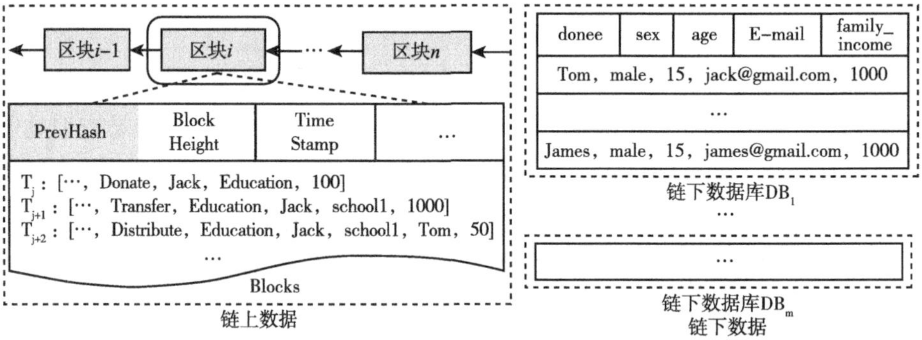

图 4－5　金融科技赋能商业银行风险链上/链下集成部署

二、金融科技赋能商业银行风险索引机制

为提升面向区块存储的查询性能，应依托区块链、云计算及人工智能等金融科技手段设计商业银行风险溯源的索引结构，应借助给定的区块号、交易号及时间戳等信息获取商业银行业务转型中风险信息对应的区块，加速对其业务数据的访问速度，进而获取具体业务的所有交易数据，并索引出满足交易条件的所有信用信息。当然在系统平台上，依托金融科技赋能商业银行风险索引的结构设计仍面临着区块数据更新会影响系统的读写性能、系统缺乏基于时间段窗口的查询机制等诸多困难，故本章针对这些困难，提出了区块索引、表级位图索引和层次索引等高效读写的索引结构，并结合区块索引，研究了支持时间段窗口的查询机制。

（一）区块索引机制

区块索引机制主要通过区块号、交易号及时间戳等查询商业银行业务转型中各类信息数据。其索引结构主要为：区块索引是一棵 B^+ 树，其搜索码为一个三元组 (bid, tid, Ts)，其中 bid 为区块号，tid 为区块中的第一个交易号，Ts 表示区块的时间戳，区块 b_i 和 b_j 中表示 b_i 的打包时间比 b_j 要早。其索引更新与查询机制则主要体现为：商业银行系统平台中信息数据的更新会触发新的区块索引的更新，新区块中的 bid、tid、Ts 会随着信息数据的扩充而递增，则新区块的索引码也会被直接追加并存储到区块的最右节点中。如果节点已满，则更新开销为 $O(1)$，不同于 B^+ 树的 $(b_i.bid < b_j.bid) \wedge (b_i.tid < b_j.tid) \wedge (b_i.Ts < b_j.Ts)$ 节点分裂的存储方式，依托金融科技赋能商业银行系统风险溯源平台的区块更新与索引机制更倾向直接生产新的节点并存储在区块中形成新的存储搜索码值，形成更好的读写性能，以避免传统 B^+ 树下节点分裂存储方式的资源浪费现象。金融科技赋能商业银行风险溯源的索引结构与索引更新结构如图 4－6 所示。

（二）表级位图索引机制

表级位图索引机制则主要通过过滤掉无须读取的区块信息，更高效记录、

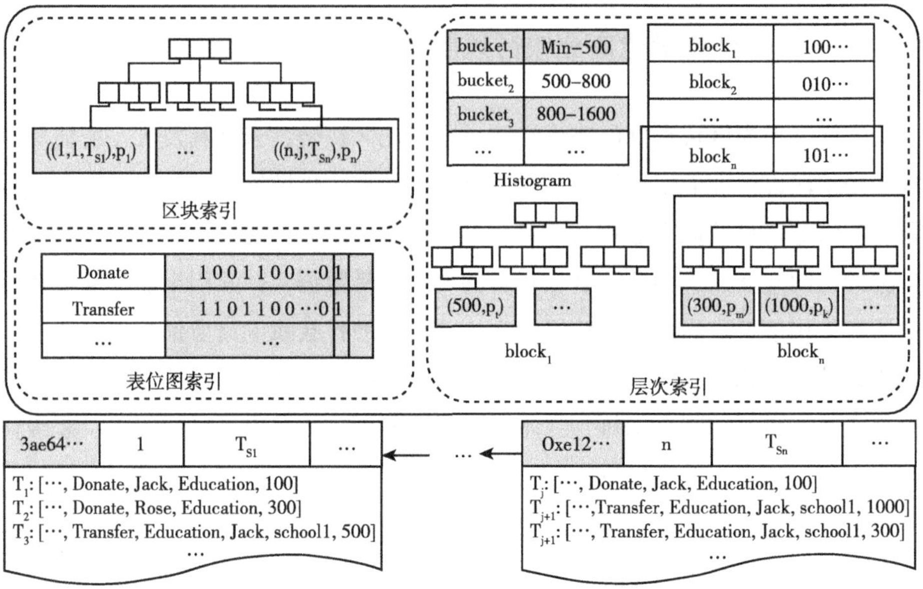

图 4-6 金融科技赋能商业银行风险索引结构与索引更新结构

收集商业银行业务转型中的具体业务间的数据关系分布情况，以提升其风险信息的索引性能。其索引结构主要为：数据关系分布情况的每张表都会对应一个位图，每个位图中的每个位置也都有对应的区块，位图中的第 i 位代表第 i 个区块，若该数值为 1，则该区块就含有对应关系表中的所有交易数据。反之，则不包含对应关系表中的相关交易。同时，表级位图索引还可以通过建立系统属性 SenID，用于支持商业银行业务转型中的风险溯源查询，系统中每笔交易均对应一个表级位图，若位图中的第 i 位为 1 则表示区块 i 中包含该交易，若位图中的第 i 位不为 1 则表示区块 i 中不包含该交易。其索引更新与查询机制则主要体现为：系统中新区块的生成会触发位图索引的更新，系统中的第 i 个区块中若正好包含有某一张数据关系表中的相关交易，则该关系表所对应的表级位图就被置为 1，反之则被置为 0，此时表级位图索引的更新费用仅为一次置位操作，而当发出风险追踪溯源的请求时仅需查找该关系表对应的表级位图中被置为 1 的置位即可，从而有效避免了对其他 0 置位区块的扫描追踪，大大降低了风险溯源的成本。

（三）层次索引机制

层次索引机制则主要通过提高指定属性查询的速度来实现索引的更新与查询。通常该索引结构主要包含两个层次，第一层由能记录属性值分布情况的等深直方图与一系列索引项构成。离散属性情况下，等深直方图中的每一个bucket对应一个属性值；连续属性情况下等深直方图则主要根据交易属性值的分布情况生成，bucket表示连续的属性值范围，此时每个区块就会对应一个索引项，而每个索引项则会记录区块中的所有的数据范围。第二层则主要由一系列的 B^+ 树构成，每一区块均会对应创建一个索引列上的 B^+ 树，并存储商业银行的所有历史交易数据，当索引列 B^+ 树占用内存过大时，则早期的一些 B^+ 树则会被存储在磁盘中，而将近期的索引数据缓存于内存，从而避免扫描整个区块，减少资源浪费。其索引更新与查询机制则主要体现为：同样在层次索引中，系统中的新区块也会触发层次索引的更新，区块中交易数据及等深直方图的更新会生产对应的索引项，并创建新的 B^+ 树，依托云计算、人工智能等科技手段批量加载第二层级的索引，并尽量减少数据更新的成本。随后基于查询范围与等深直方图的更新生成新的位图bt查询范围，并将bt查询范围与区块位图进行逻辑匹配，如若结果为1，则可在第二层索引上追踪溯源风险信息。

三、金融科技赋能商业银行风险溯源机制

该机制主要是基于一些金融科技手段优化信息索引结构的追踪算法，包括追溯查询操作、链上连接操作及联合操作等风险溯源机制。

（一）追溯查询操作溯源机制

追溯操作是一元操作，其目的更多在于从交易主体与交易类型双维度对商业银行业务转型中的交易信息进行追踪溯源。而链上连接操作则是二元操作，主要支持对交易流向的追溯，同时联合操作也属于二元操作，更多体现在对链上、链下关系表的连接操作，进而实现链上数据与链下数据的集成。因此，通过追溯操作可实现对所有区块中所有交易的扫描，通过链上连接与联合操作可优化位图索引，过滤掉无效信息，仅溯源表级位图关系表中的有效信息。

依托层次索引机制可进一步优化溯源功能，算法 1 给出了基于层级索引的二维追溯查询 $Q=\langle Trace,(SenID,0),(Tname,p),[c,e]\rangle$ 的处理过程。I_d和 I_n是创建在系统字段 *SenID*（交易发送者）和 *Tname*（交易类型）上的层次索引，基本覆盖了商业银行风险溯源系统内的所有交易。通过 *search* 函数的时间窗口 $[c,e]$ 查询模块得到集合 B，若区块 i 在时间窗口 $[c,e]$ 中，则 B 中就包含 i（第 2 行），反之则不包含。通过 *FirstLevelBitmap* 函数搜索 I_d和 I_n的第一层级索引，得到集合 B'、B''，若区块 j 包含了 o 发送的交易并且在 B 中，则包含在 B''中，若区块 j 包含了交易类型为 p 的交易并且 j 在 B 中，则 j 包含在 B'中（第 3 ~4 行）。同时对 B'、B''进行交集操作则可得到在时间窗口 $[c,e]$ 内包含 *SenID* 属性值为 o 和 *Tname* 属性值为 p 交易区块（第 5 行）。随后，通过 *First-Level* 函数搜索第二层索引，对于每一个区块，以"$SenID=0$"和"$Tname=p$"为查询条件分别查询 I_d和 I_n，得到交易指针集合 P_0和 P_P。P_0和 P_P的交集中包含表明溯源结果的指针，故 *Read* 函数据此从磁盘读取交易数据并输出溯源结果（第 6 ~12 行），其追溯查询示意图如图 4 –7 所示。

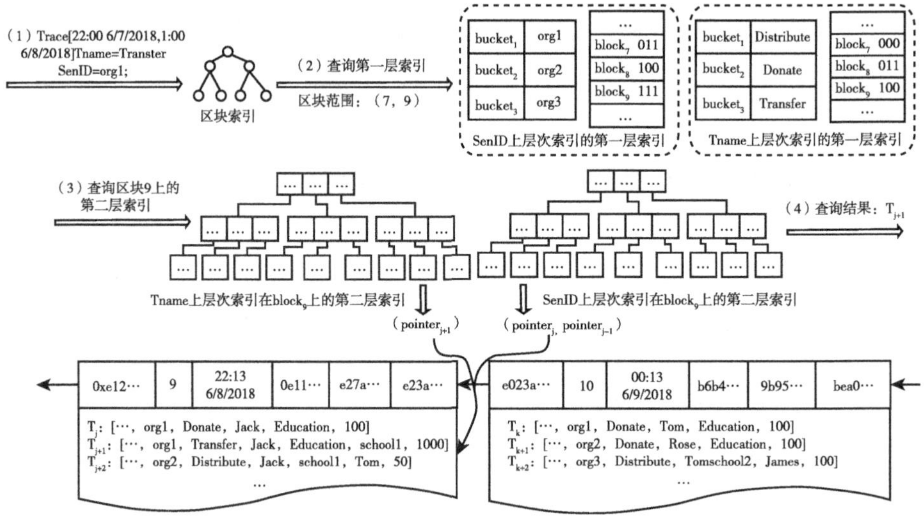

图 4 –7　金融科技赋能商业银行风险追溯查询示意图

（二）链上链接操作溯源机制

链上链接查询可表示为 $Q=\langle On,r,s,\theta,[c,e]\rangle$，其中 *On* 主要表示链上链

接的查询，r、s 则主要表示链接表，而 θ 则主要表示等值链接的条件，$[c,e]$ 则主要表示所属的时间窗口。随着当前商业银行经营环境的变化，原有的传统风险溯源链接算法由于其数据存储及收集整理的分散性，增加了其信息查询及数据整理的开销，因此传统的风险溯源算法已难以适应当前大数据时代其风险溯源的需求。而链上链接操作溯源机制则主要依托了区块链、云计算等金融科技手段，能帮助商业银行对其各业务区块信息数据的扫描与整理，实现了对其风险的哈希链接算法，有助于依托哈希函数 h 构造 r、s 的交易分区，帮助在分区 s_i 建立哈希索引。同时也可借助 s_i 哈希索引探查出每一笔满足链接条件的交易 t_r，则此时只有包含 r 或 s 交易的区块需要被读取。故通过表级位图索引，可提升链接查询的性能。

通过层次索引可提升查询性能。查询 $Q = \langle On, r, s, attr = s.attr, [c,e] \rangle$，在表 r 和 s 的属性 $attr$ 上创建层次索引 i_r 和 i_s，算法 2 给出了基于层次索引的链接算法。首先，*search* 函数查询区块索引并得到集合 B，如果区块 i 在时间窗口中，则 i 包含在 B 中（第 2 行）。其次，*FirstLevelBitmap* 函数查询 i_r 和 i_s 的第一级索引，可分别得到在时间窗口内并含有属于表 r 或 s 交易的区块，记录在 B'、B'' 中（第 3 ~4 行）。对 B' 中每一个元素 i 和 B'' 中每一个元素 j，令 e_{r_i} 和 e_{s_j} 分别表示 i_r 中区块 i 的索引项和 i_s 中区块 j 的索引项，k、m 表示直方图中的桶，其上、下界为 (l,u)。如果 *intersect* 函数返回 *TRUE*，即 $\exists k \in e_{r_i}$、$m \in e_{s_j}$，使得 $(k.u \langle m.l \vee k.l \rangle m.u)$ 为真，则区块 b_r 和 b_s 可能会产生链接查询结果，则可通过 *SortMergeloin* 函数执行 b_r 和 b_s 上的排序合并链接（第 5 ~9 行），最后输出查询结果（第 10 行）。

（三）联合操作溯源机制

对于联合查询 $Q = \langle Onoff, r, s, r.attr = s.attr, [c,e] \rangle$，也可以通过一趟扫描哈希连接算法来实现。首先，可借助链下 *RDBMS* 来获取关系表 s 的数据，然后以关系表 s 的数据为依托，通过联合索引获取表 r 中的数据，最后通过哈希连接算法获取信息数据的查询结果。在依托哈希链接算法进行商业银行风险溯源中，通过读取关系表 r 中的相关交易数据，可有助于优化风险信息的查询与溯源功能。

在属性 $r.attr$ 上建立层次索引可优化查询性能。算法 3 给出了基于层次索引的联合查询算法。先依托金融科技手段，通过哈希连接算法，可借助 *Search* 函数在 $[c,e]$ 的时间窗口中查询各区块的信息数据，且需注意若区块 i 在 $[c,e]$ 时间窗口的话，则 i 即可包含在 B 中（第2行）。同时为避免链下数据反复传输带来的性能开销，根据 *s. attr* 属性将链下数据排序，并通过链下数据范围 $[S_{min}, S_{max}]$ 过滤掉不包含链接结果的区块（第 3 ~ 5 行），随后依托 *QueryOffChain* 函数将链下数据加载到链上，通过 *FirstLevelBitmap* 函数获取所有在时间窗口内数据的区块（第 6 行）。如果 *intersect* 函数返回 *TRUE*，即 $\exists k \in e_{r_i}$，使（$k.u < Smax_{min}$）为真，则区块 i 将参与链接处理。此时第二层索引中通过 *SortMergeloin* 函数在区块 i 和 d 间进行排序合并，进而获取索引结果，并将结果输出（第7 ~ 11 行）。

第四节　本章小结

本章主要从商业银行风险防控理论基础、金融科技理论基础及金融科技赋能商业银行风险防控的作用机制等展开研究。首先，从马柯维茨均值 - 方差理论、资本资产 CAPM 定价模型、期权定价理论等视角探寻化解商业银行风险防控困境的理论基础；其次，从科技跨界耦合金融的共生演化机制、金融科技创新理论等视角探寻金融科技发展与发挥作用的理论基础；最后，从金融科技的跨界耦合共生演化及金融科技创新等视角赋能商业银行风险识别、溯源、评估及管控，从去中心化、透明性等博弈规制视角探寻提升商业银行资产配置效率、降低风险的作用机理，从加密计算规则和共识机制视角研究保证系统账本数据真实准确、进而为商业银行风险测度提供精准指标的作用机理，从节点赋能视角解析有效记录机构间各种业务关联性、准确计算风险阈值的作用机理。

第五章　金融科技背景下商业银行业务转型中的风险识别

第一节　商业银行风险识别与溯源机制

一、风险的定性识别、溯源与评级方法

20 世纪 90 年代中期以前，风险管理多是使用定性分析的方法进行风险的客观描述，定性分析方法主要包括专家评估法、评级法、两维评级法及财务防控法等几种识别与溯源评估方法。

（一）专家评级法

专家评级法主要是指：选取经验丰富的人员组成专家团队，由团队成员根据经验进行贷款审批与风险防控。通常，该方法主要有两大制约，一是评估专家的职业道德和职业素养会直接影响资产的质量与风险水平；二是过往经验很难进行标准化界定，每位专家对过往经验与存在问题的评价标准难以统一，故在决策与风险识别、评级上难以达成一致意见。

（二）评级法

评级法即指：结合专家经验，并借助一定的辅助工具，从 Character、Capacity、Capital、Collateral 及 Condition 等五个方面，对贷款客户的信用、企业运营、资产等状况进行较系统、较科学的评级，以综合反应贷款客户的状况。

1. 对评级“5C”法则的简单阐述

所谓“5C”法则主要指：从 Character（道德品质）、Capacity（经营能

力）、Capital（资产状况）、Collateral（担保品和抵押品状况）及Condition（经营环境状况）等五个评价方面对贷款客户进行综合评级的法则。

客户的道德品质（Character），即贷款客户在经营活动特别是业务运营中表现出来的经营诚信、偿还债务的诚意等，道德品质是贷款客户业务运营中最基本的要素之一。客户的经营能力（Capacity），既包括贷款客户本身的经营能力，同时也应包括贷款客户领导人个人的人格魅力，Capacity（经营能力）是衡量贷款客户能力的另一个重要因素。Capital（资本状况），即贷款客户的资产结构、流动性、资本回收率及盈利能力等财务情况。Collateral（担保品和抵押品状况），足够多的担保品和抵押品是商业银行规避潜在风险隐患的重要保障，虽然担保品在一定程度上能促进授信，但却难以改善贷款客户的状况。客户的经营环境状况（Condition），所谓客户的经营环境状况主要包括宏观经济环境、行业环境及客户自身的经济发展状况等。健康的外部宏观经济环境、稳定的国家政治环境以及显著的经济地理位置在一定程度上均可改善贷款客户的资信等级。

2. 选择合适的内外部评级机构

商业银行在进行资金风险状况评级时，通常会采用内部评级与外部评级相结合的双向评级体系。通过支付一定费用，聘请专门评级机构进行风险评级的方法通常称为外部评级法；在商业银行系统内部进行的风险评级则称之为内部评级法。两种评级方法具有一定的相似之处，在具体操作上又存在较大不同。一是外部评级法主要是通过外部的专门评级机构进行风险评定，且其支付的费用直接会影响其评级的档次与质量。而内部评级法则主要通过商业银行内部相关部门与机构来进行风险评定的一种方法，该方法无须支付费用。二是外部评级法较为客观、公正，而内部评级法可能会受到一些主观因素的影响。三是外部评级法中，所涉及的信息、数据等资料是需要对外公开的，而内部评级法中，所涉及的信息、数据等资料则无须对外公开。

3. 对等级的选择

按国际惯例，商业银行等级的评定通常是按标准普尔、穆迪及惠誉等三大评级机构的标准进行。目前，三大机构的等级划分基本上是按债务期限的长短进行区分的。商业银行通常会根据各自贷款群体的具体情况来选取等级，我国在对客户资信等级划分时通常会选取 7 ~8 个等级个数（如表 5 -1 所示）。

表 5 -1　　普尔、穆迪及惠誉的等级划分

普尔等级标准		穆迪等级标准		惠誉等级标准	
长期债券	短期债券	长期债券	短期债券	长期债券	短期债券
AAA	A -1	Aaa	Prime -1	AAA	F -1
AA	A -2	Aa	Prime -2	AA	F -2
A	A -3	A	Prime -3	A	F -3
BBB	B	Baa	Not Prime	BBB	B
BB	C	Ba		BB	C
B	R	B		B	D
CCC	SD and D	Caa		CCC	
CC	N. R	Ca		CC	
C		C		C	
R				DDD	
SD and D				DD	
N. R				D	

资料来源：普尔、穆迪以及惠誉等评级机构官方网站。

（三）两维评级法

通常，所谓两维评级法，主要指商业银行在进行资产风险评估时，既要考虑贷款客户本身的资信级别，也要考虑资产的资信级别。该方法更侧重对贷款客户抵押品、担保品资信状况的等级评定，通过对抵押品、担保品资信状况的评级来界定资产的风险程度，进而综合判断是否投放贷款。目前，美国各商业银行更倾向于采用该方法。同时，两维评级法中，资产风险度指标的衡量，已成为各商业银行风险管理中的重要标准之一。商业银行实际评级中，风险度指标的衡量更多是通过“风险度 = 客户风险度 × 担保系数”的标准进行折算。其中，客户风险度的衡量，主要是与资金的平均违约率分配在固定期限上的资本与敞口资本间的比例进行比较而得，而担保系数则更多是采用违约损失率的数据进行统计核算。

（四）财务防控法

通常，商业银行风险防控的另一重要手段是财务防控法，而其中最具代表性的是阿尔特曼的Z值理论，主要通过营运资本、预留收益、税前毛利润等指标对贷款客户的财务状况进行Z值判别。Z值判别模型主要为：

$$Z = 1.2X_1 + 1.4X_2 + 3.3X_3 + 0.6X_4 + X_5 \quad (5-1)$$

其中：Z代表综合财务防控函数，X_1代表营运资本，X_2代表预留收益，X_3代表税前毛利润，X_4代表$\frac{股票市价}{负债总额}$，X_5代表$\frac{销售额}{资产额}$。

商业银行通常会借助阿尔特曼的Z值理论对贷款客户的各项财务指标进行综合判别得出Z值，将Z值低于临界值1.81的资信状况较差的贷款客户剔除出去。一些西方发达国家为了运用上的便利，又将Z值判别模型的5指标体系拓展为7指标体系。

二、风险定量识别、溯源与评级方法

当前，国际上大型商业银行多是通过建立风险定量溯源模型展开对金融风险的识别与溯源。故依托风险溯源与评级模型，借鉴国外先进经验展开我国商业银行风险识别、溯源与评级的相关研究至关重要。

（一）风险观测期的选择

各商业银行在定量溯源与评估其风险时，通常会对各种资产类型采用统一的时间期限。但实际情况往往是，由于各类资产到期日的不同，采用统一观测期的风险溯源方法在风险评估与测度中往往会产生一定误差，进而影响商业银行对信用的准确判断。故商业银行在风险测度中，其观测期的选择至关重要。当前国际上较为通用的标准主要是以能否适应财务报表对资产风险披露的基本要求为基准，选择一个或数个不同期限结构的观测期。

（二）风险损失的衡量

通常，所谓风险损失，主要指资产组合的未来价值与现在价值间的差额，关于风险损失的衡量主要有如下几类方法。

1. 违约模型与盯市模型

违约模型认为：观测期内只要贷款客户违约，损失必然会发生。其损失的测量主要是通过测度风险敞口、违约状况及违约损失率等变量的联合概率分布实现的。但由于违约模型假设条件中只包含违约事件与不违约事件两种假设前提，故只能在违约模型被证实完全可靠时，商业银行才能运用该模型进行活动风险损失的测度与管理。盯市模型则主要通过测度观测期内商业银行利差与等级差等指标来衡量其损失。当债务人等级恶化时，商业银行的损失就将产生。通常不同等级的客户贷款其利差也存在较大区别，该模型即是通过盯住利差、等级等指标从而实现盯住损失的目标。

2. 条件模型与无条件模型

条件模型是指：商业银行等金融机构在进行损失评估时，要考虑失业率、GDP 增长率及通胀率等宏观经济因素对其风险的影响程度。无条件模型则更多依托贷款客户过往的历史违约及等级等情况，对其风险状况进行综合评估，该模型中较少考虑宏观环境对其的影响，故该模型难以有效捕捉经济周期对银行风险的影响。

3. 离散性模型与连续性模型

离散性模型更侧重分析违约的离散变化，商业银行往往借助这一模型对其违约状况进行离散描述，例如 TM 模型即是刻画违约离散变化的重要离散型模型之一。连续性模型则更多刻画违约的连续变化，违约状况的连续性描述更多依赖该类模型，如 KMV 模型等。

（三）主要风险定量溯源与评级模型简介

20 世纪 90 年代中期之后，随着信用损失表现形式及产生原因等的多样性与复杂化，一些定量评级风险的方法和手段逐渐出现，这类分析方法主要包括 Credit Metrics TM 模型、CPV 模型、KMV 模型、LAS 模型等。

1. Credit Metrics TM 模型

1997 年时 J. P. Morgan 首次提出了 Credit Metrics TM 模型，尽管该模型的一些假设前提与现实情况间存在一定差距，但其在风险的溯源与评级中却得到了较广泛推广。该模型主要依托部分国家产业发展的历史数据，构建等级转移矩阵（即：后人比较认可的马尔可夫转移矩阵），来测量违约概率与等级转移概率，进而评级商业银行风险程度。当然由于条件所限，该模型并未将经济周期的长期平均转移概率等因素考虑在内，属于离散、盯市无条件模型。

2. CPV 模型

1997 年 Wilson 和 McKinsey① 等学者提出了该模型，由于这一模型更倾向于分析宏观经济环境对商业银行风险的直接影响，故也称之为宏观经济模型。Wilson、McKinsey 等认为：宏观经济环境的发展状况是风险的起点，诸如 GDP 增长率、投资率、消费水平及失业率等变量的恶化是导致商业银行风险的直接导火索。该模型将一些影响违约与等级转移的 GDP 增长率、投资率、消费水平及失业率等宏观因素考虑在内，是对 Credit Metrics TM 模型的扩展与补充，但其仍是对风险的离散描述，故该模型仍属离线性条件模型。

3. KMV 模型

该模型主要应用于上市型商业银行预期违约率（EDF）的预测，在 20 世纪 90 年代时由美国 KMV 公司首次创设。该模型认为商业银行违约率与其资本结构、资产收益波动性及资产市值等变量间存在函数关系，更多倾向于利用期权定价理论进行商业银行的违约分析，主要依托对某一时刻 t 商业银行资产的市值 Va 及波动性 As 的分析，测度业务运营中的违约点 DPT 点。该模型中违约率的具体预测过程如图 5－1 所示。

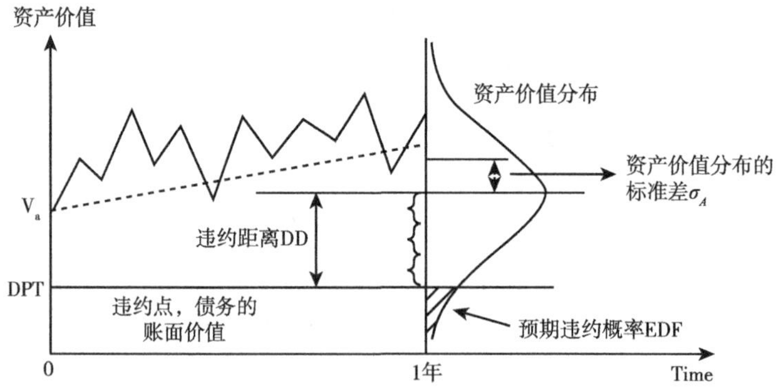

图 5－1　KMV 违约预测模型

① McKinsey & Co. CreditPortfolio View－A Credit Portfolio Risk Measurement and Management Approach, Approach Document, 1998.

4. LAS 模型

该模型由 PMG 公司经过系统测试后提出，倾向于通过测量违约概率等指标实现对资产的定价分析。该模型的核心在于风险中性概念的提出，认为商业银行等金融机构进行资产定价时，可通过无风险利率等指标实现对资产预期收益与可能风险的折现与评估。

三、商业银行风险识别、溯源与评级指标体系

关于商业银行风险溯源测度的指标体系的研究，目前已较为成熟。其中最具代表性的两大指标体系主要是 VaR 与 CVaR。

（一）VaR 指标

自 1996 年《资本协议关于市场风险的补充规定》中首次提出 VaR（Value at Risk）概念以来，VaR 指标体系就逐渐被应用于资产的风险识别与评级。一直以来，该概念在我国被翻译为风险价值，但实质上 VaR 指标仍是用概率统计的计算工具对资产风险程度与损失的预估。故结合国内外研究，VaR 指标通常被定义为：投资过程中，特定时期内某一特定资产或特定资产组合出现最大损失的可能性，即资产或资产组合实际损失 X 不超过 VaR 值的概率为 a 时的情况。

一般认为：$$VaR(X) = \inf\{pr(X \leqslant x) \geqslant a\} \tag{5-2}$$

其中：$f(\cdot)$ 为某一资产或资产组合的置信水平。

（二）风险因素模型的理论 VaR 指标

一般认为：债务人在条件 Y 下的违约概率为：

$$P(\text{债务人违约}|Y) = N\left(\frac{G(PD) - \sqrt{R} \times Y}{\sqrt{1-R}}\right) \tag{5-3}$$

其中：$N(\cdot)$ 表示某一特定资产或特定资产组合的随机函数，$G(\cdot)$ 则为 $N(\cdot)$ 的逆函数。

同时假设特定资产或特定资产组合的风险敞口为 EAD、违约损失率为 LGD，则：资产在条件 Y 下的损失为：

$$Loss \left| Y = EAD \times LGD \times N\left(\frac{G(PD) - \sqrt{R} \times Y}{\sqrt{1-R}}\right) \right. \quad (5-4)$$

当损失风险 Y 处于极端糟糕状况下时，并且出现糟糕状况的置信度为 99.9%时，资产的非预期损失 VaR 值则为：

$$Loss \left| Y = EAD \times LGD \times N\left(\frac{G(PD)}{\sqrt{1-R}} - \frac{\sqrt{R}}{\sqrt{1-R}} \times G(99.9\%)\right) \right. \quad (5-5)$$

不难发现：式（5-5）是依托巴塞尔新资本协议对风险因素 VaR 理论模型的盯市调整与完善。

（三）CVaR 指标

该指标的提出，促进了资产风险计量领域的进一步发展。目前该指标已在国际范围内得到了较广泛运用。通常，CVaR 指标被认为是资产损失超过 VaR 值的平均损失值，其表达式为：

$$CVaR = E[X:X \geqslant VaR_a(X)] \quad (5-6)$$

第二节　金融科技背景下完善商业银行 CA 风险认证溯源体系

目前依托新视域、新思维构建我国商业银行风险的溯源机制，尚处于初期阶段。金融科技溯源路径尚不够畅通，再加上新经济背景下各商业银行业务运营中所呈现的各种新问题、新特征，更为风险的溯源与识别增加了难度。故加强新背景下各商业银行的管理，就急需依托金融科技新思维，创新研发能促使各管控主体共同发力的风险 CA 认证溯源架构体系。

一、金融科技背景下完善商业银行风险数据的 CA 认证

长期以来在商业银行风险的识别与评级过程中，在进行数据的样本选择时，违约样本一般占到百分之一这样的概率，也就是说：较高信用等级的贷款客户样本与较低信用等级的贷款客户样本长期处于不均衡状态，商业银行在进

行风险溯源的样本选择时，其违约的样本数量要远远小于高信用等级的样本数量，通常两者大致上保持在 1∶100 的比例。然而即使是在这样一种样本比例极度不平衡的状况下，违约率也呈上涨态势，这必然给商业银行乃至整个金融系统的稳定带来较大影响，因此客观准确地追踪商业银行的数据，特别是对违约样本的定期、定量追踪就显得非常重要。

（一）构建风险数据 CA 认证分类信息平台

在传统的商业银行风险识别与溯源体系中，由于数据处理时难以保证不同类型样本数量的均衡，致使违约样本和高信用样本长期处于不平衡状态，故溯源模型更倾向于拟合拥有较多样本的那一类高信用样本数据，所以运用传统溯源方法难以有效提取少数违约样本的关键信息，势必将导致溯源模型精准度的下降，并导致业务运营中资产定价的失误，进而直接影响银企双方的收益。而依托云计算、区块链及人工智能等金融科技手段和方法，则可充分赋能商业银行的资产负债业务、表外业务及同业业务等几大业务节点，依托区块链、人工智能等技术手段的去中心化、不可篡改等特性，分类选取各项业务的指标体系及数据，构建覆盖国有、股份及城商等多类别商业银行风险分类信息数据平台，构建商业银行数据的 CA 认证体系，分类整理商业银行各类数据，可以有效、准确、及时地追踪、捕捉并溯源商业银行资金流向，真正解决数据失真问题。

（二）构建 GAN 对抗网络定位追踪违约信息

依托样本数据处理过程中的生成式对抗网络理论，利用区块链、云计算及人工智能等金融科技思维构建贷款客户样本数据的生成算法，处理样本数据的不平衡性问题。例如依托 GAN 生成式对抗网络理论模型的新发展，使得计算机视觉、人机交互、区块链网络结构等数据处理新思维在金融领域特别是商业银行中得到深入应用。GAN 是评估生成式模型中最新、也是目前最为成功的一项技术，该技术主要依托零和博弈理论，依托区块链、云计算及人工智能等金融科技将数据生成问题进行生成器网络结构与判别器网络结构间的零和博弈与对抗。依托生成器网络构建生成模型 $P(Y/X) = P(X,Y)P(X)$，进而依托金融科技手段从一系列满足正态分布的数据中产生更接近真实的合成数据；随后，依托判别器网络构建判别模型，由数据直接预测决策函数 $f(X)$ 或条件概

率分布 $P(Y/X)$ 的数据生成的真实性与准确性，在给定模型输入 X 时，判别、预测模型的输出 Y。这两个网络在博弈对抗中进步，在进步中继续博弈对抗，使得数据日趋完美、更逼近真实数据，生产更精准的图片、序列及视频等，网络结构如图 5－2 所示：

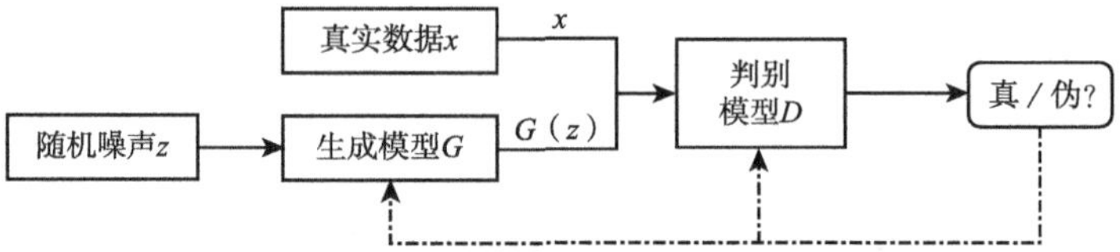

图 5－2　生成式对抗网络示意图

GAN 对抗网络算法通过生成器生成高质量的伪造样本，规避商业银行风险识别与溯源定位过程中样本数据的失真问题，进而提升生成器网络结构的学习能力，提高样本数据的处理质量与效率。

二、构建商业银行全面风险 CA 溯源体系架构

依托金融科技场景构建商业银行的包括宏观体系环境层、中观管理机制层及微观核心要素层等三个层级的全面风险 CA 溯源体系如图 5－3 所示。

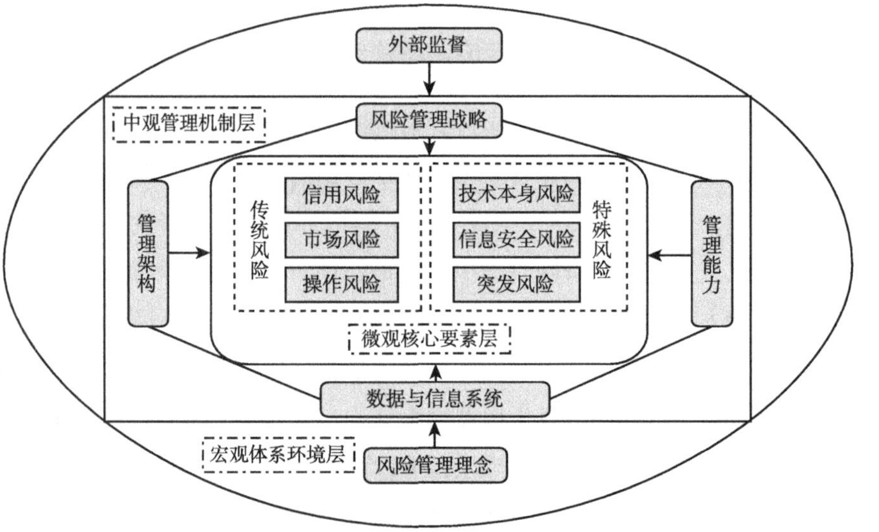

图 5－3　全面风险管理体系架构

（一）营造风险溯源的宏观体系环境层

在宏观环境层级中，应在涵盖商业银行风险溯源理念的同时，依托金融科技新思维营造良好的商业银行风险评估的宏观环境氛围，为将金融科技有效运用于商业银行的风险防控提供有力外部支撑；同时，在商业银行业务的创新中，也应积极贯彻金融科技思维理念，为依托金融科技新技术构建商业银行全面风险管理新体系提供先进理念和重要技术支撑。

依托金融科技有效构建商业银行风险的全方面管理体系。当前我国商业银行各项业务迅猛发展、风险逐渐暴露，对应用金融科技场景重塑各商业银行风险管理和防控体系提出了更高、更严谨的要求。故依托金融科技新思维，构建高效、快速的商业银行资产全面风险管理体系，在宏观环境层级应注意以下三大原则：一是将金融科技运用到商业银行风险溯源时，应多维度思考问题。商业银行业务运营中的风险并不会因为金融科技的运用而消失，反而可能会由于金融科技的运用加大了业务创新的风险隐患，应依托区块链、人工智能等技术手段的去中心化、节点赋能、点对点传输及共享机制等特性，调整、适应宏观经济发展及科技创新等内外部环境的变化，依托金融科技创新“倒逼”金融监管制度创新，依托金融科技创新“重构”金融基础设施，进而克服原有风险溯源机制的信息传递失真、溯源效率低下等弊端，实现技术创新与规范溯源机制间的平衡，维护新技术下商业银行业务风险识别的良好秩序。二是实现金融科技和商业银行风险溯源间的竞合发展。依托新技术，实现商业银行业务创新的示范效应与外溢效应，实现商业银行与贷款客户这两个互不信任的经济主体在无第三方参与的情况下达成博弈均衡，进而提升商业银行资产配置效率、降低风险。同时也可依托金融科技严格的加密计算规则和共识机制，保证商业银行系统账本各项数据的真实和准确性，为商业银行风险测度提供精准指标。

故在经济发展新常态下，应准确把握日益复杂的宏观经济环境，将区块链、人工智能等金融科技新思维贯穿商业银行风险管理全过程，构建“金融科技＋”时代下的全面风险管理新框架，准确把握收益与损失间的有效平衡，为商业银行业务健康发展提供良好的外部宏观环境。

（二）建立与完善风险溯源的中观管理机制层

中观管理机制层，应包含完善的风险管理组织架构及风险评估人员整体素养提升机制，也应引入金融科技构建数据信息平台，实施新思维下风险溯源认证及全面管理战略。依托金融科技，构建风险信息存储与处理平台，实现“人与数据”“信息与数据”“数据与数据”区块之间对话层层递进的高效价值传递的变革，实现客户身份验证及实物资产的数字化传递。同时，依托金融科技平台上所记录的业务核心单据、关键流程，实现数据的实时同步与实时对账，联结商业银行与贷款客户间的“可信”点，进而实现“多级信用传递”，打通在双方间信息与价值的高效传递，实现通道畅通、价值传递与信用增级。故金融科技应用场景下，应构建与之相匹配的资源配置新模式及风险管理新机制，应匹配相适应的溯源新体系、风险管理新架构及提升风险管理人员素养等各类保障机制。

商业银行应从战略高度重视区块链、人工智能等技术手段在中观管理机制层中的运用。依托金融科技创建高效的风险管理组织架构，提升风险管理人员业务能力和综合素质，实现各业务部门间的有效协调与沟通；依托金融科技创新风险管理模式，实现风险识别、溯源及应对等的研发迭代；依托金融科技提升风险管理团队的专业能力和技术能力，实现各商业银行各类业务的单一风险管理能力及综合风险管理能力的提升；依托金融科技构建商业银行信息新系统，捕捉敏感性数据，完善风险识别与应对新手段。

（三）识别与管理风险要素的微观核心要素层

微观核心要素层，主要由诸如、操作、市场、道德等一系列传统风险，以及将区块链、人工智能等技术手段运用到商业银行业务发展后所催生出来的一些技术、信息安全、突发事件等新生风险构成。面对业务运营中的一系列传统风险及金融科技运用后催生出的诸多新风险等问题，商业银行应在完善核心风险要素识别机制的同时创建金融科技背景下核心风险管理的新框架。

当前，使用金融科技后传统商业银行的风险发生了较大变化，随着金融科技在商业银行中的运用，一些原有业务中的传统风险消失、一些传统风险变得更隐蔽、一些新技术风险被催生放大，商业银行更应依托金融科技，充分赋能资产负债业务、表外业务及同业业务等几大节点，从层次聚类、密度聚类等角度进行业务分类及指标设计，构建覆盖国有、股份及城商等多类别商业银行核心风险要素识别与溯源机制，基于 RAROC 风险定价模型构建单个银行的风险溯源机制，依托信任博弈机制构建两两及多家银行间相关联的 NN 网格风险矩阵传染溯源机制，分时点、分类别、分业务溯源与评估商业银行风险，进而实现对核心业务、核心风险要素的动态调整，实现商业银行风险的全面管理与溯源认证。

区块链、云计算及人工智能等新技术的使用，拓展了商业银行业务的渠道，提升了其风险识别与追踪能力。在商业银行全面风险识别与溯源体系中，依托金融科技可实现：宏观经济环境层级中风险溯源理念的更新及溯源氛围的完善，中观管理机制层级中风险溯源组织架构的重塑及管理人员素养的提升，以及微观核心要素层级中风险要素识别机制的重构，进而更好地满足商业银行风险管理对客户需求把握、客户需求满足以及经营产品创新等的需求，健全金融科技场景下商业银行风险的认证溯源与约束防控。

第三节　依托 CA 体系溯源商业银行业务转型中的风险

该部分在相关风险溯源理论及金融科技发展的基础上，从相关研究模型视角展开对我国商业银行业务转型过程中的事前、事中、事后风险的分析与溯源，目的在于完善对我国商业银行风险管理的技术支撑。通常，商业银行的风险管理可按照事前、事中及事后的工作流程，通过事前评估、事中控制、事后跟踪，实现对贷款客户风险的动态管理。关于事前风险溯源测度主要为了解客户的相关信誉信息，量化客户在贷款业务发生前的风险，目的在于方便掌握贷款企业本身的状况；事中风险溯源测度则主要是授信额度的溯源测度和分析，目的在于防范贷款企业的过度融资；而事后风险溯源测度主要任务则是及时反馈商业银行风险传染免疫机制的实施情况，目的在于防范由于风险传染机制而造成的损失。关于事前、事中、事后风险溯源的管理架构如图 5－4 所示。

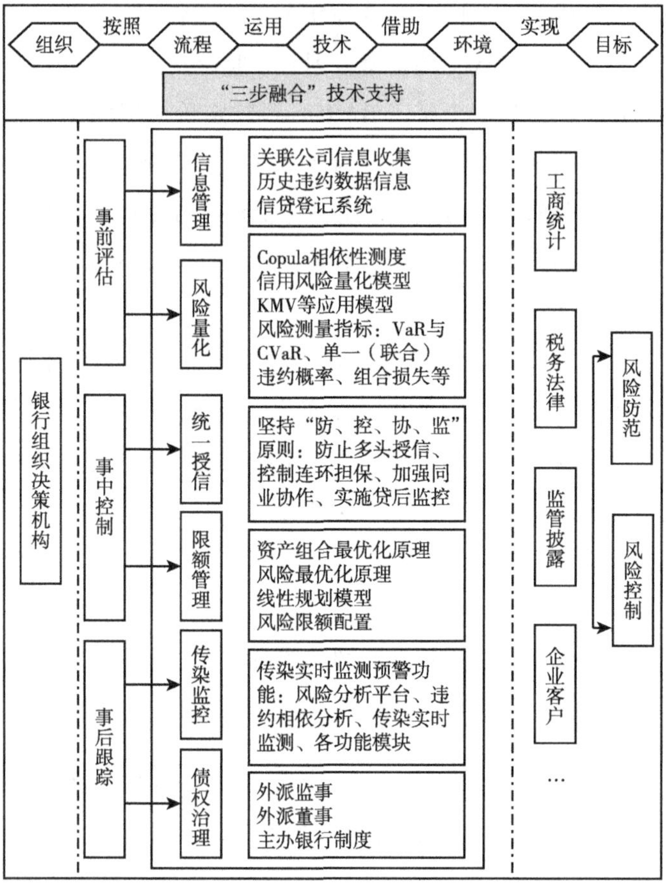

图 5－4　我国商业银行风险的事前、事中、事后溯源机制

一、商业银行风险的事前溯源

在贷款发放前，商业银行相关部门应掌握贷款客户的相关资信情况，实施有效的事前风险溯源评估，并提前计提一些相关的风险准备金，可以完善我国商业银行的风险管理体系，尽量将风险规避在萌芽状态。关于我国商业银行风险的事前量化，主要是从以下两个方面展开相关探讨与研究。

（一）建立健全贷款客户的违约信息数据库

在商业银行风险的事前溯源管理过程中应逐步建立健全贷款客户的违约信息数据库。依托金融科技场景，建立健全贷款客户的违约信息数据库是进行风险识别与测度的基础，在风险的事前分析过程中，通过建立违约信息数据库可以帮助相关部门根据宏观经济数据的变化、贷款客户经营状况的变化、业务发展的动态以及历史经验的积累来调整风险溯源量化的模型与参数，以方便在业务展开之前，就对风险的发生、发展有一个较准确地把握，从而为商业银行的风险管理提供有力支撑。我国相关管理当局应充分考虑宏观经济因素的影响，并结合各种风险因素的历史数据，依托金融科技场景构建贷款客户违约信息平台。第一，在构建贷款客户信息平台时应充分考虑各贷款客户间的关联度。当前商业银行对于贷款客户信息如历史违约数据、损失状况及抵押担保情况、关键人员信息等相关数据的收集与积累尚不够充分，诸多信息处于缺失或失真状态，因此今后我国相关金融监管部门，应依托金融科技场景进一步加强对历史数据的收集与梳理工作，并运用央行登记系统和自身管理系统加强各关联客户业务数据的准确、及时登记，从而为更好地掌握各贷款客户间的关联度提供信息支持。第二，运用各种数理统计工具、计算机技术等先进管理工具完善业务运营中的信息管理系统，并将各类相关信息统一整合到综合管理体系之中，从而实现信息的共享与联动。第三，加强与工商、税务、海关、证券市场等管理机构的合作。通过与外部管理机构的合作，全面掌握关联客户的相关信息，从而保证及时更新信息平台的相关信息与数据。

（二）风险的事前溯源

应结合国内外相关风险量化的模型和工具展开对事前风险进行量化评级的工作。本节内容结合前文中所提到的 Copula 模型、Credit Metrics 模型以及 KMV 模型等相关计量工具展开了对我国商业银行风险监管过程中事前风险的溯源测度。

考虑到我国的实际情况以及本书研究所限，本书建议在我国商业银行事前风险的量化过程中采取基于 Copula 技术的相依违约风险量化模型来探讨商业银行的事前风险。因为该模型充分考虑了资产收益分布的“尖峰厚尾”特征以及非对称性等特点，而且该模型也充分考虑到了资产关联公司的违约相依性，这为商业银行事前风险的量化提供了一种非线性、非对称框架下的度量方法，可以较好地反映商业银行在风险管理过程中的实际情况。因此我国相关监管机构应参照该思路，将现代风险模型与 Copula 技术应用到商业银行事前风险的溯源量化过程中，以尽量避免损失的发生。

二、商业银行风险的事中溯源

有效的风险防控和风险限额管理机制可以防范商业银行过程中所出现的各种风险苗头。本节内容主要就商业银行业务过程中所出现的各类风险的防控和管理展开探讨。

（一）商业银行风险的事中溯源思路

商业银行业务的事中风险溯源测度思路主要为：查找风险因素、进行风险量化分析、判断风险的级别、建立相应的风险防控机制、采取相关应对措施等，如图 5－5 所示。

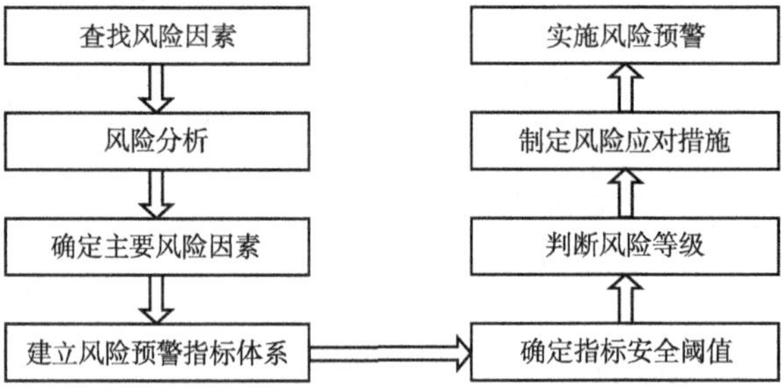

图 5－5　商业银行事中风险的溯源思路

（二）商业银行风险的事中溯源管理

关于商业银行业务风险的事中管理，应主要采取风险限额管理等相关管理制度。目前我国各商业银行在业务运营中均面临如何实现风险与收益间的最优配置的困境，即如何在既定的风险范围内实现收益的最大化。一般而言，风险限额管理机制的实施可以实现既定风险水平下的收益最大化，从而为资产的优化提供了一个新的研究视角。

第一，关于贷款客户授信限额的测度。可假设贷款客户有 n 个子公司，则：其授信限额的测度公式可表示为：$C = \min(k.V, \sum_{i=1}^{n} C_i)$，其中：$C$ 为贷款客户的整个授信限额，V 为财务报表中贷款客户的整个净资产，k 为净资产乘数，C_i 为子公

司 i 的授信额度。当然，实际测算中还应充分考虑贷款客户以往的授信额度、贷款客户的整体财务状况、风险偏好及资本充足率等诸多风险因素的影响。

第二，关于贷款客户风险限额的测度。风险限额主要是用来测算贷款客户的非预期性风险，该指标真正体现了商业银行的风险。目前我国大多数商业银行的授信管理仍主要是关于授信额度的管理，风险限额管理将是我国商业银行今后风险管理的一个研究新视角。该限额相关参数的测算主要是依据巴塞尔协议的相关规定，即：一般认为，

$$预期损失\ EL = EAD \times PD \times LGD$$

$$非预期损失\ UL = EAD \times \sqrt{PD \times (1 - PD)} \times LGD \tag{5-7}$$

$$经济资本\ EC = \lambda \times UL - EL$$

其中：EAD 为风险暴露，PD 为违约概率，LGD 为违约损失率，λ 则与商业银行自身的等级有关。

第三，关于贷款客户风险限额的最优配置。通常，当风险限额确定下来时即可对风险与资产收益进行最优化匹配。一般在优化配置过程中，可依托风险既定状况下资本收益率最大化原理，运用线性规划模型对风险敞口进行求解，进而使某一资产或资产组合在风险既定时实现收益最大化。

三、商业银行风险的事后溯源

（一）商业银行风险的事后溯源管理

商业银行风险的事后溯源管控一般是通过风险转移以及风险处置的方式进行的。其中风险转移主要是将可能产生的风险损失转移给别的单位或个人，其转移方式主要有保险转移与非保险转移等方式。首先，可通过保险的方式将商业银行业务运营中的风险转移出去。通常，商业银行可通过缴纳保险费的方式将风险转移给保险公司，由保险公司承担风险。较其他相关风险控制技术而言，保险具有诸如可以提供风险管理服务、提供一定的经济补偿以及降低风险的不确定性等诸多优点。其次，通过非保险转移的方式转移风险。商业银行可以通过非保险转移的方式将业务风险损失的转嫁给其他相关单位或部门。非保险转移的方式一般有：第一，通过转移风险源的方式将部分或全部损失转嫁给

其他主体承担；第二，通过签订免除责任协议的方式实现风险转移；第三，通过在合同中加入转移责任的条款来实现风险的转移。

（二）商业银行风险溯源的事后处置

在商业银行风险识别与溯源处置中，其风险的事后评级与溯源也是非常重要的，目前风险的事后溯源处置方式主要包括道义劝说、实行限制性措施及采取资金救助、责令停业整顿、成立特殊风险处理小组等。首先，通过采取道义劝说、签发强制性管控文件、实行限制性措施等方式来溯源、评级并矫正商业银行在业务开展过程中所出现的违规行为或风险隐患，以防止风险的进一步恶化。其次，通过采取资金救助、责令停业整顿、成立特殊风险处理小组等方式来实现对商业银行业务运营中违规行为的挽救，以防止风险进一步扩散和蔓延。

第四节　本章小结

本章主要研究商业银行风险溯源及评级的方法、依托金融科技场景完善商业银行风险 CA 认证溯源体系及依托 CA 体系对商业银行风险进行事前、事中及事后的溯源等内容。从定性、定量等视角分析商业银行风险溯源的评级方法与指标选择，为重构商业银行风险溯源指标体系提供方法支撑。提出依托金融科技充分赋能资产负债业务、表外业务及同业业务等几大节点，从层次聚类、密度聚类等角度进行业务分类及指标设计，构建覆盖国有、股份及城商等多类别商业银行风险数据分类信息平台，分类整理商业银行信息数据，为追踪、捕捉、溯源商业银行资金流向提供数据平台的理论模型，随后又基于数据 CA 认证分类信息平台，提出完善商业银行全面风险 CA 溯源体系架构，构建包括宏观体系环境层、中观管理机制层及微观核心要素层等三个层级的全面风险 CA 溯源体系，分时点、分类别、分业务对商业银行风险进行定位追踪与识别溯源的相关建议，最后，依托 CA 溯源体系，提出构建风险安全阈值范围，对商业银行风险进行事前、事中及事后的溯源与评级的方法。

第六章　金融科技背景下商业银行业务转型中的风险评估

第一节　银企双方关于风险定价的博弈

一、博弈的基本策略

通常，按照博弈过程中表达式的不同，可将博弈分为静态与动态两大类型，其中占优均衡、纳什均衡、混合策略等表达式属于静态博弈的类型，而不完全信息博弈、完全信息博弈等表达式则属于动态博弈的类型。

（一）静态博弈策略

所谓静态博弈是指在一个一次性的博弈中，一旦每个参与者的策略选定，则整个博弈的均衡结局即可确定，每个参与者不可能再对博弈的过程和结果产生影响，主要包括占优均衡、纳什均衡、混合策略等博弈类型。

1. 占优均衡

占优均衡策略认为：博弈过程中，应假定所有参与主体的决策均是理性行为，此时所有参与主体均存在占优选择，而且其占优选择通常也是能预测得到的唯一均衡策略。该博弈过程用数理模型描述可表达为：在博弈过程 $G=\{S_1, S_2, \cdots, S_n; \mu_1, \mu_2, \cdots \mu_n\}$ 中，可假定有 n 个参与主体 $S_1, S_2, \cdots\cdots, S_n$，同时 s_{1i} 和 s_{2i} 是参与主体 i 的两个可行性选择，若参与主体 i 每次都愿意选择 s_{1i} 策略，则认为 s_{1i} 策略是参与主体 i 的占优策略。同时，如果对于所有的参与主体而言，s_{1i} 策略均是其占优策略，那么策略组合（$S_{1i}, \cdots, S_{1n}$）即可称为占优策略均衡。

2. 纳什均衡

纳什均衡策略认为：博弈过程中，如果每一个参与主体所选择的策略均能满足其意愿，那么理论上讲这一策略就是这一参与主体的最优选择。也就是说，在没有外力约束时，如果所有的参与主体都愿意选择其原来选择的那个策略，则这些策略所组成的组合就是一个有效的策略组合，并且该组合能自动实现均衡。该过程就是一个较典型的纳什均衡，其分析为：在博弈过程 $G=\{S_1, S_2,\cdots,S_n;\mu_1,\mu_2,\cdots\mu_n\}$ 中，若策略组合 $(s_1^*,s_2^*,\cdots,s_{i-1}^*,\cdots,s_n^*)$ 满足：对于所有参与人 i，都有 s_i^* 是针对其他 $n-1$ 个参与人的策略 $s_{-i}=s_1^*,s_2^*,\cdots,s_{i-1}^*, s_{i+1}^*,\cdots,s_n^*$ 的最优反映，则：策略组合 $(s_1^*,s_2^*,\cdots,s_{i-1}^*,\cdots,s_n^*)$ 就是该博弈的一个纳什均衡，并且 $\mu_1(s_1^*,s_2^*,\cdots,s_{i-1}^*,s_i^*,\cdots s_n^*)\geqslant\mu_i(s_1^*,s_2^*,\cdots,s_{i-1}^*,s_i^*,\cdots,s_n^*)$ 对于所有 S_i 中的 s_i 均成立。即：s_i^* 是 $\max\limits_{s_i\in S_i}\mu_i(s_1^*,s_2^*,\cdots,s_{i-1}^*,s_i^*,\cdots,s_n^*)$ 的最优解。

3. 混合策略

混合策略认为：在博弈中，若每个参与主体都特别想知道其他参与者的策略选择的话，则其无法确定出最优选择。但是若博弈过程中，每一个参与主体可以在一定条件下以某一确定的概率对其行为进行随机选择的话，则该过程即为“混合策略”，该博弈过程用数理模型描述可表达为：在博弈过程 $G=\{S_1, S_2,\cdots,S_n;\mu_1,\mu_2,\cdots\mu_n\}$ 中，若每个参与主体 i 都可以有 k 个纯策略 $S_1=\{s_{i1}, s_{i2},\cdots,s_{ij},s_{ik}\}$ 供选择，则可供参与主体 i 选择的策略分布函数 $P_i=\{p_{i1},\cdots, p_{ij},\cdots,p_{ik}\}$ 就称之为 i 的一个混合策略。其中：p_{ij} 为参与主体 i 选择 s_{ij} 的概率，且 $j=1,2,\cdots k, 0\leqslant p_{ij}\leqslant 1$，且 $p_{i1}+p_{i2}+\cdots+p_{ij}+\cdots+p_{ik}=1$。

（二）动态博弈策略

动态博弈过程中应具备博弈主体、可选择的策略组合及支付函数等基本要素，同时动态博弈过程还具备了博弈决策的行为时点、行为空间及行动信息等要素。因此，动态博弈过程的解析相对于静态过程而言，在一定程度上也存在一些难度，但动态分析的过程更贴近实际生活，更能反映双方的真实博弈过程。一般而言动态博弈的过程主要包括不完全信息博弈与完全信息博弈等形式。

1. 不完全信息博弈

该博弈过程通常包含不完全信息静态博弈与不完全信息动态博弈两种形

式。其中不完全信息静态博弈更多的是一个静态贝叶斯博弈，该过程用数理模型可描述为：在博弈过程 $G=\{S_1,S_2,\cdots,S_n;\mu_1,\mu_2,\cdots\mu_n\}$ 中，可假定有 n 个参与主体 $S_1,S_2,\cdots\cdots,S_n$，各参与主体的行为类型空间为 $T_1,T_2,\cdots,T_N$，推断为：$P_1,P_2,\cdots,P_n$，类型依存的行动空间为：$A_1(t_1),A_2(t_2),\cdots,A_n(t_n)$，类型依存的支付函数为：$\mu_1(a_1,a_2,\cdots,a_n:t_1),\cdots\mu_n(a_1,a_2,\cdots a_n:t_n)$，则：参与主体 i 的推断 $P_i(t_{-i}\mid t_i)$ 即可表示为：$G=\{A_1(t_1),A_2(t_2),\cdots,A;T_1,T_2,\cdots,T;P_1,P_2,\cdots,P_n;\mu_1,\mu_2,\cdots,\mu_n\}$，该博弈过程表明尽管参与主体 i 知道自己行为类型空间 t_i 的信息状况，但并不知道其他参与主体的类型空间 t_{n-1} 的信息状况。该博弈过程是一个信息不对称状况下的静态贝叶斯博弈模型。然而一个博弈过程要想实现均衡，应首先解决好博弈过程中由于信息不对称所造成的不可信性威胁与许诺。相对于不完全信息静态博弈模型，不完全信息动态博弈则能较好地解决博弈过程中的公共信息的不可信性问题。一般而言，不完全信息动态博弈过程中所有参与主体的行为都是有序的，行为类型的有序性可解决博弈过程中的公共信息的不可信性问题，但该博弈中仍然存在参与主体拥有私人信息的问题，难以解决所有信息的可信性，当私人信息在支付函数上形成不完全信息时，各参与主体在实际博弈中就为存在不完美信息的状况，故该博弈过程也称之为不完美信息动态博弈。

2. 完全信息博弈

在博弈过程 $G=\{A_1(t_1),A_2(t_2),\cdots,A;T_1,T_2,\cdots,T;P_1,P_2,\cdots,P_n;\mu_1,\mu_2,\cdots,\mu_n\}$ 中，若参与主体 i 的每一种可能类型空间 $t_i(t_i\in T_i)$ 及策略组合 $s_i^*(t_i)$ 均能满足：

$$\max_{a_i\in A_i}\sum\mu_1(s_1^*(t_1),s_2^*(t_2),\cdots,s_{i-1}^*(t_{i-1}),a_t,s_{i+1}^*(t_{i+1}),\cdots,s_n^*(t_n);t_i)_{t_{-i}}P_i(t_{-i}\mid t_i\ )$$

则：由参与主体所有选择所组成的策略组合 $\mu_1(s_1^*,s_2^*,\cdots,s_{i-1}^*,s_i^*,\cdots s_n^*)$ 就是一个动态的贝叶斯纳什均衡过程，该博弈过程就是完全信息动态博弈，也称之为完美信息动态博弈，该博弈过程更多的是一个动态贝叶斯博弈。

二、商业银行风险定价的博弈分析

商业银行与贷款客户间的博弈更多是倾向于分析各参与主体的决策对各自

利益的影响程度，进而对有限理性决策主体间的合作与冲突运用数理模型进行动态博弈分析，该理论可为现实生活中各参与主体的行为决策提供有效指导。

（一）商业银行与贷款客户间的博弈困境

例如一个有 n 个主体参加的博弈，可假设各主体的策略选择为 $S_1, S_2, \cdots, S_n$，支付函数为 $\mu_1, \mu_2, \cdots, \mu_n$，则这 n 个主体间的博弈为：$G\{S_1, S_2, \cdots, S_n; \mu_1, \mu_2, \cdots, \mu_n\}$。通常，博弈可用标准式和扩展式两种表达方式，标准式更适合静态博弈，而扩展式则更适合动态博弈。其中“囚徒困境”理论即是一种较常见的博弈过程，该理论认为：当囚徒 A 与囚徒 B 同时受到指控时，若 A、B 两人均不认罪，警察则无权对 A、B 两人判刑，但若 A、B 中只要有一人认罪，则警察就有权对两人判刑。故为尽快破案，警察则将 A、B 两人分别关在不同牢房，且有如下已知信息：若他们同时认罪，则每人判刑 5 个月；若他们中只有一人认罪，则认罪的那个人将会被释放，而拒绝认罪的那个人则会被判刑 8 个月；但如果两人均不认罪，则两人会同时被判刑 1 个月，具体信息如表 6－1 所示。

表 6－1　　囚徒困境理论

	囚徒 A 不坦白	囚徒 A 坦白
囚徒 B 不坦白	（－1，－1）	（－0，8）
囚徒 B 坦白	（－8，0）	（－5，－5）

在这一博弈过程中，由于 A、B 两人均不知道对方会怎样回答，存在信息不对称问题，故 A 和 B 在博弈决策过程中，均会从自己利益最大化的角度来思考问题。此时 A 会考虑如果自己选择不坦白，若 B 也不坦白，则两人均会无罪释放；但若自己不坦白，万一 B 选择了坦白，则等待自己的将是 8 个月的刑期，而 B 则将无罪释放；若自己选择坦白，而 B 不坦白的话，则 B 就会获刑 8 个月，而自己无罪释放；而且此时即使 B 选择不坦白，最坏结果也无非是两人均被判 5 个月的刑期。故出于自身利益最大化的考虑，A 会选择坦白。同样道理，B 也会选择坦白。故在这一博弈过程中，最终结果必将是 A、B 两人同时被判刑 5 个月，即：$\mu_1 = \mu_2 =$（坦白，坦白）$= -5$。这就是著名的“囚徒困境”理论。

（二）银企双方风险定价的博弈分析

在市场上，由于信息不对称性的存在，贷款客户往往会拥有一些不对外公布的私人信息，商业银行难以获得贷款客户的全部有效信息，故在双方的博弈进程中商业银行处于相对劣势的地位，在一定程度上将导致商业银行在风险定价与管理上的弱势，也将影响商业银行对贷款客户资产的管控能力。而一旦商业银行获得贷款客户资产信息的成本较高时，势必会放弃对该贷款客户能力的评估和风险定价的测算，取而代之的也将是采取市场平均风险定价水平界定贷款客户的利率。但这样一来，将势必造成信用良好、违约率较低的客户逐渐退出市场，而那些信用次优甚至较差的客户为获得资金而不惜一切代价，最终必将导致市场上的逆向选择行为的增加，增加商业银行的风险。因此，有必要探寻市场上商业银行与贷款客户双方博弈的均衡点，为合理定价业务运营中的利率水平、探寻既定风险水平下博弈双方效用最大化提供理论支撑。

1. 信息对称情况下银企双方风险定价的博弈分析

假设一家新成立的公司 A，为进行某项新产品的研发打算向某一商业银行 B 申请一笔 1 年期贷款 I，假设公司 A 下年度产品销售较好的概率为 p，回报率为 a；而销售较差的概率则为 $1-p$，回报率为 b；假设商业银行 B 吸收存款的利率 r_s，发放 1 年期贷款的利率为 r；同时假设若公司 A 出现破产，其破产损失为 G。则，该笔贷款的期望收益可表示为：

$$apI + b(1-p)I = [ap + b(1-p)]I \tag{6-1}$$

所以，一年后，

当公司 A 收入大于应归还的各项款项时：

商业银行 B 的利润为：$(1+r)I-(1+r_s)I=(r-r_s)I$　　(6-2)

公司 A 的利润为：$aI-(1+r)I=(a-1-r)I$　　(6-3)

当公司 A 收入小于应归还的各项款项时：

公司 A 将拖欠贷款，甚至破产，破产损失为：G；

商业银行 B 将承担损失：$bI-(1+r_s)I=(b-1-r_s)I$　　(6-4)

该博弈中，银企双方的支付博弈树可用图 6-1 进行表示，而其利润分配情况可用表 6-2 表示。

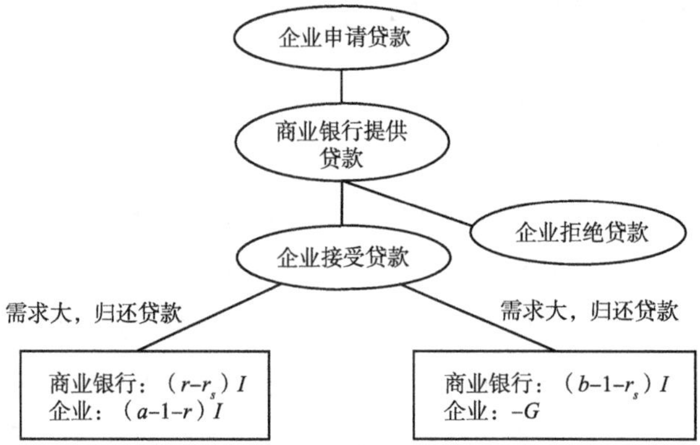

图 6-1　信息对称条件下商业银行与贷款企业的博弈决策树

表 6-2　　信息对称条件下商业银行与贷款企业的支付情况

	商业银行利润	企业利润
归还贷款	$(r-r_s)I$	$(a-1-r)I$
拖欠贷款	$(b-1-r_s)I$	$-G$

2. 信息不对称情况下银企双方风险定价的博弈分析

如前所述，行为发生前，由于信息不对称性的存在，公司 A 拥有一些商业银行 B 难以获得的私人信息，在一定程度上会造成风险定价上的逆向选择问题，影响商业银行 B 对贷款客户公司 A 资产风险的管控。

如上例所示：假定公司 A 申请贷款时预计下年度产品销售较好的概率为 p，收入为 R_h；产品销量较差的概率为 $1-p$，收入为 R_c；但商业银行 B 并没有掌握这一信息，故银行 B 在进行风险评估时，仍按传统操作将公司 A 的风险分为高、中、低三档，其中发生低风险的概率最大为 60%，此时收益 $P=0.8$，发生中风险的概率最大为 30%，此时收益 $P=0.6$，发生高风险的概率最大为 10%，此时收益 $P=0.2$，则可知：

公司 A 期望的风险：

$$E(p)=0.8\times0.6+0.6\times0.3+0.2\times0.1=0.68 \tag{6-5}$$

公司 A 期望的收入为：$E(R)=R_h\times p+R_c\times(1-p)$　　(6-6)

因此，对于公司 A 来讲，其所期望的最优化策略则是，申请贷款后其期望收益大于或等于零，即：

$$R_h \times p + R_c \times (1-p) - I \times [1 + r^*(p)] - G \times (1-p) \geqslant 0 \quad (6-7)$$

此时，公司 A 所能接受的最高贷款利率为 $r^*(p)$，市场上贷款利率若高于 $r^*(p)$ 这一底线利率的话，公司 A 就会放弃贷款申请。同时，亦可以看出 $r^*(p)$ 是 p 的减函数，公司 A 产品销售好的概率 p 越高，其信用状况就越好，则其风险就越低，贷款利率底线就越低；反之一样道理。公司 A 期望的贷款利率与产品销售状况间的关系如图 6-2 所示。

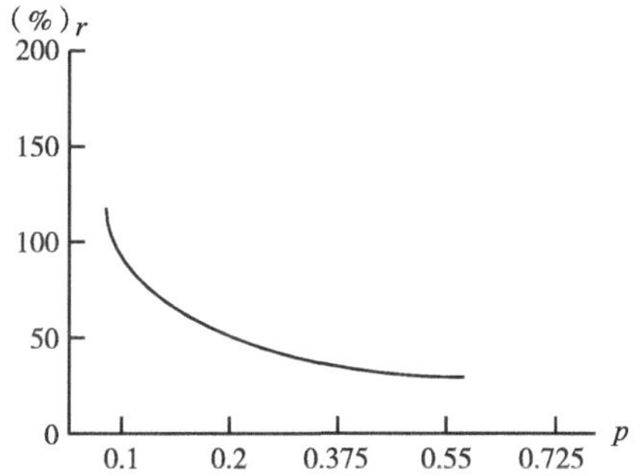

图 6-2 利率与产品销售状况间的函数关系

为研究方便，引入“自然”方的概念，通过海萨尼方程式将不完全信息下银企双方间的博弈转换为动态的不完美信息下银企双方间的博弈。即：首先商业银行 B 会以利率 r 向公司 A 提供一笔 1 年期贷款 I，由于银企双方间信息的不对称性，商业银行 B 并不了解公司 A 下一年度的产品销售状况，故商业银行 B 的决策点可能会处于同一信息集合中，但是公司 A 却什么了解自己产品的销售状况，此时 A 的每个决策点则均处于不同信息集合中。如果在博弈中，贷款被拒，则该博弈终止，A 与 B 均无损失。若贷款申请被接受，则就需引入“自然”这一第三方对 A、B 双方的支付函数进行综合判断。故信息不对称下市场上银企双方间的风险定价博弈树如图 6-3 所示。

3. 风险定价过程中银企间的多方博弈

实际业务运营中，往往会出现多家银行争取一个优质客户、多个客户争取一家银行贷款或一个客户争取多家银行贷款的多方博弈。假设市场上有多家商业银行，并且有多家贷款客户。同时假设贷款客户 i 出于自身利益最大化的考虑，一般会事先设定一个最高的贷款底线利率 $r^*(p)$，且选择能提供最低贷款

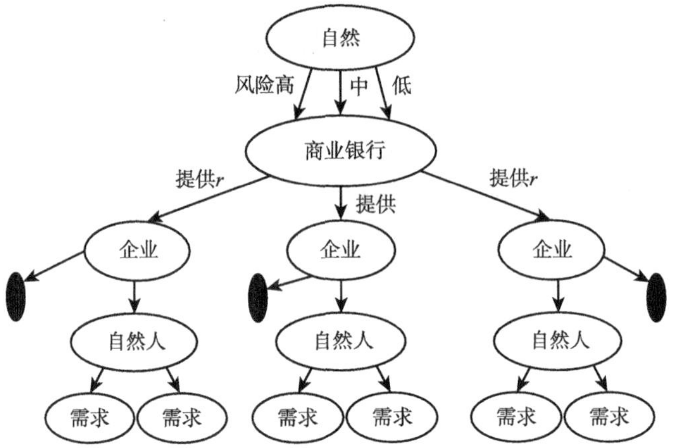

图 6－3　信息不对称情况下银企双方的博弈决策树

利率的银行进行贷款。故商业银行只能通过提供最低利率水平的贷款来吸引优质客户，而一旦有银行率先降低利率，就会吸引大批优质客户蜂拥而至，同时也会引起其他银行竞相下调贷款利率，市场陷入竞相下调利率的恶性竞争，直至多家银行均选择同样的贷款利率水平 r_d^*，最终实现多家银行平分市场上的优质客户资源，并在 $r_d^* = r^*(p)$ 时达到博弈均衡。

同样，储蓄市场上亦是如此。在储蓄市场上，储户出于自身利益最大化的考虑，也会选择能提供较高存款利率的银行进行存款，储户一般也会事先设定一个最低的存款底线利率 r_c^*，且选择能提供最高存款利率的银行进行储蓄。故商业银行只能通过提供最高的存款利率水平来吸引优质客户，而一旦有银行率先提高存款利率，就会吸引大批优质客户蜂拥而至，同时也会引起其他银行竞相上调存款利率，储蓄市场陷入竞相上调存款利率的恶性竞争，直至多家银行均选择同样的存款利率水平 r_c，最终实现多家银行平分储蓄市场上的优质客户资源，并在 $r_c = r_c^*$ 时达到博弈均衡。银企多方的博弈过程如图 6－4 所示。

在该博弈中，商业银行通常会通过提供更高的存款利率揽储，同时为获得较高收益，就不得不提高贷款利率，贷款利率的提高又将市场上的部分优质客户挤出市场，最后只能通过吸引那些风险等级较差的客户进行资金借贷，这势必会造成市场上违约率的快速提升；随后商业银行出于平衡考虑，又不得不降低储蓄市场上的存款利率，存款利率的降低又会削减存款资金的规模，致使商

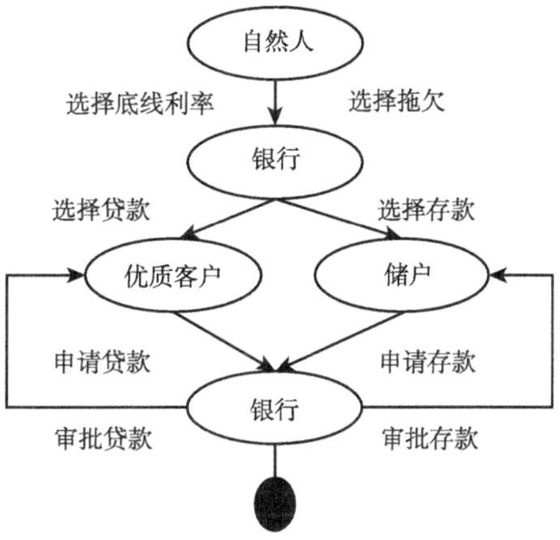

图6-4 银企多方的博弈决策树

业银行在其业务运营中陷入“高息揽储——提高贷款利率——贷款市场违约率攀升——降低储蓄利率——储蓄规模下降——再次高息揽储”的恶性循环。而且由贝特兰德博弈可知：只有当商业银行的期望利润为零时才有可能实现与储蓄市场的均衡，但这又不是商业银行所期望得到的，因此银企间的博弈必将长期处于恶性循环之中，风险也必将长期存在，危机也必将随时可能爆发。

第二节 金融科技背景下改进商业银行SDAE风险降噪评估模型

一、风险定价的影响因素分析

（一）违约概率的确定

通常，市场上的风险定价分析时更多会考虑违约率、违约损失率及回收率等指标变量。

关于违约率，更多是根据《新巴塞尔资本协议》进行相关界定。所谓违约主要指债务人不能在规定期限内按时、足额偿还贷款本金、利息及相关手续费，也就是通常所说的欠贷欠息。一般如下几种状况视为违约：贷款人不能按期偿还贷款，银行被动延期一次或借新债还旧债两次，视为违约；贷款人存在证垫款、商业银行票据逾期未付等情况视为违约；债务人存在已申请的企业破产或存在债务重组，无力偿还贷款的情况视为违约；债务人申请贷款本金、利息及手续费等的减免视为违约。

关于违约率的计算，目前主要有按违约客户户数、按违约贷款笔数、按违约贷款金额等几大类计算方法。如：按违约客户户数计算的方法更多反映了违约客户的数量比重，主要通过 $某信用等级违约率(i) = \frac{本期内贷款违约户数}{本期初贷款企业总户数} \times 100\%$ 进行计算；按违约贷款笔数计算的方法更多反映了贷款违约的次数比重即违约频率，主要通过某信用等级违约率（ii）$= \frac{本期内贷款违约笔数}{本期初贷款总笔数} \times 100\%$ 进行计算；而按违约贷款金额计算的方法则更多反映了违约贷款的金额比重，主要通过 $某信用等级违约率(iii) = \frac{本期内贷款违约金额}{本期初贷款总金额} \times 100\%$ 进行计算。

同时关于违约损失率 LGD（Loss Given Default）则更多是研究由于贷款客户违约所造成的资金的损失程度。一般情况下，$LGD = \frac{违约损失额}{风险暴露}$，同时也满足“违约损失率 =1 – 回收率”的基本要求。

而且，为运算简便，在确定损失率时，可假设资金市场上只存在高风险与低风险两类贷款客户，通常用 $\mu_j,(j = 1,2)$ 表示，其中 $\mu_1 < \mu_2$；同时假设这两类贷款客户非条件违约的概率分别为 $\bar{p}_1,\bar{p}_2$。而且假定随机变量 x_i 满足 $x_i \sim N(\mu_i,1)$ 非条件分布，所以第 j 类贷款客户的非条件违约概率即为：

$$\bar{p}_j = Pr(\mu_j + \sqrt{\rho z} + \sqrt{1-\rho\varepsilon_i} > 0) = \varphi(\mu_j) \tag{6-8}$$

其中，$\phi(\cdot)$ 表示标准正态分布随机变量函数。因为 $\mu_1 < \mu_2$，故有：$\bar{p}_1 < \bar{p}_2$。

同时，随机变量 x_i 关于系统风险因子 z 的条件分布是 $x_i \sim N(\mu_i + \sqrt{\rho z},1-\rho)$，故第 j 类借款人的条件违约概率即为：

$$p_j(z) = Pr(\mu_j + \sqrt{\rho z} + \sqrt{1-\rho\varepsilon_i} > 0) = \phi\left(\frac{\phi^{-1}(\bar{p}_j + \sqrt{\rho z})}{\sqrt{1-\rho}}\right) \tag{6-9}$$

其中：$\phi^{-1}(\bar{p}_j)$ 是 $\bar{p}_j = Pr(\mu_j + \sqrt{\rho z} + \sqrt{1-\rho\varepsilon_i} > 0) = \phi(\mu_j)$ 的反函数。

（二）商业银行的目标函数

通常，业务运营中商业银行的终极目标是要实现净现值的最大化目标。而该最大化目标的实现是可以通过向贷款客户收取一定的贷款利息来实现的，如：

$$\pi(z) = \gamma[(1 - p_1(z))(1 + r_1) + p_1(z)(1 - \lambda)] + (1 - \gamma)[1 - p_2(z)(1 + r_2) + p_2(z)(1 - \lambda)] - (1 - k) \quad (6-10)$$

其中：$\pi(z)$ 表示业务运营中商业银行的净资产收益，$p_1(z)$ 和 $p_2(z)$ 则分别表示低风险与高风险贷款客户的违约概率，而 r_1、r_2 则分别表示低风险与高风险贷款客户的贷款利率，$\gamma(\gamma \in (0,\ 1))$ 则表示低风险贷款客户所占的比例，那么 $(1-\gamma)$ 为就为高风险贷款客户所在的比例，而 k 则表示商业银行自由资本的比例，λ 则为业务运营中资金顺利回收时商业银行的收益，而 $(1-\lambda)$ 则为业务运营中出现违约时商业银行的损失。

业务运营中商业银行的最大化期望收益为：

$$V = \frac{1}{1 + \delta}E[\max\{\pi(z),0\}] - k = \frac{1}{1 + \delta}\int_{-\infty}^{\hat{z}} \pi(z)d\phi(z) - k \quad (6-11)$$

其中，$\hat{z}$ 表示 $\pi(z) = 0$ 时，z 的临界值。

进一步对式 6－11 左右两边取关于 k 的偏导，可得：$\frac{\vartheta V}{\vartheta k} = \frac{\phi(\hat{z})}{1 + \delta} - 1 < 0$

(6－12)

由式（6－12）不难看出：在没有资本管控的情况下，商业银行会尽可能减少自有资本 k 的比重以实现期望收益的最大化效应。因此，k 是商业银行管控部门长期关注的一个重要指标，管控部门应时刻关注商业银行所持有的最低资本要求。

二、商业银行风险定价的传统模型

传统的风险定价模型主要包括成本导向型、市场导向型及客户导向型等几大类型，例如 KMV 定价模型、Turnbull 定价模型及 Repullo R. & Suarez J 定价模型等几个具体定价模型。传统的风险定价模型是基于历史数据的定价分析，更多反映市场上的历史数据，缺乏动态的对未来状态的评估与评判，某种程度上忽略了风险定价的未来效应。故建立高效、有质量的风险定价模型应是商业银行在风险定价评估过程中亟待解决的问题之一。

（一）KMV 定价模型在风险定价领域的应用

1. KMV 定价模型

该模型是 1984 年 KMV 公司在 Black 期权定价理论基础上建立起来的定价方法。该方法主要是利用 Merton 类模型，将商业银行的资金视为卖方期权，依托对贷款客户违约概率及资金市场价值的预测，进而推导出来的风险状况。

依据分析，可假定贷款客户是一个具有一定资产、并且可持续经营的实体经济。同时假定：V_v 为贷款客户总资产的市场价值，STD 为贷款企业流动性负债的市场价值，而 V_E 则代表各股东权益的市场价值，V_L 则代表贷款企业短期负债的市场价值，LTD 代则表贷款企业长期负债的市场价值；而且，可假定：T 为贷款客户的短期期限，则此时其贷款面值即为 V_L^T，T 时刻流动性负债的偿还额即为 STD_T。同时，可假定在偿还权的安排上，其各类负债的优先性顺序如下：流动性负债 > 短期负债 > 长期负债 > 股权。则有：

$$V_v = STD + V_t + LTD + V_E \quad (6-13)$$

同时，贷款客户的总资产价值满足 $dV_V = \mu_V V_V dt + \sigma_V V_V dW_t$ 的扩散分布函数，其中：μ_V 表示贷款客户的总资产价值，σ_V 为 μ_V 的标准差，F 则代表 T 期限内所有收益在 0 时刻的贴现支付值，此时贷款客户的资产价值为 A。则：当 $t>0$ 时贷款客户的总资产价值服从对数正态分布。

$$均值为：E(\log V_V(t) \mid V_V(0) = A) = \log(A - F) + \mu_V t - \frac{1}{2}\sigma_V^2 t \quad (6-14)$$

$$方差为：\sigma_V^2 t = Var(\log V_V(t) \mid V_V(0) = A) \quad (6-15)$$

同时，有贷款的价值 V_L 满足：

$$\frac{\vartheta V_L}{\vartheta t} + rV_V \frac{\vartheta V_L}{\vartheta V_V} + \frac{1}{2}\sigma_V^2 V_V^2 \frac{\vartheta^2 V_L}{\vartheta V_V^2} - rV_L = 0 \quad (6-16)$$

其中：r 为无风险利率，边界条件为 $V_L(T) = V_L^T - LGD$，则在贷款到期日时其资产价格满足：

$$V_L(T)=\begin{cases}V_L^T\cdots\cdots\cdots\cdots if\cdots V_L^T+STD_T\leqslant V_V(T)\\ V_V(T)-STD_T\cdots\cdots if\cdots STD_T\leqslant V_T(T)<V_L^T+STD_T\\ 0\cdots\cdots\cdots\cdots if\cdots V_V(T)<STD_T\end{cases}\quad(6-17)$$

结合式（6－16）和式（6－17），可得：$V_L=(V_L^T-R)e^{-rT}$　　(6－18)

其中：

$$R=(V_L^T+STD_T)N\left\{\frac{\log(V_L^T+STD_T)-\log(A-F)-rT+\frac{1}{2}\sigma_V^2T}{\sigma_V\sqrt{T}}\right\}$$

$$-STD_TN\left\{\frac{\log STD_T-\log(A-F)-rT+\frac{1}{2}\sigma_V^2T}{\sigma_V\sqrt{T}}\right\}$$

$$-(A-F)e^{rT}N\left\{\frac{\log(V_L^T+STD_T)-\log(A-F)-rT-\frac{1}{2}\sigma_V^2T}{\sigma_V\sqrt{T}}\right\}$$

$$+(A-F)e^{rT}N\left\{\frac{\log STD_T-\log(A-F)-rT-\frac{1}{2}\sigma_V^2T}{\sigma_V\sqrt{T}}\right\}$$

通常，风险中性下，则有$\mu=r$，其中r为无风险利率，此时预期损失$EL=R$。则，当业务运营中贷款利率为i时，有：

$$V_L=V_L^Te^{-rT},\quad(6-19)$$

$$i=r-\frac{1}{T}\log\left(1-\frac{R}{V_L^T}\right)\quad(6-20)$$

即：此时，贷款客户的贷款利率应在市场无风险利率的基础上加上一定的风险补偿，其中风险补偿为$-\frac{1}{T}\log\left(1-\frac{R}{V_L^T}\right)$。

2. 贷款的违约概率和违约损失

业务运营中，若到期日T时有$V_V(T)\leqslant V_L^T+STD_T$（$V_V(T)$为贷款客户的资产价值，$V_L^T$为贷款客户的贷款利息，$STD_T$为贷款客户应支付的短期负债），则贷款客户就可能会发生违约，则此时其违约概率可表示为：

$$p=p[\log V_V(T)<\log(V_L^T+STD_T)\mid V_V(0)=A]$$

$$=N\left\{\frac{\log(V_L^T+STD_T-\log(A-F)-\mu_VT+\frac{1}{2}\sigma_V^2T)}{\sigma_V\sqrt{T}}\right\}\quad(6-21)$$

其中 N(·) 服从正态分布函数，而且此时贷款客户的违约损失为：

$$V_L LGD = \begin{cases} V_L^T \cdots\cdots\cdots\cdots\cdots\cdots if \cdots V_V(T) < STD_T \\ V_L^T + STD_T - V_V(T) \cdots\cdots if \cdots STD_T \leqslant V_T(T) < V_L^T + STD_T \\ 0 \cdots\cdots\cdots\cdots\cdots\cdots if \cdots V_V(T) \geqslant STD_T + V_L^T \end{cases} \tag{6-22}$$

该模型更多依托 Merton 的期权定价理论，尽管该模型在运用过程中取得了较大的进步，但其自身仍存在一些致命性缺陷。例如：该模型对部分收益类、成本类的现金流指标考虑不周；同时，该模型中变量指标的价值更多地体现在市场价值，故只能是那些上市银行可适用该模型，适用范围受到一定限制。

（二）Repullo R. & Suarez J 定价模型在风险定价领域的应用

该模型是在巴塞尔协议 II “实现对风险更显著、更敏感资本要求”的基础上，展开对完全竞争市场上各贷款客户资产风险定价问题的研究。该模型假定：通常函数是一个单因子函数模型，且商业银行均是风险中性的投资者，此时可假设时间 $t = 0,1$ 时分别表示贷款客户的贷款日和到期日，该笔资金的风险因子为 z，且服从 $N(0,1)$ 正态分布。假设贷款客户 i 在 $t = 0$ 时刻可得到 1 单位资金，那么到 $t = 1$ 到期日时，若投资成功则商业银行可得到 $1 + a$ 的利益，反之则商业银行只能回收 $1 - LGD$ 的资本。

1. 违约概率的确定

该模型更多考察低风险与高风险两大类贷款客户的违约情况，可假设参数 $j = l,h$ 分别表示低风险类贷款客户和高风险类贷款客户，则：处于 j 类风险等级贷款客户的无条件违约概率为：

$$\bar{p}_j = p(\beta_j + \sqrt{\rho}z + \sqrt{1-\rho}\varepsilon_i > 0) = N(\beta_j) \tag{6-23}$$

此时处于 j 类风险等级贷款客户的条件违约概率为：

$$p_j(z) = p(\beta_j + \sqrt{\rho}z + \sqrt{1-\rho}\varepsilon_i > 0 | z) = N\left\{\frac{N^{-1}(\bar{p}_j) + \sqrt{\rho}z}{\sqrt{1-\rho}}\right\} \tag{6-24}$$

同时，假设 $p_j = p_j(z)$ 表示风险等级为 j 的贷款客户的违约概率，则：$p_j(z)$ 的累积分布函数为：

$$F_j(p_j) = p(p_j(z) \leqslant p_j) = N\left\{\frac{\sqrt{1-\rho}N^{-1}(p_j) - N^{-1}(\bar{p}_j)}{\sqrt{\rho}}\right\} \quad (6-25)$$

其中：参数 ρ 表示贷款客户的违约概率相对于风险因子 z 的系数。

2. 净收益的确定

假设商业银行在这一过程中可实现预期 δ 收益，且 $t=0$ 时可将贷款 $\zeta \in [0,1]$ 的部分资金以 r_l 的贷款利率分配给低风险贷款客户，部分资金以 r_h 的贷款利率分配给高风险贷款客户，此时当风险等级 $j=l$，h 的项目投资成功时，商业银行可得到收益 $1+r_j$；当项目投资失败时，只能回收 $1-LGD$ 的资金。而且，可假定 k 为股东权益，则：当 $t=1$ 时，商业银行可得到收益：

$$\pi(z) = \zeta[(1-p_l(z))\times(1+r_l)+p_l(z)\times(1-LGD)]+(1-\zeta)[(1-p_h(z))\times(1+r_h)+p_h(z)\times(1-LGD)]-(1-k) \quad (6-26)$$

则可知：净收益的最大化过程为：

$$V_L = -k + \frac{1}{1+\delta}E[\max\{\pi(z),0\}] = -k + \frac{1}{1+\delta}\int_{-\infty}^{\hat{z}} \pi(z)dN(z) \quad (6-27)$$

其中，$\hat{z}$ 表示 $\pi(z)=0$ 时的 z 值。

3. 最低资本要求的确定

同时该模型也认为：商业银行在业务运营中，自有资本应大于业务运营中由于违约所造成的各类损失，也就是说：商业银行的最低资本 k_j 应满足：

$$k_j \geqslant LGD \times p_j(z_a) = LGD \times N\left\{\frac{N^{-1}(\bar{p}_j) + \sqrt{\rho}z}{\sqrt{1-\rho}}\right\} \quad (6-28)$$

其中：a 代表置信水平，z_a 表示风险因子 z 分布的 a 分位数。

4. 盈亏平衡条件下贷款利率的确定

在该模型中，由于未将资金的各项管理成本考虑在内，故由其贴现净值为 0 时的风险定价模型，所求得的 r_j 即为其盈亏平衡时的贷款利率，即：

$$V_L^j = -k + \frac{1}{1+\delta}\int_0^{\hat{p}_j}[k_j + r_j - p_j(LGD + r_j)]dF_j(p_j) = 0 \quad (6-29)$$

其中：$\hat{p}_j = \min\left\{\frac{k_j + r_j}{LGD + r_j}, 1\right\}$

虽然该模型考虑了业务运营中对商业银行最低资本 k 的要求，但该模型距离实际运用仍有较大差距。例如：该模型未能涉及分期偿还的问题，也未能涉及较复杂现金流的研究。同时，该模型未能涉及实际操作过程中各贷款客户等级变化、各客户间的违约传染效应等问题，也未能考虑贷款客户在违约风险及等级变化等方面的异质性问题。

（三）Turnbull 定价模型在风险定价领域的应用

该模型中：假设贷款客户的额度为 A，同时约定还款期限为 $T_1, T_2, \cdots, T_n$，并且该笔资金的收益现金流主要包括期初服务费 PV_{UF}、融资服务费 PV_{FF} 及承诺费 PV_{CF} 及贷款本金和利息等，并且这些项目均应进行折现，其中：

$$PV_{UF} = UF \times (1 - T_{税率})$$

$$PV_{FF} = A\sum_{j=1}^{n} F(Tj - T_{j-1})(1 - T_{税收})P_{DS}(0, T_j)$$

$$PV_{CF} = \sum_{j=1}^{n} AU(T_{j=1})CF(1 - T_{税收})(T_j - T_{j-1})P_{DS}(0, T_j)$$

其中，F 为贷款客户的年单位美元融资服务费，CF 为贷款客户的年单位美元未提贷款承诺费，$AU(T_{j-1})$ 为 T_{j-1} 时刻未提贷款额。则该笔资金税后总收入的现值为：

$$PV_{revenues} = PV_L + PV_{UF} + PV_{FF} + PV_{CF} \tag{6-30}$$

同时，该笔资金的成本现金流主要包括资金的成本、资金的税后经营费用及经济资本等的现值之和，其中：成本可表示为 PV_F，税后经营费用可表示为 $PV_{OH} = \sum_{j=1}^{n} OH(T_j)(1 - T_{税收})P(0, T_j)$，（$OH(T_1), OH(T_2), \cdots OH(T_n)$ 代表商业银行在各阶段资金的经营费用），而经济资本则可表示为各边际经济资本所产生成本的现值之和 $PV_{EC} = \sum_{j=0}^{n} EC(T_j)PV[r_j(T_{j+1} - T_j)T_{税收}1_{\{\varepsilon > T_j\}}]$）。

则，该笔贷款总成本的现值之和为：

$$PV_{cost} = PV_F + PV_{OH} + PV_{EC} \tag{6-31}$$

因此，该笔资金的贷款利率即为能使 $NPV = PV_{revenues} - PV_{cost} = 0$ 时的盈亏平衡点利率。

Turnbull 定价模型充分考虑了资金收益与成本现金流的情况，也简化了风险定价模型的复杂计算，但由于该模型在风险定价中未能有效考虑贷款客户的资本结构，故在具体运用中仍存在一定的缺陷。例如：未能有效测算违约率及资金回收率等具体指标，未能提供利率的具体计算方法，未能有效测算资金的管理及融资等各项经营成本，仅给出了资金风险定价的基本思路，尚无风险概率及利率的具体测算方法。

三、金融科技背景下构建商业银行风险 SDAE 评估模型

（一）构建 GAN 算法及模型

关于依托金融科技进行 GAN 算法流程及模型的改进，一般而言，GAN 算法倾向利用 GAN 网络结构进行少数类样本数据的生成，其工作原理主要是依托生成器网络结构与判别器网络结构构建生成模型和判别模型，并进而借助这两大模型输出经过二次加工伪造出的但却极为逼真的违约样本数据，从而依托该样本研究商业银行业务运营中的违约概率与风险损失。其具体步骤如下：

第一步：对生成器网络结构 G 与判别器网络结构 D 的网络参数进行初始化，并分别假定为 $G\theta_g$ 与 $D\theta_d$。

第二步：假定业务运营中违约样本为 N，则 N 就构成了 GAN 算法中的真实样本集合 $\{x^1,x^2,\cdots\cdots,x^N\}$；同时依托金融科技等技术，通过 GAN 算法随机生成 M 个噪声样本 Z（均从正态分布样本中采集），进而得到样本集合 $\{z^1,z^2,\cdots\cdots,z^M\}$，则此时噪声样本数量 M 即为生成的伪造样本数量，该样本数量往往要比真实样本 N 的数量大，即 $M\geqslant N$。此时可将 N 个真实样本与 M 个伪造样本合并在一起构成 T 个数据样本对，即：$\{(x^t,z^t),y^t\}_{t=1}^{N}$，则对于第 t 个样本对 (x^t,z^t) 而言，其所对应的输出 y^t 为 1、0 时，则表示判别真实样本为真的概率为 1，判别生成的伪造样本为真的概率为 0。

第三步：设定训练次数为 δ。

每次循环中应固定初始化生成器 G 训练判别器 D：噪声样本应通过初始化的生成器 G 来获得伪造样本集$\{\tilde{x}^1,\tilde{x}^2,\cdots\cdots,\tilde{x}^M\}$，即：$\tilde{x}^i=G(z^i)$。进而达到判别器 D 的学习目标函数：

$$\min:\tilde{V}=-\left\{\frac{1}{N}\sum_{i=1}^{n}\log D(x^i)+\frac{1}{m}\sum_{i=1}^{m}\log(1-D(\tilde{x}^i))\right\}\qquad(6-32)$$

并利用梯度下降更新 D 的参数 $D\theta_d$，得：

$$\theta_d \leftarrow \theta_d + \eta\Delta\tilde{V}(\theta_d) \tag{6-33}$$

每次循环中应固定判别器 D 进而训练初始化生成器 G。

对于 D 的学习目标函数为：

$$\max\tilde{V} = \frac{1}{m}\sum_{i=1}^{m}\log(D(G(Z^i))) \tag{6-34}$$

利用梯度下降更新 G 的参数 $G\theta_g$，得：

$$\theta_g \leftarrow \theta_g + \eta\Delta\tilde{V}(\theta_g) \tag{6-35}$$

第四步：达到收敛要求。

GAN 对抗网络算法通过生成器生成高质量的伪造样本，规避商业银行风险评估过程中样本数据不均衡问题，进而提升生成器网络结构的学习能力，提高样本数据的处理质量与效率。

（二）进行评估模型的降维、降噪处理

区块链、云计算及人工智能等金融科技手段有助于将商业银行业务运营中风险的部分高维、稀疏特征转换为低维、稠密的特征表达。

1. 传统评估方法的过拟合现象

传统风险评估中，通常会将与贷款客户相关的信息进行统一化处理，并构建画像的统一视图，该处理方法中，虽然一些高纬度、稀疏性强的信息数据有助于刻画贷款客户的画像，但同时也会出现特征选择困难、出现过拟合现象等问题。因为高维度信息的处理容易出现特征选择困难，进而增加数据计算与处理的复杂程度；而稀疏性强的信息数据的处理则容易造成过拟合问题，从而会引单个特征表达能力的减弱，进而影响数据的泛化能力。因此在模型建构过程中，所获数据应在保持原有信息稠密度的同时尽可能地降低数据的维度特征，或在保持原有维度特征的同时尽可能地增加信息的稠密度，因为维度越低、特征信息越稠密的数据信息越有利于特征的表达，越能使模型更具泛化能力。

2. 依托 AE 算法进行降维处理

充分依托金融科技的自编码 AE 算法对高维数据进行降维处理，特别是随着深层自编码网络概念的提出，更是使得深度学习训练成为可能。堆栈自编码

网络理论是金融科技有效运用于信息数据处理的时代产物，旨在进行降维处理的同时尽最大可能地保留原始信息，将一些高维、稀疏的原始信息特征转换为低维、稠密的信息特征表达，从而实现依托金融科技手段降低计算过程中复杂程度的目的，尽可能规避稀疏数据的表现力不足、模型过度拟合等问题。

通常，自编码网络结构是一个包含输入层、隐含层及输出层的对称网络，其处理过程大致如下：先对高维原始码进行降维处理，将原始码 x 进行解码降维重构为低维度的表达 z，进而将低维表达 z 重构到空间表达 x' 上，并对其进行优化，使其接近原始空间 x。

通过函数 $f_\theta(x)$ 编码反映到一个较低维度的空间表达 $z \in R^m$：

$$z = f_\theta(x) = \sigma(Wx + b) \tag{6-36}$$

其中：$\theta = \{W, b\}$ 为编码参数，W 为权值矩阵，b 为偏置项，而 σ 则为激活函数，那么此时整个解码过程即是将原始码 x 降维为低维度表达 z，进而将 $z \in R^m$ 重构为原输入 $x \in R^n$ 的近似表达式 $x' \in R^n$ 的过程，即：

$$x' = g_{\theta'}(z) = \sigma(W'x + b') \tag{6-37}$$

堆栈自编码网络结构，通常是以 AE 自编码为基础结构，先利用区块链、人工智能等金融科技手段将原始代码进行降维得到网络结构的第一个隐含层，进而在该层形成一个低维度的能存储原始空间信息数据的表达式，并将较高维度、较稠密的信息特征表达式进行提取整理。随后将这一隐含层再次作为输入层，进行第二个自编码器的学习，得到该堆栈自编码网络结构的第二个隐含层。如此反复，即可形成包含更深层次、更多信息数据的网络结构，如图 6-5 所示。

3. 进行降噪处理

依托堆栈自编码网络进行模型的降噪处理。商业银行风险的数据除了高维、稀疏的特点外，由于统计等方面的原因，也不可避免地会有一些错误、异常、缺失的数据，往往会给模型带来较多干扰，可能导致数据质量不高，带来数据多噪声的后果，故有必要引入降噪自编码网络模型缓解数据多噪声的缺陷。

模型具体算法的设计如下：首先训练将样本 $x \in R^n$ 进行系列随机转换 $q_D(x'/x)$ 进行腐蚀，转化为变量 x'，并将 x 作为白噪声进行腐蚀输入，将 x' 作为输出，进行自编码网络结构的学习训练，并运用梯度下降等方法反复迭代降

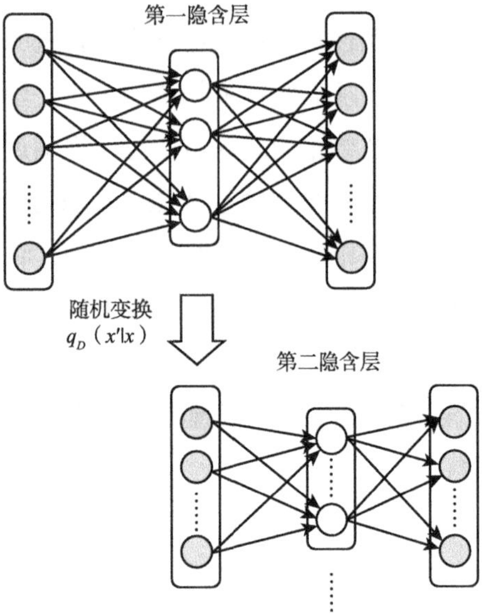

图 6-5　堆栈自编码结构形成

维，进而可求得 x'' 与原始数据 x 最为接近时的隐含层 y 为：

$$y = \operatorname{argmin}\left[\sum_{i=1}^{n}\frac{1}{n}\zeta(x_i, x''_i) + J_w\right] \tag{6-38}$$

其中 $x_i \in x, x''_i \in x''(i = 1,2,\cdots\cdots,n)$ 分别属于原始数据和重构特征所对应的影响因素，ζ 为均方误差，J_w 为防止产生过拟合所加入的约束项。其新的自编码重构过程如图 6-6 所示。

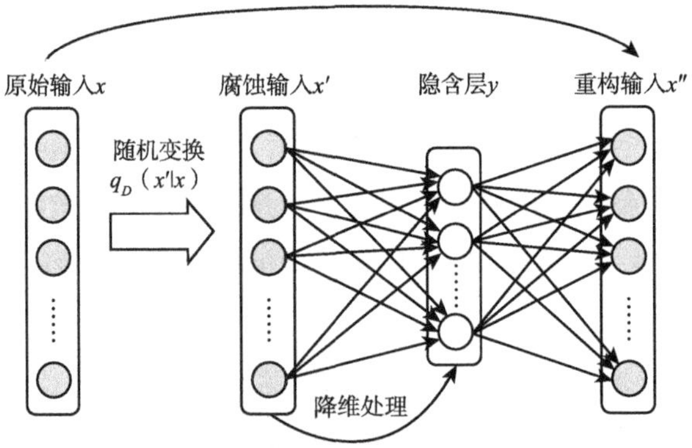

图 6-6　降噪自编码计算流程

第三节　依托 SDAE 模型评估商业银行业务转型中的风险

针对商业银行业务运营中信息数据具有的特征维度高、稀疏性强等特点，本部分提出依托区块链、云计算及人工智能等金融科技手段进行商业银行业务转型中风险的评估与预测研究，以解决传统评估模型的过拟合现象，进而提升业务转型中商业银行的风险评估与预测能力。

一、依托 SDAE 评估模型完善商业银行风险评估工作机制

依托 SDAE 评估模型构建商业银行风险评估机制是指：依托区块链、云计算及人工智能等金融科技手段构建 SDAE 风险评估模型，设计堆栈降噪自编码神经网络算法，并依托其信任博弈规制，构建商业银行风险安全阈值，分类别、分空间精准选取指标，对商业银行信息数据进行降维增稠处理，将高维、稀疏的数据特征转换为低维、稠密的特征表达，进而充分提取能表现客户风险特征的关键信息，规避风险评估模型的过拟合现象，提升业务转型中商业银行风险评估的准确性与针对性。

（一）构建商业银行数据采集、挖掘、应用及反馈机制

构建“大数据金融”工作机制，把发展大数据列入金融机构特别是商业银行的战略发展规划纲要之中，各金融机构均拉开了区块链、云计算及人工智能等金融科技发展和应用的新篇章。因此，建立大数据工作机制，构建大数据组织框架，搭建信息数据分类平台，构建商业银行的风险数据管理工作机制，就显得异常重要。应组建由银行高层领导主管并负责的大数据工作领导小组，调配资产资源，统筹协调风险信息数据平台；应构建专门的数据处理部门负责数据的具体处理，进而实现数据的具体统筹与应用；应实现业务部门数据上报、数据分析及数据运用等各项工作的具体推进，实现技术部门大数据技术分析、信息溯源追踪等信息处理效率的提升，进而健全商业银行数据采集、挖

掘、应用及反馈等工作机制，实现商业银行部门内部、部门间及与外部机构间的分工与配合。

（二）构建商业银行风险溯源标准及指标评价体系

构建“大数据金融”工作平台，采集、处理大数据，完善商业银行风险数据溯源标准、业务术语、指标体系构建标准等，依托商业银行大数据能力建设实现平台、数据库等大数据技术手段，完善数据挖掘模型，培养风险数据分析专业人才，做好商业银行风险测度与评估工作，依托区块链、人工智能等金融科技手段支持商业银行风险测度与溯源的战略转型。同时，建立、完善大数据处理流程，开发可视化数据管理工具，实现商业银行全生命周期可视化管理；积极扩大商业银行数据仓库信息资源，支持各级机构、各类人员自助数据查询，建立商业银行风险的结构化数据管理体系。不断丰富商业银行数据应用知识库，促进商业银行溯源追踪风险能力的稳步提升。

（三）完善商业银行风险测度与评价体系

依托大数据信息工作平台，围绕“客户、产品、风险、运营”四大智能项目，利用大数据算法、网络爬虫等金融科技手段，深入洞察客户需求、创新产品、拓宽客户渠道、降低运营成本，溯源、追踪商业银行过程中申请人在资金借贷、资金运用及资金偿还等各环节所留下的痕迹，建立商业银行风险测度与评价系统，建模、控流、限额等严控商业银行过程中各节点、各环节的风险，实现贷前、贷中及贷后等环节的风险溯源与测度，尽量规避风险的集聚，尽量避免风险从一个节点向另一个节点的传播。具体评级过程如图 6－7 所示。

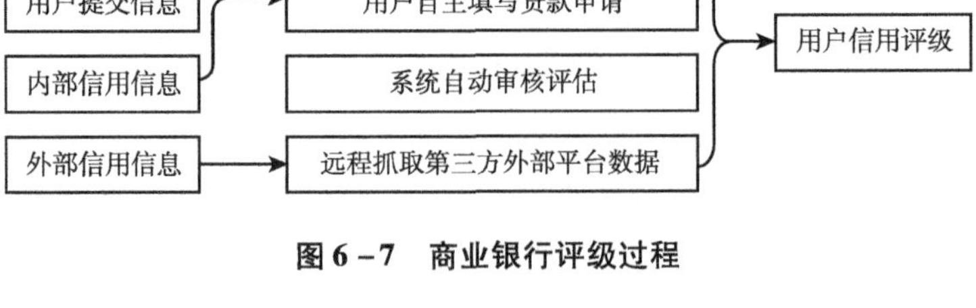

图 6－7　商业银行评级过程

二、依托 SDAE 模型评估商业银行风险

（一）依托堆栈自编码网络评估商业银行风险

依托堆栈自编码网络构建商业银行风险评估特征。通过堆栈自编码网络结构对商业银行风险评估的大数据特征进行嵌入式深度学习，依托深度学习评估模型对数据的空间向量信息进行高阶、有效选择，挖掘并表达数据的关键信息，进而提高数据的区间度。依托堆栈自编码网络构建商业银行风险评估特征，其实质仍是将高维、稀疏的数据集通过降维处理形成低维、稠密的数据集，将初始数据利用 AE 自编码器依次堆叠形成隐含层向量（$h_1,h_2,\cdots\cdots,h_i,\cdots\cdots,h_n$），形成堆叠自编码网络，进行端到端的深入学习。并且，通过将 SVM 分类器嵌入编码网络结构的末端，依次进行数据降维处理，通过将网络结构的最外层 h_n 再次进行输入进而实现 SVM 分类器模型的学习与调整，形成最终的风险评估模型。

依托堆栈自编码网络构建商业银行风险评估特征模型：首先，第一阶段可根据堆栈自编码网络结构对数据进行无监督预训练，将原始数据的高维、稀疏空间向量进行降维处理，并形成具有低维、稠密特征的空间向量；其次，通过在评估溯源模型中加入损失函数，微调网络结构参数，实现靠后隐含层中能包含更高级、更高阶的信息。依托堆栈自编码网络结构模型进行特征嵌入学习的过程如图 6－8 所示。

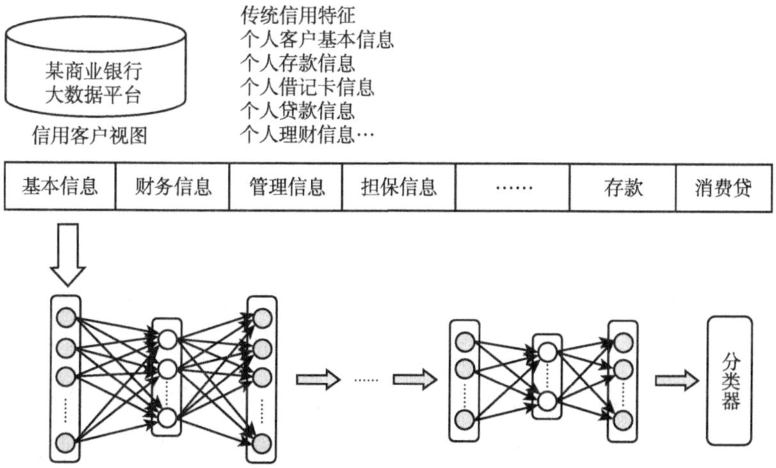

图 6－8　利用堆栈自编码网络结构对特征学习的过程

（二）依托堆栈自编码网络改善商业银行风险评估流程

依托商业银行数据平台，利用区块链、人工智能等科技手段，运用堆栈自编码网络模型构建风险评估特征具体算法，设计风险评估整体流程。

第一步：风险的评估预处理。依托区块链、人工智能等对原始数据进行采集、整合及转换等预处理，将高维、稀疏的特征向量 $[x_1, x_2, \cdots\cdots, x_n]$ 转化为低维、稠密的特征向量 $[x_{k+1}, x_{k+2}, \cdots\cdots, x_n]$，并融合特征向量 $[x_1, x_2, \cdots\cdots, x_n]$ 与 $[x_{k+1}, x_{k+2}, \cdots\cdots, x_n]$ 的信息特征，形成新的模型输入特征向量集 $X = [x_1, x_2, \cdots\cdots, x_n]$。

第二步：构建堆栈降噪自编码深层神经网络 SDAE 评估模型。依托新的模型输入特征向量集 $X = [x_1, x_2, \cdots\cdots, x_n]$，构建堆栈降噪自编码深层神经网络 SDAE。首先，依托 DAE 降噪自编码模型，通过对随机扰动项 $q_D(x'/x)$ 的转换，得到经过腐蚀后的输入项 x' 进而计算出深度网络模型的第一个隐含层 h_1。其次，通过将上一隐含层信息依次输入下一层级，进而构建神经网络结构 SDAE（见图 6－8）。最后，依托 SVM 模型及 BP 神经网络模型，运用梯度下降法对参数 w_i 和 b_i 进行反向调优，即：用梯度下降法调整 $[w_i, b_i](1 \leqslant i \leqslant N)$。

第三步：模型评估。依托 AE 算法及堆栈降噪 SDAE 评估模型进行商业银行风险模拟评估试验。

三、依托 SDAE 模型提升商业银行风险评估能力和效果

传统模式下，一些结构性数据可以通过传统的数据处理方法进行处理，而非结构化的数据则长期处于未处理阶段，也未能纳入风险评估与风险预测分析之中。区块链、人工智能等手段的引入可将非结构化的数据转化为可定量分析的信息，进而运用到相应的评估与决策分析之中，增强评估与预测的精准性。以区块链、云计算及人工智能等技术为手段，依托信任博弈规制，依托行 GAN 算法及自编码 AE 算法对一些高维、稀疏数据进行降维、增密处理，二次加工出逼真的违约样本数据，模拟评估商业银行业务运营中的真实违约概率与风险损失，尽可能规避稀疏数据的表现力不足、模型过度拟合等问题；进而构建风险安全阈值，分类别、分空间精准选取指标，构建模型从空间维度甄选商

业银行风险贡献度，调整业务关联度，调整风险指标，实现对商业银行风险的测度评估；针对商业银行数据具有维度高、稀疏性强的特点，设计堆栈降噪自编码神经网络算法，构建依托金融科技的风险评估模型框架，规避风险评估模型的过拟合现象，进而充分提取能表现贷款客户风险特征的关键信息，进一步提升业务运营中商业银行的风险评估与预测能力。

（一）提升商业银行风险评估精准性

在商业银行风险溯源与评估中，各商业银行应全面关注金融科技的发展趋势，与专业的机构进行高效率、高质量的交流合作，深入挖掘商业银行的一些诸如企业贷款金额、呆账坏账、不良贷款率等内部数据资源，同时也应将通讯、物流等各行业不同系统中相关客户的信息进行跨系统有效整合，形成更高效、更快速、更大容量的信息库，获取更为全面的信息资源，以便解决商业银行的信息“孤岛现象”，从而帮助商业银行风险管理层对客户进行综合评级，及时进行风险评估与预警，早发现、早预警、早防控风险。同时也应充分发挥区块链、云计算、人工智能及生物识别等技术手段的作用，提高商业银行风险测度与评估的精确度，提升 SDAE 降噪评估模型的敏感度，及时矫正商业银行风险参数，有效提升商业银行风险评级系统的评估与测度能力，积极完善风险授信、贷信及风险缓释制度，进而优化其风险测度与评估模型。同时，商业银行应顺应大环境发展潮流，积极引进区块链、人工智能等大数据处理工具和应用软件，对商业银行数据信息进行深入挖掘、有效处理，提取、发现商业银行风险变化的一些规律性指标，以推动商业银行风险管理工作取得实质性突破。

（二）提升商业银行风险评估时的特征表达

区块链、云计算、人工智能及大数据等金融科技手段的运用将有助于将业务转型中风险的部分高维、稀疏特征转换为低维、稠密的特征表达。传统的风险评估模型中，通常是将与贷款客户相关的信息进行统一化处理，并构建画像的统一视图，该处理方法中，一些高纬度、稀疏性强的信息数据有助于刻画贷款客户的画像，但同时也会出现特征选择困难、出现过拟合现象。因为高纬度信息的处理容易出现特征选择困难，进而增加数据计算与处理的复杂程度；而稀疏性强的信息数据的处理则容易造成过拟合问题，从而引发单个特征表达能力的减弱，并影响数据的泛化能力。因此在模型建构过程中，所获数据应在保持原有信息稠密度的同时尽可能地降低数据的维度特征，或在保持原有维度特征的同时尽可能增加信息的稠密度，因为维度越低、特征信息越稠密的数据信息越有利于特征的表达，越能使模型更具泛化能力。

（三）降低商业银行风险评估时的过度拟合现象

应充分依托区块链、云计算及人工智能等手段的自编码算法对高维数据进行降维处理，特别是随着深层自编码网络概念的提出，更使得依托金融科技手段进行深度学习训练成为可能。堆栈自编码网络理论即是区块链、云计算及人工智能等手段有效运用于信息数据处理的时代产物，旨在进行降维处理的同时尽最大可能地保留原始信息，将一些高维、稀疏的原始信息特征转换为低维、稠密的信息特征表达，依托区块链、人工智能等手段降低风险计算与评估的复杂程度，进而尽可能规避高维、稀疏数据表现力不足、模型过度拟合等问题。

第四节　本章小结

本章主要研究银企双方在风险定价上的博弈过程及传统风险定价评估过程中存在的违约信息样本失真问题、依托区块链、人工智能等金融科技手段重构商业银行风险 SDAE 降噪评估模型及依托 SDAE 降噪评估模型对商业银行风险进行精准评估等内容。从银企双方博弈的基本原理出发，分析商业银行传统风险定价评估中的双方博弈困境，分析博弈中存在的信息失真、数据不均衡等问题；提出基于区块链、云计算及人工智能等手段完善商业银行风险评估模型，实现金融科技与传统风险定价评估的融合发展；建立依托区块链、人工智能等技术手段分类整理风险信息数据，模拟样本数据的 GAN 生成算法，构建堆栈自编码 SDAE 降噪评估模型，解决商业银行风险评估中的数据不平衡问题，将商业银行风险数据的高维、稀疏的大数据特征转换为低维、稠密的特征表达，提升商业银行风险评估的精准度。

第七章　金融科技背景下完善商业银行业务转型的风险应对流程

通常经过风险识别与评估可确定商业银行风险有两种情况，一是项目风险超过了商业银行或贷款客户可承担的风险水平，二是项目风险水平在可控或可接受的水平之内。本章依托金融科技手段，对不同情况提出了有针对性的应对措施。当项目风险远远超出可接收水平，即使付出很大努力仍难以完全规避损失时，应立即停止该项目，及时止损；而那部分虽然风险超出可接收范围、但通过采取相应措施能规避或减少风险损失的项目则需依托区块链、人工智能等金融科技新技术手段制定应对措施，通过一系列风险控制制度的实施将这些措施落实到位，从而尽可能地规避或减少损失。

第一节　商业银行风险应对的基本原理

风险应对措施及防控体系是将事后救援的观念转化为事前预防的理念，旨在尽可能减少损失和衍生灾害。一般而言，商业银行风险应对及防控系统属于事前监测的防控方式，倾向于运用风险应对及防控系统将商业银行所出现的一系列风险遏制在萌芽状态，该系统一般包括防控风险组织机构、防控操作工具、防控实施过程、防控应对措施等主要内容，包含风险防控范围的确定、风险信息的收集、风险信息的处理及应对措施库的构建等流程。当前商业银行在风险防控过程中更多是通过一系列传统手段对风险进行检测、评估及防范，将各种不确定性转化为确定性。以期将风险规避在最小范围内，然而随着区块链、云计算及人工智能等科技手段与金融业间的跨界耦合，传统的商业银行风险应对及防控体系由于存在信息共享机制不健全、指标体系设计不合理及风险处置手段简单粗糙等诸多问题，难以适应当前商业银行业务转型中进行风险应对与防控的实际需要。故依托现代信息技术运行的基本原理，构建商业银行风险应对及防控体系就显得异常重要。

一、SOM－PNN 映射神经网络预测原理

SOM－PNN 商业银行风险映射神经网络预测原理主要是依托耗散结构理论、系统理论及超循环理论等多学科理论知识，通过将 SOM 的映射处理网络原理及 PNN 概率神经网络原理引入商业银行风险的预测与防控中，所形成的一种新的研究商业银行风险的理论。

（一）SOM－PNN 映射神经网络预测模型的建立

该理论在 1984 年由芬兰学者 Kohonen. T 首次提出，通过研究信号在人大脑皮层神经元中映射的二维影像发现：大脑皮层中邻近神经元间通过相互作用、彼此竞争，形成了一个可以监测具体反应信号的检测器（Kohonen. T，1984）①。因此，借助 SOM 神经网络的自反馈特性及 PNN 概率神经网络的计算结果，构建商业银行风险应对及防控体系具有重要意义。商业银行风险防控的 SOM－PNN 映射神经网络模型结构图如图 7－1 所示，不难发现：SOM－PNN 自映射神经网络模型主要包括预处理、SOM 神经网络处理及后处理等三个阶段。

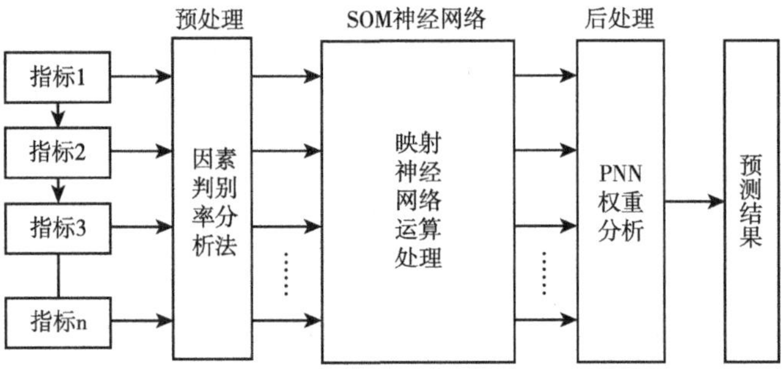

图 7－1　商业银行风险防控的 SOM－PNN 映射神经网络预测模型结构

① Kohonen T. Self－Organation and Associative Memory. Springer－Verlag，1984.

1. 预处理阶段

在预处理阶段，更多的工作是一些原始的财务指标数据输入预测模型，对这些原始数据进行标准差、均值、最大值及最小值等初步指标处理，并挑选出影响力比较大的指标，以提升模型预测的精准度。

2. SOM 神经网络处理阶段

在神经网络处理阶段，更多倾向于对未来的发展变化及趋势进行预测，此阶段是 SOM－PNN 自映射神经网络预测模型的核心阶段，同时该阶段主要通过数据输入、经过神经映射加工再次输出等步骤实现神经元信息的传递与连接。

3. 后处理阶段

该阶段的主要工作就是通过 PNN 网络分析模型以及权重分析法等技术的应用来实现对输出结果的总结与分析，从而筛选出对输出结果影响最大的指标，提高决策的准确性。

（二）SOM－PNN 映射神经网络预测模型的构建与训练

该模型主要有输入层和输出层构成，是一个二维的拓扑结构模型。其中：可假定在输入层有 x 个神经元，会对应输出 y 个经过加工的相关信息，则在两个层级中就会构成一个含有 X 行、Y 列矩阵的网络映射图。因此，可依托区块链、人工智能等金融科技手段，通过该映射神经网络预测模型将一些数据从输入层映射到输出空间，通过神经元系统自动实现对各类指标的识别，并且实现对各指标权重 W_j 的修正与完善，进而实现原始数据在输出空间的拓扑结构中得以保存。

1. SOM 训练方法

通常，各指标权重 W_j 的计算过程即为 SOM 训练方法的实现过程，具体训练步骤如下：

第一，对各指标权重 W_j 进行初始化处理。可假设 a 为输入层神经元与输出层神经元间的连接系数，且 $0 < a < 1$。

第二，在样本集中随机选择一个样本 X 作为输入 $X_k = \{X_{ik}, X_{i+1k}, \cdots, X_{nk}\}$，$k = 1,2,\cdots$。

第三，输出层向量 W_j 与输入层向量 $X(x_1, x_2, \cdots, x_n)$ 之间欧氏距离 d_{jk} 的计算：

$$d_{jk} = \sqrt{\sum_{i=1}^{n} [x_k(t) - w(t)]^2} \tag{7-1}$$

第四，最佳竞争的选择。

$$\begin{aligned} &\text{如果}: \min = d_{jk}; \\ &\text{则}: c = 1; \\ &\text{如果}: d_{jk} < \min \\ &\text{则}: \{\min = d_{jk}; c = j\} \end{aligned} \tag{7-2}$$

第五，协作过程 Nc 的选择。

第六，修正权值。

如果：$j \in Nc$

则：$W_{ij}(t+1) = W_{ij}(t) + n(t)[X_i(t) - ij(t)]$ (7-3)

或者：$W_{ij}(t+1) = W_{ij}(t)$ (7-4)

第七，当 N = n + 1 时可返回第二步，再次进行相关步骤直至形成有意义的映射图。

通过无数次的 SOM 计算后，原始数据可通过该模型中生成二维拓扑结构的矩阵映射图，而且从二维映射图中也可以看出每个点均有对应的数据，均可通过 $d_{jk} = \|X_k - W_j\| = \sqrt{\sum_{i=1}^{n} [x_k(t) - w(t)]^2} = 1, 2, \cdots, p$ (7-5) 进行识别与标注。

随后即可激活输出层中的各神经元指标，并进一步训练 SOM 神经网络，以期实现输入层向量 $X(x_1, x_2, \cdots, x_n)$ 与输出层向量 W_j 间欧氏距离 d_{jk} 的计算，进而实现对商业银行数据节点数据的选择与管控。其具体训练过程如图 7-2 所示，该图即为输出层的所有神经元指标被激活后的网络映射，其中方框对应的是违约数据，其余为良性偿付的相关数据。

2. PNN 分析

一般认为，概率神经网络 PNN 模型分析方法更多的是在自映射 SOM 训练的基础上，对样本数据风险状况的对比分析。在该分析方法中，首先应选择那些经过自映射 SOM 训练的向量数据作为样本，进而进行概率神经网络 PNN 训

22	22	22	10 27	27	27	19	19	7	9	5	4 28
5	4	4	22	17	18	7 34	22	22	6	27	17
12 25	18	7	8	0	5	5	4	8	1	22	22
18	1	33	27	28 33	19	7	$\boxed{41}$	9	5	5	5
28 31	1	1	38	2 23	25	23	33	27	19	7	$\boxed{41}$
9	5	5	15	31	31	15	35	8	23	33	27
6	8	21	7	3	35	$\boxed{41}$	8	9	21	21	$\boxed{41}$
11 15	15	15	24	35	23	$\boxed{42}$	33	$\boxed{32}$	27	6	7
30 32 66	$\boxed{41}$	14	$\boxed{41}$	$\boxed{40}$	$\boxed{54}$	$\boxed{53}$	8	21	21	21	35
38 37	$\boxed{68}$	35	$\boxed{48}$	$\boxed{62}$	$\boxed{70}$	$\boxed{52}$	$\boxed{59}$	8	$\boxed{39}$	$\boxed{57}$	8
45 53	$\boxed{41}$	16	14	14 44	24 48	$\boxed{53}$	3	$\boxed{49}$	$\boxed{49}$	$\boxed{62}$	$\boxed{52}$
12	55 $\boxed{71}$ 73	$\boxed{74}$	38 $\boxed{50}$ 58	$\boxed{52}$ $\boxed{58}$ 65	$\boxed{47}$ $\boxed{60}$ 69	$\boxed{57}$	8	$\boxed{42}$ $\boxed{51}$	8	$\boxed{66}$	$\boxed{61}$

图 7 – 2　输出层所有神经元被激活后的映射图

练；其次，应运用自映射神经网络 SOM – PNN 预测模型对相关样本数据进行分析与对比；最后，应结合分析结果，比较样本数据的风险状况。

二、基于灰色预测的商业银行风险评估原理

基于灰色预测的商业银行风险评估是在灰色预测理论的基础上，运用模糊数学和神经网络运用学的研究方法，对我国商业银行风险评估方法进行深入研究，以实现对贷款远期风险进行相关评估的目的。

（一）灰色预测警兆

通常风险应对及防控系统一般可分为黑、红、绿、白、黄等几个级别。其

中，黑色防控系统是最为直接、操作最为简便的一种方式，该系统无须借助其他防控信息，仅需依托一系列警情指标的时间变化进行分析；红色防控系统则更侧重对防控指标的定性分析，更多依靠从各影响因素及各种预警信息中捕捉警情；而绿色防控系统则更倾向于根据警情的发展变化对风险走势的预测，较多运用于农作物生长态势的预测与防控；白色防控系统则较为偏向从计量模型的视角对风险产生的警因进行评估；而黄色防控系统则更倾向于对管理过程中所出现的警兆的发展趋势进行预测与应对。

（二）灰色 GM(1，1）数列的预测方法

一般认为：当信息处于完全已知的状态时可以称之为白色系统，然而如果信息处于完全未知的状态中时则称之为黑色系统，介于两者之间的则为灰色系统。灰色预测是指通过灰色模型 GM(1，1)、GM(N，N）进行的预测，主要包括灰色数列预测、灾变预测、季节灾变预测、拓扑预测和系统预测等预测模式。

假设：原始数列为：$X^{(0)}=[X^{(0)}(1),X^{(0)}(2),X^{(0)}(3),\cdots,X^{(0)}(n)]$

则可以从 $X^{(0)}$ 数列中，选取连续数列：

$X_1^{(0)}=[X^{(0)}(2),X^{(0)}(3),\cdots,X^{(0)}(n)]$，

$X_2^{(0)}=[X^{(0)}(3),X^{(0)}(4),\cdots,X^{(0)}(n)]$，

……

$$X_{n-4}^{(0)}=[X^{(0)}(n-3),X^{(0)}(n-2),\cdots,X^{(0)}(n)] \tag{7-6}$$

则建立数列 GM(1，1）模型，其步骤为：

（1）对任意子数列 $X_i^{(0)}=[X^{(0)}(1),X^{(0)}(2),\cdots,X^{(0)}(n)]$ 做一次累计生成，有：

$$\{X_i^{(0)}\}\rightarrow\{X_i^{(1)}\}，则：X_i^{(1)}=[X^{(1)}(1),X^{(1)}(2),\cdots,X^{(1)}(n)] \tag{7-7}$$

其中：$X^{(1)}(t)=\sum_{k=1}^{t}X^{(0)}(k)$

$$（2）则有：矩阵 B=\begin{bmatrix} -\frac{X^{(0)}(2)+X^{(0)}(1)}{2} & 1 \\ -\frac{X^{(0)}(3)+X^{(0)}(2)}{2} & 1 \\ \cdots\cdots & \\ -\frac{X^{(0)}(n)+X^{(0)}(n-1)}{2} & 1 \end{bmatrix} \tag{7-8}$$

向量 $y_n = (X^{(0)}(2), X^{(0)}(3), \cdots\cdots X^{(0)}(n))$　(7-9)

(3) 则有：由最小二乘法可解得系数 $\hat{a} = (B^T B)^{-1} B^T \times y_n$　(7-10)

(4) 则可建立 GM(1, 1) 模型为：$\hat{X}(k+1) = (X^{(0)}(1) - ua)e^{-ak} + ua$　(7-11)

(5) 则将 $\hat{X}^{(1)}$ 还原为 $\hat{X}^{(0)}(k)$ 得：$\hat{X}^{(0)}(k) = (\hat{X}^{1}(k+1) - \hat{X}^{(1)}(k))$　(7-12)

(6) 则 $X^{(0)}(k)$ 与 $\hat{X}^{(0)}(k)$ 的相对误差为：$\varepsilon^{(0)} = X^{(0)} - \hat{X}^{(0)}$　(7-13)

$$E^{(0)} = \frac{\varepsilon^{(0)}}{X^{(0)}} \times 100\% \qquad (7-14)$$

故商业银行风险评估的精确与否关键在于所掌握的时间数据序列的动态变化规律和特征是否与系统未来发展趋势相接近。一般认为，在对近期或短期的业务进行评估时可选用 4～10 个子序列进行预测；而对中长期业务进行评估时则需要选择较长的子序列或母序列，这样预测出来的结果才会具有较高的精确度，预测工作也才会取得一定的成效。

第二节　金融科技背景下完善商业银行风险 GM(N, N) 应对流程

通常风险应对及防控过程中，各商业银行会建立专门的风险监测与应对系统，并运用到各业务的各个环节，实时掌握可能出现的每个风险，并将风险转化为有效信号传输到各相关部门，进而通过各部门的通力合作尽可能规避风险。总之，商业银行风险应对及防控体系是一个较为复杂、较为系统的过程，需要依托区块链、云计算及人工智能等一系列技术手段建立应对机制，系统分析贷前、贷中及贷后过程中可能出现的各种风险，甄别风险来源、判断风险波及范围、评估风险影响程度、预测风险可能的发展态势，并发出相应的风险预警信号，进而采取积极有效的应对措施，将各业务、各环节的各种风险可能性规避在最小化状态。

一、智慧中国视域下升级商业银行风险应对及防控流程

商业银行风险应对及防控是指通过对正常类授款客户的持续性贷后管控，及时发现贷款客户出现的可能会危及商业银行资产安全的防控标识，并尽早采取抢救措施以最大限度地减少损失的过程。

（一）商业银行风险应对及防控的基本环节

依托区块链、人工智能等金融科技手段重塑商业银行风险防控系统，主要指：在业务运营中，应依托区块链、人工智能等技术构建信息共享平台，对贷款客户的活动进行系统化动态监测，追踪贷款客户资金走向，加强资金日常管理及应急管理，及时发现并判别风险，进而依托新技术发出风险预警，并及时采取相应防控措施，以期实现商业银行风险管理的智能化与信息化。一般而言，商业银行风险评估体系的管控环节和流程主要包括以下四点：风险源的识别、风险的初步评估、风险的预警信号发布、分级建立启动阈值。

1. 风险源的识别环节

在《突发事件应对法》中对突发事件做出了如下分类：自然灾害、事故灾难、公共卫生事件、社会安全事件。[①] 当然，事故灾难中会包含一部分社会安全事件的成分，自然灾害事件也有可能会导致公共卫生事件的发生，每件事故的发生并不是绝对孤立的，对突发事件的分类也不是绝对的，分类中两两之间也会存在交叉现象，因此，通过对突发事件的分类分析可有助于从特征上了解风险事件，有助于快速准确识别风险源及风险种类。

2. 风险的初步评估环节

应对风险事件设置具体监测指标与参数，对风险事件的发生、发展及传导规律进行有效挖掘与总结，对风险进行规律性刻画和定量评估。应做好：①对风险事件的发生机理进行动态监测：在风险预警机制的建设中，应对风险事件的发生进行动态的监测，并对其发生原因进行合理判断，进而确定该风险是突

① 《中华人民共和国突发事件应对法》，2007 年 8 月 30 日由全国人大常委会、第二十九次会议通过。

发性的还是渐发性的。②对风险事件的发展进行理性估计：在风险预警机制建设中应对风险事件发展的机理进行理性估计，弄明白风险事件是在空间上扩展还是在强度上增强。③对风险事件的演化机理进行适当推测：在风险预警机制的建设中，应搞清楚已发生事件是否会导致其他事件的发生，它们之间有着怎样的联系。

3. 风险预警信号发布环节

随后若信息显示事件已达到了需要预警的程度时，就需要相关部门发出预警信号，并做好突发事件的应急准备。若没有达到需要预警的程度，则预警机制继续对事件的风险进行前两个阶段的管控。

4. 分级建立启动阈值环节

一旦风险事件达到了发布预警信号的程度，就要建立预警应急阈值，并随时启动预警机制。

通常，在对商业银行业务运营中的风险源进行有效识别与评估后，就应对相关指标进行分类处理，并根据风险事件风险程度的不同确定不同的应对方案，并在必要时启动相应的应急措施。风险预警机制的启动流程如图 7－3 所示。

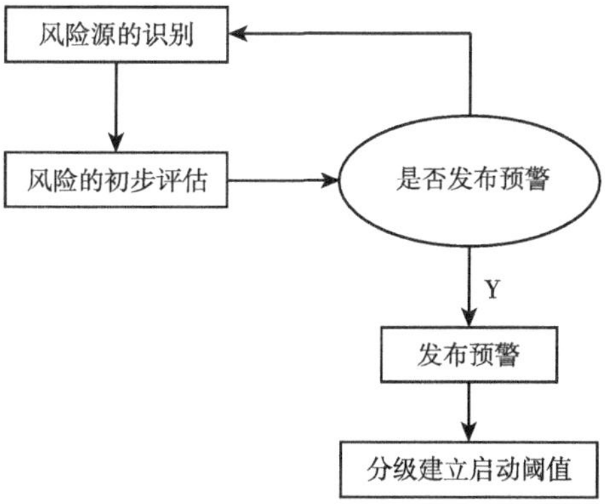

图 7－3　风险防控体系的启动流程

（二）商业银行风险应对及防控的流程

一般认为：应依托区块链、云计算及人工智能等区块链、人工智能等手段，完善并重塑商业银行的风险防控体系，依托共享数据平台建立健全风险防控、减持及主动退出活动等风险防控流程，以便对正常类授信客户进行动态的持续性管控，并及早发现贷款客户可能出现的危及商业银行资产安全的防控标识，最大程度减少损失。因此，我国商业银行风险的防控和退出机制必须高效、及时并具有保密性。其中：防控功能是指在对授信客户的状况经过预测分析后已发现风险、但在可预测的阶段内一般不会发生危及商业银行资产安全的风险状况，这时可以暂时不采取减持或退出行动，继续对其行为密切观察。减持功能应是在贷款客户的出现防控标识而且可能会一定程度地危及商业银行的资产安全、但又不能马上全部退出其资金时，应采取逐步退出的减持机制。而主动退出则是指在贷款客户的已严重危及我国商业银行资产安全时，应尽早采取抢救措施，并争取全面退出其资金，尽可能减小损失。我国商业银行风险防控流程如图 7－4 所示。

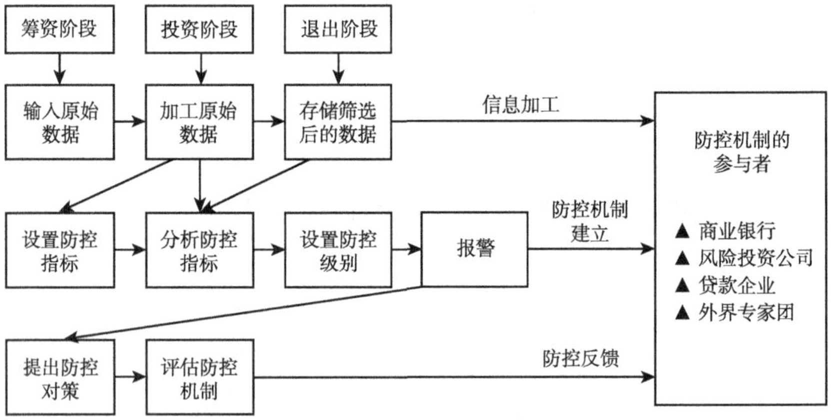

图 7－4　我国商业银行风险的防控流程

当然，凡是可能会影响贷款客户经营状况的不利因素以及所有可能会危及商业银行资产安全的防控标识都应纳入我国商业银行的风险防控管控流程之中，都应适时进行动态管控。一旦发现贷款客户出现防控标识的苗头，而又没有有效的化解措施，均应及时积极地采取减持或主动退出措施。

二、金融科技背景下升级商业银行风险应对及防控机制

（一）依托金融科技健全风险防控组织结构

通常，应借助区块链、云计算及人工智能等技术手段，依托 SOM－PNN

自映射神经网络预测原理，构建新技术条件下商业银行风险应对及防控体系，从而实现对风险的识别、溯源、评估、防控及应急处理。包括确定防控对象、收集信息、分析信息、输出信息及提出应对措施等五个单元内容，构建由管理指挥系统、职能操作系统、功能协调系统等功能在内的防控组织结构图，如图7－5所示。

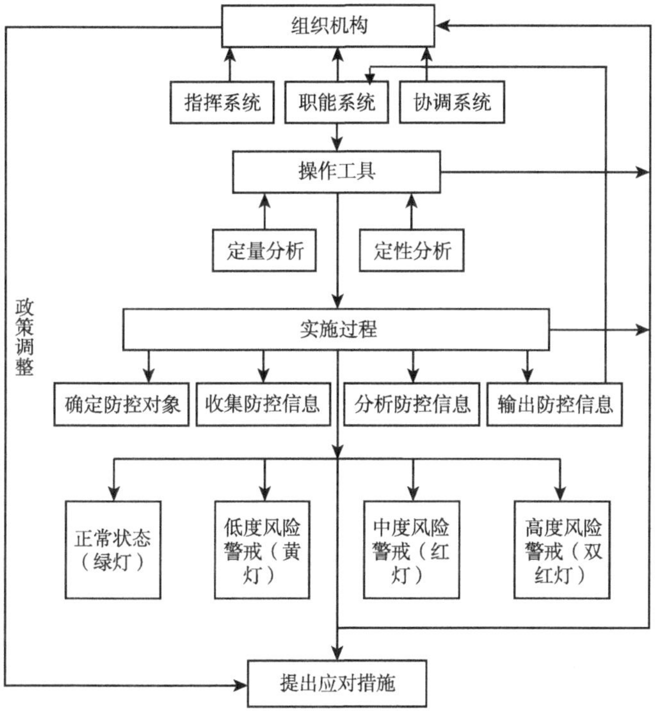

图7－5　金融科技背景下商业银行的风险防控组织结构

（二）依托金融科技输出风险防控信号

依托SOM－PNN自映射神经网络预测原理，运用区块链、人工智能等新技术，构建商业银行风险防控信号输出机制，其风险信号输出如图7－7中“亮灯”方式分类。通常，当风险处于正常状态时，会以亮绿灯的方式输出信号；当风险处于低风险状况时，会以亮黄灯的方式输出信号；而当风险处于中度风险状况时，则会亮起红灯；而一旦亮起了双红灯，则意味着风险已经达到了需高度警戒的状况。商业银行应根据输出的亮灯信号，客观、准确评估风险状况，并有针对地采取相应措施，保证银行的风险处于合理区间，并进而保障银行在业务运营中实现既定风险水平下的最大收益。

通常，风险防控信号输出可用图 7 –6 表示。其中：横轴 t 为时间项，纵轴 r 为对应的风险状态。通过该图可看出，防控信号的输出是一个连续的信号波动趋势图，通过该图可对风险演变态势及风险程度进行较准确预测。

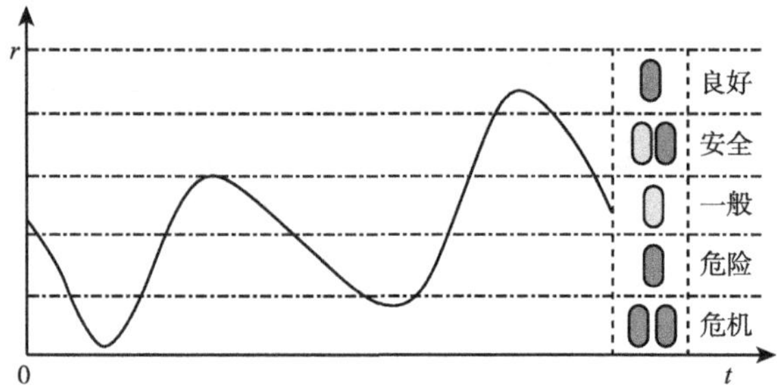

图 7 –6　商业银行风险的防控信号

（三）依托金融科技升级风险防控体系

通常，商业银行的风险防控系统主要包括防控分析与防控对策等具体内容板块。其中：风险防控分析主要是识别风险，识别风险违约信息、风险诱因分析、诊断风险因素并输出相关信息等几个环节；而风险防控对策则主要是采取控制风险的相关措施，包括风险应对管理、业务日常管理及紧急应急管理等具体措施，两者相辅相成，共同组建成应对管理系统，如图 7 –7 所示。

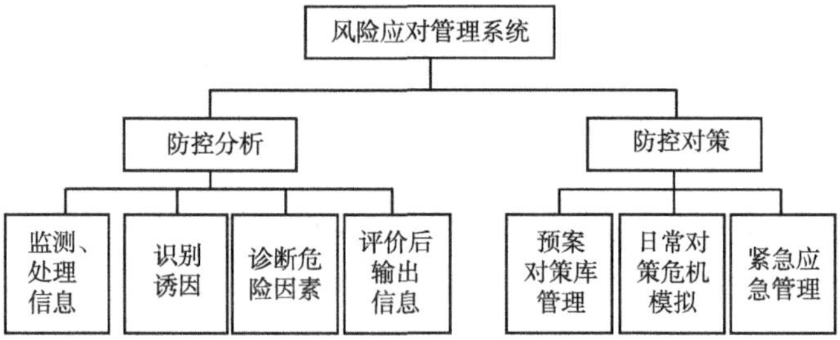

图 7 –7　风险应对管理系统

随着区块链、云计算及人工智能等科技手段迅速跨界耦合金融，原有的风险应对管理体系越来越难以适应当前的新环境，故应依托金融科技手段，重塑商业银行风险应对及防控的组织架构、操作工具、实施过程、防范措施等相关流程。

第一，重塑风险防控组织架构。通常风险防控组织架构是商业银行风险应对的神经中枢。风险防控的组织结构应具备管理指挥、职能操作、功能协调等功能。其中：管理指挥系统主要由商业银行的部门执行，其主要职能是对风险防控预案的制定及风险防控对象的选择；职能操作系统主要由风险稽查、风险管理、财务核算等职能部门负责，其主要职能是确保风险应对方案得以落实；而功能协调系统则主要是指由商业银行以外的公、检、法及工商、审计等相关部门执行，其主要职能是辅助商业银行机构将风险防控机制的执行落到实处。

第二，完善风险应对措施及防控工具。防控操作工具主要是指在商业银行业务转型中，对有可能产生的风险进行事前管控时所借助的一系列财务和非财务的考核指标。操作工具需要具备以下特点：一是防控操作工具要符合国际上通用的惯例；二是要符合商业银行业务的运作流程；三是防控操作工具要具备简便易操作的特征；四是各操作工具之间要有一定的关联度。因此，在确定我国商业银行的风险防控操作工具时，就需要充分考虑商业银行风险的特征，特别注意区块链、云计算及数字金融等金融科技手段的运用，以定量分析和定性分析相结合的方式来构建我国商业银行风险的应对措施及防控机制。

第三，重塑风险防控流程。依托区块链、人工智能等手段，构建商业银行信息共享平台，实时管控、追踪每笔资金，客观评价风险，及时溯源风险来源，并及时输出风险预警信号，进而采取相应的危机应急措施。同时，也应依托区块链、人工智能等新技术，指导业务转型中商业银行的自审自查，特别是一些常规与非常规检查、现场与非现场稽核等更应依托新技术、新手段实现风险的及时防控。而且，商业银行在风险的应对及防控管控过程中，也应建立严格的风险防控制度，并建立一支合格的风险防控队伍，以达到正确防控、及时应对的管控目的。

第四，及时采取风险防控及应急措施。重塑商业银行风险防控体系的最终目的是要实现对风险的防范与控制，故识别、溯源、评估风险之后最重要的一步就是及时采取有效措施处理商业银行业务转型过程中的风险，应依托区块链、云计算等新技术手段，对不同类型业务、不同类型银行组织的不同风险等级，采取对应的方法和防控措施，以实现对风险的高效防控与及时处理。

第三节　依托GM(N，N）流程应对商业银行业务转型中的风险

一、商业银行风险应对及防控指标的选取

（一）宏观层面的风险因素分析

宏观层面的影响因素通常包括宏观经济状况与宏观金融环境及国家金融政策、贷款客户运营效益等四大类指标。其中考虑到数据的可得性与量化的难易程度，本书选择GDP增长率、通货膨胀率、财政余额/GDP等几类指标来反映宏观经济状况，选用股市市值/GDP、固定投资增长率等指标来反映宏观金融环境的状况，选用存贷利差、货币化程度等指标来反映国际政策执行情况。

1. 宏观经济指标

该指标通过反应一国或一地区的经济发展状况来反映其对金融业资产运营健康状况的影响，进而反映宏观经济因素的变化与金融业特别是商业银行资产运营状况间的关联性。一般选取如下指标进行衡量：一是GDP增长率指标，尽管近年来各企业的直接融资取得了一定程度的发展，但相对于商业银行的融资而言仍微不足道，商业银行的资金仍占据了企业融资的绝大部分。故商业银行的资产状况更易受到宏观经济特别是GDP增长率指标的影响。而且从前文第一章表1－2、图1－1、图1－2中关于1997年至2021年GDP增长率指标与商业银行资产状况间的相关数据分析，也不难发现：GDP增长率指标与商业银行资产状况间存在极为密切的关联。因此，选取GDP增长率指标作为衡量商业银行风险防控的宏观经济指标变量具有重要意义。二是通货膨胀率指标，通货膨胀情况也是影响商业银行资产健康与否的关键指标之一。通常，高通货膨胀必然引起资产利率的大幅度波动，此时贷款客户也将面临利率大幅度波动的上行压力，违约概率可能会加大，一旦商业银行的政策出现失误必然会遭受巨大损失。三是财政余额/GDP指标。该指标往往是国家控制能力的一种体现，在我国部分商业银行可能会扮演“准财政”的角色，因而一旦出现财政

赤字，则一些商业银行的负担可能就会加重。特别是当经济下滑时，贷款客户难以如期归还借款，就必将使商业银行资本受到一定冲击，一些违约、呆账坏账等历史遗留问题就可能会迅速暴露，可能会使得商业银行遭受重创。

2. 金融市场环境指标

该类指标体系更多是考察商业银行活动的外部金融环境，通常选取股市市值/GDP、固定投资增长率等指标作为考察变量。一是股市市值/ GDP 指标。近年来，相对于商业银行市场而言，虽然直接融资市场融资规模并不是特别大，但其融资规模却呈不断上涨的趋势，其对市场的替代效应也在不断上涨，直接融资市场的不断发展在一定程度上也导致了商业银行业务的萎缩，对商业银行既定风险水平上追求收益最大化的经营目标提出了挑战。因此，通过对该指标的分析，可以考察我国资本市场的变化对商业银行资产规模和效率的影响程度。二是固定投资增长率指标。由于固定资产投资往往是数额大周期长的项目，很多社会资本不是特别愿意在该领域进行投资，故其资金大多数来源于商业银行，因此固定资产投资就与商业银行活动间存在较密切的相关性，该指标也就成为衡量商业银行风险的重要指标之一。

3. 国家金融政策指标

通常，商业银行在进行业务运行过程中，应考虑国家金融政策因素的变化所带来的一些不确定性，该类指标主要有存贷利差、货币化程度等。一是存贷利差指标。研究资料表明：通常利率的小幅上涨可能会导致部分企业 40% ~ 60% 债务出现无力偿还，而且实践经验也表明，存贷款利差这一指标能有效甄别商业银行业务运营中的风险状况，特别是在利率自由化的市场上，部分银行为获取最大化的经营利润，往往会通过高息揽存的形式吸收贷款进而为逐渐增加的贷款业务提供资金支撑，而揽储规模的不断增加又成为业务运营中更大风险水平的直接导火索，故国际上往往会选择存款利率、存贷利差等指标作为市场风险防控的重要指标。从表 7 - 1 这几个国家风险防控指标和替换防控指标体系不难看出，金融市场上的利率自由化政策在一定程度上加大了商业银行市场的风险水平。二是货币化程度指标。通常，该指标可用 M2/GDP 表示，当然这一指标也并不是越大越好，因为该指标的上涨一方面可能是因为金融体系的深入发展引起的，另一方面也可能是由于金融体系运行中风险的不断加大引发的。因为 M2 的增加可能是由于储户存款增加引起的，也可能是由于商业银行业务运营中不良贷款的增加而引起的。若是不良贷款增加造成了 M2 的增加，进而引起了货币化程度 M2/GDP 这一指标的变大，则说明金融市场的稳定及经济的健康发展可能会受到较大威胁，该指标的变大可能会引发经济运行中的某一环节的平衡遭到破坏，则可能会引起国家货币政策运行效率的低下，进而可能引发整个社会运营体系的崩溃乃至危机。故货币化程度这一指标应保持在一个合理范围内，才能保障商业银行市场至整个国家经济体系的稳定。

表 7－1　防控指标和替换防控指标体系

国别	墨西哥		委内瑞拉		哥伦比亚		泰国		韩国		马来西亚	
	A(%)	B	A(%)	B	A(%)	B	A(%)	B	A(%)	B	A(%)	B
传统指标												
资本充足率	7	0.35	31	1.13	14	0.52	30	0.66	8		37	0.9
股权价格变化	37	0.5	n. a	n. a	25	0.50						
净利润/收入	60	0.88	13	1.56	43	3.55	60	0.75	60	1.7	50	0.9
运营费用/资产	40	0.63	13	1.13	29	1.00	20	1.0	20	0.78	25	0.75
流动比率	7	0.36	13	1.00	29	1.00	50	0.60	56	1.8	60	0.5
替换指标												
存款利率	80	2.13	69	2.57	71	1.00	66	3.66	80	1.5	62	1.3
贷存利率差	73	3.52	62	0.79	n. a	n. a	83	1.14	93	3.3	88	1.1
贷款增长率	58	1.38	19	0.89	57	0.79	50	1.14	60	1.9	40	1.44
商业银行间债务	80	2.85	56	0.49	n. a	n. a						

注：A 为预测商业银行危机的精确度，等于在危机发生前即被发出准确信号的银行数占实际发生危机银行数的比例（%）；B 为“好信号”对“伪信号”的比例；

资料来源：BIS，WP/00/23。

另外，贷款客户的运营效益也是影响商业银行风险水平的一类重要指标。因为企业运营效益的高低直接影响到了贷款客户的偿还能力，例如贷款客户的资产负债率、资金利税率等指标会直接影响其偿还贷款的能力，进而影响商业银行的风险水平。

（二）商业银行微观层面的防控指标

商业银行微观层面的风险防控指标主要包括资本充足性指标、资产质量指标、管理水平指标、业务盈利能力指标及一些流动性指标等几大类。

例如资本充足性指标：该指标是国际上较为通用的用来表示商业银行业务能否健康运营的关键指标之一，通常可表示为 资本充足率 = 商业银行资本净额/加权风险资产总额 ×100%，该指标体现了商业银行承担风险及吸收损失的能力，故对商业银行风险防控体系的构建具有重要意义。再如资产质量指标：该指标的好坏直接影响着商业银行的盈利能力，因此提高商业银行的资产水平对于构建安全、稳定的风险防控体系具有重要作用。最近几年商业银行的资产受到了较为严峻的考验，不良贷款率居高不下，在商业银行风险防控体系的构建中应考虑资产质量类指标的影响。同时，商业银行自身化解风险的能力、商业银行业务的盈利能力及一些流动性指标均会对其风险防控体系的构建产生较大影响。

二、依托 GM(N，N) 应对商业银行风险

一般而言，一旦贷款企业在贷款到期时不能如期归还贷款，必将使商业银行资金难以及时收回，进而使得商业银行资金的安全性和盈利能力受到影响。因此，商业银行在对企业发放贷款时就必须进行综合评估以确保贷款风险降到最低。但随着外部环境以及贷款企业自身环境的变化，商业银行风险受到诸多不可控因素的影响，而这其中最主要的因素则莫过于反映借款者还债能力、现金流动性和企业借款等方面的因素。因此，为全面反映商业银行的风险状况，本书提出应建立完善的风险防范指标系统，通过定量与定性分析，对贷款风险进行综合评估，进而对商业银行的活动发出防控。一般情况下，这个指标体系的选取通常包括财务指标、非财务指标及 EVA 指标。

（一）财务指标体系

从财务角度出发，选取反映拨备覆盖率、授信集中度、不良贷款率、存贷款比例等作为备选变量对商业银行风险的防控指标进行分析，如表 7－2 所示。

表 7－2　　财务指标体系框架

一级指标	变量	二级指标
商业银行风险	X_1	拨备覆盖率
	X_2	单一客户授信集中度
	X_3	不良贷款率
	X_4	最大十家客户贷款比例
	X_5	人民币存贷款比例
	X_6	人民币流动比率
	X_7	资本充足率

（二）非财务指标体系

非财务指标主要包括宏观经济因素、行业环境、管理水平、企业经营风险和企业信誉等方面的指标。依据相关选取样本原则，主要选取金融科技未来趋势 X_8、金融科技背景下行业竞争激烈程度 X_9、国家政策环境 X_{10}、会计或报告方法的变动 X_{11}、出售或变卖固定资产情况 X_{12}、金融科技更新水平 X_{13}、是否能够及时提供准确报表 X_{14}、管理层对商业银行的态度 X_{15}、管理层自身素质和经验 X_{16}等 9 个非财务指标。参照中国建设商业银行有关非财务定性因素规定的标准①，运用层级分析法，其中，非财务指标的具体评分标准如表 7－3 所示。

表 7－3　　非财务指标的具体评分标准

	变量	指标名称	评价	计分方法
行业环境	X_8	金融科技发展的未来趋势	（1）优势（2）一般 （3）萎缩	（1）100 分（2）50 分 （3）0 分
	X_9	行业竞争激烈程度	（1）强（2）一般 （3）弱	（1）100 分（2）50 分 （3）0 分
宏观因素	X_{10}	国家政策环境	（1）好（2）较好 （3）一般（4）差	（1）100 分（2）60 分 （3）40 分（4）0 分

① 《中国建设银行客户信贷评级办法》，2006 年。

续表

	变量	指标名称	评价	计分方法
经营风险	X_{11}	会计或报告方法的变动	（1）几乎不（2）偶尔（3）经常	（1）100分（2）60分（3）0分
	X_{12}	出售变卖固定资产情况	（1）几乎不（2）偶尔（3）经常	（1）100分（2）60分（3）0分
	X_{13}	金融科技更新水平	（1）经常（2）一般（3）几乎不	（1）100分（2）60分（3）0分
管理水平	X_{14}	是否及时提供准确报表	（1）及时（2）一般（3）较差	（1）100分（2）60分（3）0分
	X_{15}	管理层对商业银行的态度	（1）好（2）较好（3）一般（4）差	（1）100分（2）80分（3）40分（4）0分
	X_{16}	管理层自身素质和经验	（1）本科以上（2）大专（3）高中（中专）（4）初中	（1）100分（2）80分（3）60分（4）40分

（三）EVA 指标体系

通常，EVA 指标体系也可称之为经济增加值指标体系，一般认为 EVA = 税后净营业利润 - 资本成本，将该指标体系纳入商业银行风险的评估与防控体系有助于对贷款客户创造价值进行更精准的预测。

本书关于 EVA 指标体系的赋值情况可以假定为：

（1）关于 EVA 指标值的假定。

若 $EVA>0$，则 $Score_{EVA}=100$ 分；

若市场均值 $\overline{EVA}\leqslant EVA\leqslant 0$，则 $Score_{EVA}=100-\dfrac{EVA}{\overline{EVA}}\times 100$；

若 $EVA<\overline{EVA}$，则：$Score_{EVA}=0$ 分。

（2）关于资本回报率的假定。

若资本回报率 >0，则 $Score_{资本回报率}=100$ 分；

若$\overline{市场资本回收率}\leqslant$资本回报率$\leqslant 0$，则：$Score_{资本回报率}=100-\dfrac{资本回报率}{\overline{资本回报率}}\times 100$；

若资本回报率 < $\overline{市场资本回收率}$，则：$Score_{资本回报率}=0$ 分。

（3）关于 EVA 回报率的假定。

若 EVA 回报率 >0，则：$Score_{EVA回报率}=100$ 分；

若$\overline{市场平均 EVA 回报率}\leqslant EVA$ 回报率 $\leqslant 0$，则：$Score_{EVA回报率}=100-\frac{EVA 回报率}{\overline{EVA 回报率}}\times 100$；

若 EVA 回报率 $<\overline{EVA 回报率}$，则 $Score_{EVA回报率}=0$。

（四）对各指标体系赋值与修正

对各指标体系的赋值与修正可以通过运用层次分析法，依托神经网络灰色自校正理论，运用区块链、云计算等金融科技手段，对商业银行的信息样本数据对财务指标、非财务指标及 *EVA* 指标等指标体系进行赋值与修正，从而检验智慧中国视域下金融科技对商业银行风险应对框架系统性与灵敏性的提升作用。

第四节　本章小结

本章主要研究金融科技赋能商业银行风险应对的基本原理、赋能风险应对的流程、工作机制及应对策略等内容。从 SOM－PNN 映射神经网络预测原理、灰色自效应 GM(N，N）预测原理等视角分析智慧中国视域下金融科技赋能商业银行风险防控的基本原理；依托金融科技构建商业银行风险应对与防控流程及机制，确保风险防控信号输出入的流畅与精确，调整业务关联度及风险指标，重构新视域、新思维下商业银行风险应对框架；依托新视域下金融科技赋能商业银行风险应对的新框架，选取风险应对与防控指标体系，筛选样本变量，检验其风险应对与防控效果。

第八章　金融科技背景下健全商业银行业务转型的风险管控体系

第一节　商业银行风险管控的瓶颈

一、商业银行风险管控的基本模式

（一）国际上商业银行风险管控模式的选择

虽然经济、文化、制度等的差异使得各国商业银行在风险管控上存在较大差别，但大体上来看，国际范围内较为流行的商业银行风险管控模式一般可分为一线多头管控、双线多头管控、跨国的一线多头管控或跨国的多线多头管控以及高度集中的单一商业银行管控等几种模式。

1. 一线多头管控模式

该模式的管控方式主要体现在：管控权力更多的是集中在中央一级，地方一级更多的是管控的执行者，进而形成“中央—地方”的一线格局；同时，该管控模式又是多头的，即：在中央一级，管控权力的实施又是由两个或两个以上的管控机构共同行使，进而形成多部门联合监督的多头管理。该模式多存在于经济发达且中央一级拥有较大权力的金融体系中，例如在日本、法国等国家，其实施的就是一线多头管控模式。

2. 多线多头管控模式

该模式的管控方式主要是指：中央一级的管控部门和地方一级的管控部门同时实施管控商业银行业务的权力，商业银行在业务运作中同时受到中央与地方两级的双重领导，进而形成商业银行的双线管控格局；同时，中央和地方两级管控模式中，每级都存在若干个管控机构，这若干个管控机构同时负责管控商业银行的业务活动，进而形成了多头管控的管理解构。目前，国际上采用该管控模式的主要是美国、加拿大等联邦制国家。

3. 跨国的一线多头或多线多头管控模式

该模式的管控方式主要是指：往往是跨国商业银行的总行在制定一些金融政策时，会尽量规避各成员国政府对其政策的干扰，并按照自己银行政策法规的规定，在全世界范围内实施统一的准备金率、统一的外汇储备政策等制度安排；同时，也尽可能地保证其在各国的分支机构又拥有一定的独立权力去处理一些地区性业务、并授权各分支机构因地制宜地管控当地金融体系的权力。目前实施该管控模式的主要是西非与中非地区的一些国家。

4. 高度集中的单一管控模式

该模式的管控方式主要是指：商业银行的管控权力主要集中在中央商业银行，由中央商业银行集中管控，该模式一部分集中在英国、澳大利亚等经济较发达的国家，同时多数发展中国家也多采用这种管控模式，因为发展中国家的政府往往要承担推动经济发展的职能，而且其金融体系结构模式较为简单，故需要通过中央银行集中管理并推动其金融体系的发展。但相对于英国、澳大利亚等发达国家的单一商业银行管控模式而言，发展中国家的这种管控模式可能会受到政府政策等的影响，往往不具备独立的决策权力和管控目标。

（二）我国商业银行一线多头的风险管控模式

当前，我国商业银行的风险管控模式大体上是属于一线多头的管控模式，主要通过中国人民银行对商业银行的业务运作进行直接干预与监督管理，通常中国人民银行承担着金融管控和宏观调控的双重职责；同时我国也会通过存款保险制度的方式对商业银行的业务进行监督管理，但目前该制度管控力度尚不充足，存款保险制度相当于一种事后补救措施，对于规避商业银行倒闭、保护存款人利益及维护整个金融体系的稳定都具有重要意义，故尽快完善存款保险制度应是今后我国商业银行风险管控工作的重要环节。20 世纪 70 年代以来，西方国家相继建立了存款保险制度，我国经过 20 多年的改革，商业银行的商业化改革已成为大势所趋，因此存款保险制度在金融深化改革的浪潮中也就有了孕育的土壤。同时，我国也早在 1995 年就颁布实施了《中华人民共和国商业银行法》，并且也提出了关于商业银行经营原则的明文规定：我国商业银行在日常的经营管理过程中，应坚持自主经营、自担风险的经营理念，真正实现自负盈亏。[①] 这在客观上对我国存款保险制度的建立提出了要求。

二、商业银行传统风险管控模式的制约

实践证明：近几年来，我国商业银行金融业务整体运行状况基本良好，资产规模及其盈利能力均有一定程度的提高，而且现行的贷风险管控体制也是基本符合商业银行业务发展需要并行之有效的。但是在金融科技发展迅猛、金融多元化发展浪潮的大背景下，其管控体制也存在一定的制约。

（一）商业银行风险管控大环境的变化

1. 国际环境可能放大商业银行危机发生概率

近年来各国实体经济与虚拟经济间存在失衡，各国对虚拟经济特别是金融这一特殊行业存在过高依赖。特别是美国近些年来，其实体经济对其 GDP 的贡献率呈逐年下降态势，尤以制造业为甚，1950 年时其制造业对 GDP 的贡献率高达 27%，而到了 21 世纪 20 年代时该比例却降到了 10% 以下，但金融业对 GDP 的贡献率却高达 20% 以上。当前美国经济中以金融等产业为代表的虚拟经济日益占据重要地位，再加上美国在世界经济中的重要地位，其过度繁荣的虚拟经济及美元的自由化发展极有可能引发全世界范围内虚拟经济的蔓延，也势必会引发全世界范围内金融体系特别是商业银行等违约风险的过度膨胀。在这一背景下，世界各国在迅速集聚财富的同时，由于金融系统放大效应的存在，虚拟经济特别是金融行业长期集聚的风险极有可能会聚集并放大、扩散，影响金融体系乃至整个国家经济体系的健康循环，甚至可能会在全世界范围内蔓延。当然商业银行作为整个金融体系中最重要的一部分，也难以避免风险违约事件频发的厄运。

2. 管控自由化浪潮的出现违背了金融体系的管控本性

21 世纪以来，金融自由化浪潮在全世界范围内甚嚣尘上，金融自由化浪

① 《中华人民共和国商业银行法》，1995 年。

潮的出现严重威胁了金融管控体系的稳定发展。金融自由化，即指：在金融管控体系下要将政府的作用降到最低，并保证金融体系处于一个完全竞争的环境中。格林斯潘也认为：金融市场上，金融体系的自我约束机制要比政府的监督机制更具效率。因此，在金融自由化这一理念的支撑下，各国政府普遍放松了对金融体系尤其是商业银行的管控标准。例如：在自由化浪潮的影响下，英国逐步放松了政府在商业银行风险管控过程中的作用；同时，美国也出台了《美国金融服务现代化法案》，并且规定：同一经营主体可以同时经营存贷款、抵押、保险及投资等多项业务，而且也逐渐将“市场风险敏感度”这一评价方法运用到了风险量化评级中。尽管这一系列措施促进了商业银行业务的发展，也降低了对资本金的要求，但这诸多措施的实施在一定程度上变相提高了贷款利率，再加上商业银行逐利本能的助推，金融自由化浪潮已势不可挡地逐渐流行，而这在一定程度上给金融体系特别是商业银行的风险管控带来了巨大挑战。

3. 金融市场虚拟化倾向阻碍了管控体系的创新与发展

无论是从制度体制、市场环境的角度，还是从内在动力的角度来讲，金融体系的自由化、融资机制的市场化，都为环境下金融市场的虚拟化发展提供了充足的条件。而且自20世纪八九十年代以来，伴随着各种金融衍生产品的出现以及各种金融衍生工具的运用，“虚拟商业银行”应运而生，世界金融体系也逐步形成了由实体经济向虚拟经济转型的发展态势。当前世界正处在实物经济与虚拟经济新老交替的当口，所以各种金融工具的运用一旦把握不好必将产生巨大的经济泡沫，进而造成整个经济的崩盘。与此同时，由于虚拟化的金融工具缺乏透明性、商业银行家与管控者又往往极易低估高杠杆率交易制造泡沫的能力，使得金融管控体系的管控力度受到了极大阻碍。

4. 管控的“同质化”倾向趋同了市场主体的风险偏好

一个较为完善的金融体系应具有多样性，其市场主体的参与者应既有买家、又有卖家，只有这样，市场才是流动的市场，才是一个较为闭合的循环体系。同时由于循环体系内各参与主体因目的、风险偏好等的不同，对风险应对措施及管控模式的选择也会存在异质性，故各参与主体应结合自身的具体情况，采用不同的风险管控模式。然而当前国际上多数国家却采用了相同的

“盯市”型风险管控模式，普遍存在难以区分长、短期风险，难以区分各参与主体风险偏好的管控困境。

（二）商业银行风险管控模式的制约

1. 业务转型中一些交叉领域存在管控真空

最近几年，我国金融体系在发展过程中逐步呈现出了商业银行、证券以及保险之间在诸多业务领域的交叉，但是对于当前出现的这些交叉业务的具体管控，我国并没有制定出一个详细并且行之有效的管控体系；同时，随着我国金融体系改革的进一步推进，各商业银行间业务、产品及技术等的交叉现象逐步凸显，这些交叉领域的风险管控也应引起相关管控部门的重视。目前我国已出现了不同形式的金融控股公司，控股公司的业务具体由哪个部门管控、应采取怎样的管控手段和措施，目前银监会、保监会、证监会三家管控部门仍尚无定论，因此在控股公司管控上的空白也隐藏着巨大风险。

2. 现行管控体系运行机制不够完善

当前，我国商业银行在业务运营过程中，尚未建立有效的存款人保护制度，故业务运营中特殊情况下商业银行可能会突破风险管控的底线，再加上目前风险管控中缺乏信息共享及早期预防机制，在一定程度上阻碍了信息传递及风险防范措施的有效实施。同时，现行的风险管控制度中，在一定程度上政府充当了投资者与经营者保护伞的角色，承担了本该由商业银行承担的职责，会增加非道德行为的发生概率，从而影响其风险管控职能的发挥。

3. 现行管控框架难以适应风险管控的新要求

现行的商业银行风险管控机制由于缺乏计量方法、测量工具及管控技术等方面的创新，已难以适应当前商业银行在业务、服务及技术等各方面的创新与发展，再加上现行的管控机制更侧重分析贷款客户微观个体行为的管控，在一定程度上也制约了商业银行各业务发展创新理念的更新，致使目前其内部管控理念落后、管控方式难以适应新环境等诸多问题的存在，故依托区块链、云计算等金融科技新手段重塑商业银行风险管控新框架必将成为其风险管控改革的重中之重。

4. 管控过度和管控空白并存

尽管业务转型背景下商业银行的业务运作及内部管理基本框架较为完善，

但随着金融产品及服务流程的创新，其在业务发展、服务提升及风险管控等方面水平参差不齐，部分银行信息化管控程度较高，部分银行风险管控模式仍为传统体系，有些银行风险管控较为全面，而有些银行风险管控却又存在一定的局限，各银行风险管控体系及管控力度有所差别，管控过度现象与管控真空现象同时并存。

第二节　金融科技背景下商业银行风险管控的新趋势

一、新形势对我国商业银行风险管控提出新要求

当前环境下，各国特别是发达国家的商业银行纷纷暴露出了巨大的风险漏洞，并因此遭受了重创。虽然，目前各国商业银行经营状况良好、金融市场较为发达，而且也有力地促进了经济的发展，但是，市场繁荣并不意味着不存在风险，全球范围内历次危机的爆发也证明风险无处不在，故各国管控机构应充分重视金融体系特别是商业银行的风险，否则将极有可能造成难以估量的后果。虽然我国商业银行目前并未遭受较严重损失，但当前商业银行规模的扩张速度却极为迅速，再加上风险防范意识的淡薄，以及项目审批审核过程中的放松，极有可能会造成风险聚积程度的急剧增高，甚至出现个别地方政府贷款规模超出其偿还能力的被动局面，而这对于我国今后经济的恢复和发展是极其不利的。因此，我国管控机构必须高度重视各商业银行各业务领域及资产中所隐藏的潜在风险，积极主动地去面对风险管控过程中所面临的各种挑战。

二、新形势商业银行在金融科技运用上的新尝试

现阶段各商业银行已逐渐开始了其在金融科技上的新尝试，而且也取得了不错成绩。例如中国工商银行，长期以来都积极参与金融科技新思维及信息共享平台的构建，积极参与信息共识节点及记账节点等技术的自由切换等顶层技术的研发与应用，当前金融科技已在中国工商银行的资金清算、划收、拨付、智慧城市、便捷政务、精准扶贫等 60 多个场景中得到广泛运用。再如中国建

设银行，也一直积极寻找金融科技与贸易金融等业务间的合作与匹配，而且目前已和国内外近 60 家机构共同打造了包括认证、国际保险代理等诸多业务在内的贸易金融信息共享平台，成为国内第一家将金融科技应用到国际保险代理业务的金融机构。同时，中国银行也成为国内第一家研发出金融科技电子钱包的金融机构，并且该银行也基于金融科技的扶贫信息共享平台也打造了“互联网 + 精准扶贫”的扶贫新模式。总之，现阶段金融科技在商业银行中的运用大多集中在金融科技平台和系统的搭建以及相关场景的应用上，也有部分机构开始尝试将区块链、人工智能等金融科技手段运用到了风险的跟踪、溯源与评估上。但由于各机构规模差异、运用重点不同等问题的存在，在全球金融一体化、自由化、多元化的大背景下，再加上当前商业银行风险的叠加，风险管控的弊端已逐步显现，金融科技布局商业银行风险溯源、评估、应对及管控的任务就显得尤为急迫。

三、金融科技背景下商业银行风险管控的新趋势

随着区块链、云计算、人工智能等金融科技手段在数字货币、智能管控等各金融领域的广泛运用，商业银行风险管控已逐渐呈现出了数字化、科技化、生态化等趋势，正朝着金融科技颠覆重塑其风险管控模式的新业态、新领域发展。

（一）国际上基于金融科技的风险管控应用新场景

目前，金融科技已经较广泛地运用到了数字货币、风险管控等各金融领域，而且近年来发展势头良好，全球范围内已有 100 多家大型金融机构正在或计划进行金融科技应用场景的探索与布局。通过对金融科技应用场景的文献资料梳理，发现金融科技在金融领域中的运用场景主要体现在如下几个方面：

1. 解决了商业银行跨境业务的发展难题

区块链、人工智能等技术手段在商业银行跨境业务中应用，为全球范围内跨境贸易支付、跨境融资及跨境清算等提供了便利。长期以来，跨境交易的支付与结算过程往往是流程较为繁杂且时间周期较长的，这势必会增加跨境交易

的时间成本与机会成本，势必会影响跨境贸易的发展，长期以来就形成了跨国交易的高投入低收益的现状。而依托区块链、人工智能等新技术手段，可有助于在国内外的商业银行间达成分布式协议，在银行间跨境贸易融资业务形成信息共享网络，帮助国内外企业高效地进行跨境跨行间的贸易支付与货币清算，精简了跨境交易的流程与手续，提高了跨境交易的效率，在为企业节省成本的同时，也为客户带来较时尚的服务体验。故金融科技运用于跨境支付与结算场景的探索就成为金融科技运用于金融场景的开路先锋。

2. 重塑了抵押贷款业务和供应链金融模式

金融科技运用于商业银行抵押贷款及供应链金融业务，有利于降低业务运营中的信息不对称性，有利于重塑其业务模式。长期以来，商业银行在业务运营中一直饱受信息不对称、银行授信与客户用款难以匹配等问题的干扰，致使商业银行业务运营中管理成本较高、资金供需难以实现最优等，甚至在一定程度上也影响到了业务的发展与风险的管控。而将金融科技运用到银行业务中，可利用其去中心化、透明、不可篡改等特性，构建信息共享平台，并将业务运营中的交易记录上传到平台，进而依托平台对记录进行追踪与溯源，并在不断的反复过程中形成有效的、精准的客户信息数据库，从而依托数据库为贷款客户提供有效服务，做到资产精准投放、及时回收，进而减少风险。目前，国际上一些有影响力的大型商业银行已开始尝试将金融科技应用重点放在了该领域。

3. 试水了数字票据交易平台建设

依托区块链、云计算及大数据等金融科技开始了对商业银行数字票据交易平台的构建，为进一步促进中间业务的发展奠定基础。当前区块链、人工智能等的加密技术和分布式数据库系统已较为完善，故可利用金融科技将商业银行的一些数字票据、数字凭证、发票和证等需要进行信任认证的业务进行完善，通过上链可使链上经过授权的各参与主体能实时掌握客户的最新、最全信息，避免具体业务运营中重复提交信息的烦琐，进而降低了合规成本，并大大改善了客户的服务体验。

4. 构建了金融场景生态服务体系

依托区块链、人工智能等金融科技不可篡改的数据库系统，有利于拓宽金融服务边界，构建金融场景生态服务体系。在该数据库中，由于所记录的信息不可篡改，并且可靠程度高，能给客户提供更为智能、更为便捷及更优质的服务体验，所以当前国际上部分商业银行已开始利用金融科技，进一步将金融与商品防伪、教育、食品安全等进行有机结合，逐渐扩宽了金融业的服务范围，以期依托金融科技逐步形成金融业与其他领域有机结合的金融科技生态服务体系。

（二）国际上应用金融科技的模式类型

目前金融科技的应用场景日益广泛，也给经济社会发展带来了巨大影响。当前全球范围内已有100多家大型金融机构开始探索并布局金融科技的应用，特别是一些银行业巨头更多研究和运用各种模式的金融科技进行行业布局。通过资料整理发现，国际上金融机构应用金融科技的模式主要有如下几种：

1. 金融机构间成立金融科技联盟模式

金融机构间组建金融科技应用联盟，共同推进行业标准的实施。当前国际金融巨头们已充分意识到金融科技对于金融业发展前景的巨大推动作用，并已结成金融科技应用联盟，以期通过该模式扩大金融科技应用范围与场景，进而吸引更多金融机构的加入，依托放大效应共同打造金融业内金融科技的开发与运用标准，促进金融科技在金融领域的推广运用。

该模式中最具代表性的联盟是2015年9月成立的R3金融科技联盟，该联盟由一家总部设在纽约的金融科技公司R3CEV发起，并迅速得到全球范围内的诸如花旗银行、富国银行、德意志银行、摩根士丹利、汇丰银行、澳大利亚国民银行和加拿大皇家银行等若干家大型商业银行的响应。R3CEV金融科技联盟旨在探索金融科技在商业银行业务中运用的实践案例，研发行业内金融科技开发和运用的标准。例如2018年2月时，R3CEV金融科技联盟就进行了一次由40多家商业银行参加的分布式分类账系统的测试，测试依托金融科技系统能否自动完成交易。2019年6月时，科技巨头的Facebook又推出了依托金融科技的Libra联盟项目，该项目由Facebook、ebay、Uber等大型互联网公司及Mastercard、Visa等银行卡清算组织以及一些投资机构、电信公司等共同参与所组成的一个联合体，期望依托金融科技联盟建立一套无国界的货币，并依托金融科技联盟建立一套完善的能为全球范围内几十亿人口服务的金融基础设施。同时，全球范围内也涌现出了各行业的各种金融科技联盟，例如由 IBM 牵头创建的 Hyperledger 金融科技联盟超级账本、全球航运行业的 Trade Lens 金融科技联盟，以及全球汽车制造行业的 MOBI（Mobility Open Blockchain）金融科技联盟。

2. 金融机构成立自己的金融科技研发实验室

部分国际巨头商业银行成立了自己的金融科技运用研究实验室，以支持金融科技在各项业务中的应用。部分大型商业银行专门招募了大批专业人士，并投资组建了金融科技应用实验室，来开发一些金融科技运用于银行业务的新场景，而且目前已有部分业务与产品处于测试运用阶段。如国际知名银行花旗银行就曾经组建金融科技应用创新实验室，并依托金融科技自主研发出花旗币（Citi Coin），同时也与斯坦福大学、麻省理工学院等知名大学建立长期战略合作，共同开发金融科技应用于商业银行业务的新产品与新服务。再如 2015 年 4 月时，瑞士联合银行集团（UBS）也成立了金融科技金融应用研发实验室，重点研究将金融科技应用于货币结算、电子货币发行及支付等。同时，纽约梅隆银行也成立了研究金融科技的实验室，并在其银行内部开发了一款叫作 BK Coins 的虚拟货币，以期借助区块链、人工智能等金融科技手段实现 BK Coins 虚拟货币与比特币一样的去中心化特点，以适应金融科技对银行业的新挑战。另外西班牙桑坦德银行为了探索金融科技在证券交易及借贷市场上的应用场景，也成立了金融科技研究小组，尝试研究将金融科技这项新技术应用于一些诸如抵押贷款、贸易结算等传统银行业务的拓展与开发。

而且当前金融科技应用于商业银行的具体业务与服务已逐渐成为趋势。如瑞银集团就将金融科技运用到了其发行智能债券等 20 多项具体业务之中；摩根大通银行也依托金融科技进行了 2200 个客户在伦敦与东京间的跨境资金转账测试；再如巴克莱银行也依托金融科技进行了金融衍生产品交易的创新尝试；同时西班牙 BBVA 银行业巨头也借助金融科技提高了谈判的效率与质量；西班牙国际银行也依托金融科技在欧洲范围内进行了分布式账本的移动应用场景的推广；印度的 ICICI 集团也依托金融科技与 250 多家企业合作，搭建了 ICICI 的金融科技贸易融资交易平台，提高了其国内与国际贸易融资的效率。

3. 金融机构与金融科技公司间的战略合作

通常，金融机构会通过与金融科技公司间战略合作的形式，进行区块链、人工智能等金融科技手段在商业银行业务中的探索与推广。相对于金融科技公司而言，商业银行在金融科技研发及专业人才储备等方面可能会存在一定差距，故一些银行往往会选择与金融科技公司进行战略合作或直接投资金融科技创业公司等方式，在业务领域进行金融科技的探索与推广，以期实现金融科技在银行业务中的具体应用与技术迭代。

例如：英国的巴克莱银行就是通过与金融科技公司 Safell 间的战略合作，实现了区块链、人工智能等技术手段在其业务运营中的具体应用，进而探索了其业务运作模式的可能变化。同时，巴克莱银行还通过与金融科技创业公司 Wave 间的合作，实现了金融科技在贸易金融领域的应用，并依托区块链、人工智能等技术的信息不可篡改性、透明化等特征，实现了贸易结算流程的简化及贸易结算效率的提升；另外，澳大利亚的联邦银行、澳新银行以及西太平洋银行等多家银行机构也与 Ripple 这家金融科技机构间签订了战略合作协议，尝试进行在结算、支付跟踪等银行业务领域的探索与创新；同时摩根大通银行也通过直接投资 Digital Asset 数字资产公司，尝试利用区块链、人工智能等金融科技解决大宗商品交易过程中的信息不对称等问题，以期简化具体交易流程，提高交易效率。

第三节　金融科技背景下完善商业银行风险管控体系

随着金融科技在各行各业运用中的迅速崛起，特别是自智慧中国发展写入“十三五”规划以来，金融科技在商业银行风险溯源、评估及管控的相关研究亦逐渐引起了学者及相关管理部门的广泛关注与高度重视。当前国际环境下，尽管我国经济发展仍保持着稳健增长的发展态势，但我国金融体系特别是商业银行的业务却受到了一定程度的影响。故依托区块链、人工智能等金融科技完善金融体系特别是商业银行风险管控体系就显得至关重要。

一、宏观层面应出台行业扶持相关政策

针对当前金融体系特别是商业银行的风险管控问题，各管控主体应依托区

块链、人工智能等新技术，进行合理规划、系统设计，建立跨行业、跨部门的金融发展协调机制，积极引导各金融机构特别是商业银行依托金融科技，规范其管控机制，推动金融科技在风险管控中的应用与发展。同时，还应加强对各机构金融科技应用的综合布局、统一领导，对金融科技实际运用过程中表现出来的新特征、出现的新问题等进行持续跟踪、及时反馈。要积极借鉴发达国家和地区的先进经验，结合我国金融科技在商业银行风险管控设计上的具体情况，因地制宜、因时制宜地出台相关扶持政策，重点支持关键技术研发，加大对金融科技应用试点平台的扶持力度，为商业银行依托区块链、人工智能等金融科技手段进行风险管控转型提供政策与资源保障。

同时，除了宏观层面的扶持政策外，地方政府及金融行业内部也应积极出台诸如专项基金、创新扶持等奖励政策，积极推动区块链、人工智能等新技术在商业银行风险管控上的探索与创新，进而强化基础设施建设，提升金融科技创新能力，为商业银行建立完善的科技生态链，实现严格意义上的管控创新提供更为可靠、更加安全的技术支撑。

二、依托金融科技构建商业银行风险管控新体系

商业银行风险管控是一项系统性工程，其管控架构的构建应从风险管控的技术手段、宏微观制度环境等方面着手。具体而言，应依托区块链、人工智能等技术的去中心化、防篡改、可追溯等特点，构建信息共享平台，选择贷款定价、风险转移等管控工具，从政府宏观调控、商业银行定位及风险管控手段等视角，在组织结构定位、管控体系完善及技术手段更新等方面出台具体措施，完善并重塑我国商业银行风险管控体系，其风险的具体管控框架如图 8－1 所示。

（一）依托金融科技建立商业银行全面风险管控体系

目前，我国商业银行运用金融科技进行具体业务特别是风险的管控尚处于初级阶段。再加上新背景下商业银行风险管控新特征的出现，金融科技在该领域的运用与发展仍存在一系列的问题，应结合新背景下各商业银行的具体差异，构建金融科技新场景下的新型风险管控框架。因此，依托区块链、云计算

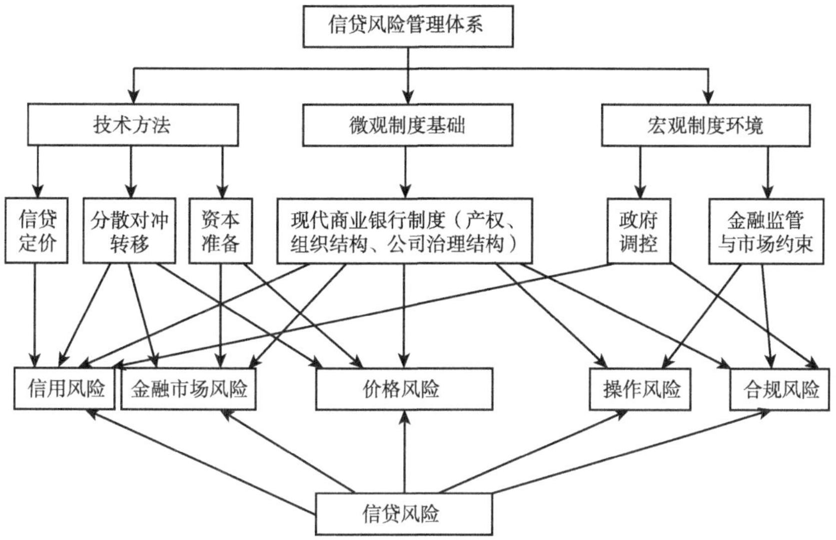

图 8－1　商业银行风险管理体系总框架

及人工智能等金融科技手段完善商业银行内控体系，以全面风险管控为理念，以巴塞尔新资本协议的三大支柱为蓝本，建立自上而下、分级负责的风险管控框架就显得至关重要。应逐步建立包括宏观体系环境层、中观管理机制层以及微观核心要素层等三层级体系模型的内在机制，在该机制中应包含传统的风险管理委员会、资产负债管理委员会和资产风险化解委员会等专业的风险管理部门，任命部分首席风险运营官，同时再加上商业银行已有的科技部、资金财务部、资金营运中心、稽核监督部、会计结算部等部门的配合，初步形成依托金融科技的新的风险约束与管控机制。金融科技新技术场景下的商业银行风险管控框架如图 8－2 所示。

（二）依托金融科技提升商业银行各职能部门工作效率

在商业银行风险的具体管控中，还需充分发挥各职能部门中各岗位员工的工作职责。如：应发挥董事会制定并规划风险总体管控战略的职能定位，应定期召开董事会议讨论业务运营中的一些重大风险问题，应定期审核并披露风险信息；应发挥首席执行官的风险审核职能定位，以保证风险管理工作的有序展开；应发挥首席风险官的沟通联系职能定位，保障具体风险管控措施及董事会

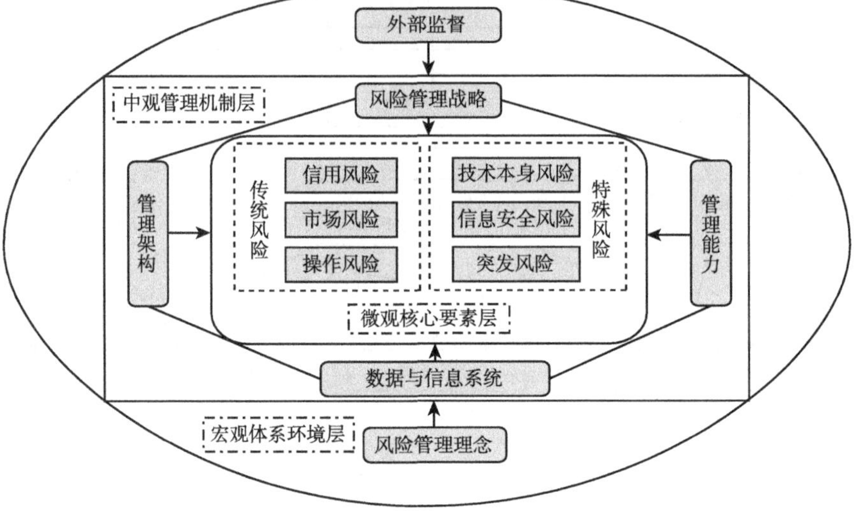

图 8-2　金融科技背景下商业银行全面风险管控框架

相关命令的层层下达；还应发挥各级主管部门具体监督与管理的职能定位，以保障具体业务监督管控工作的顺利开展，商业银行风险管控框架重塑过程中各部门、各岗位的具体管控框架如图 8-3 所示。

（三）建立健全商业银行风险管控的法律保障

建立健全商业银行风险管控体系的根本在于要有完善的法律法规。目前，我国经过多年的不断努力与积极发展，在金融体系特别是商业银行的具体运营中已逐渐形成并完善了其法律法规体系，当前诸如《商业银行法》《商业银行监督管理法》等一系列法律法规也已开始发挥日益重要的作用。虽然相关法规已逐步出台并得以不断运用，但随着我国经济体系及金融体系的不断发展，再加上高新技术的发展，现有的一些法律法规已难以适应新形势下风险管控的具体要求，因此，应结合当前实际情况，进一步健全与完善具体的实施细则。

首先，应结合新场景完善我国商业银行法人治理制度。应积极按照现代公司法人治理制度的新要求，重构商业银行法人治理结构，依托金融科技完善并重塑风险管理新框架；加大我国商业银行产权制度改革的力度，加快商业银行

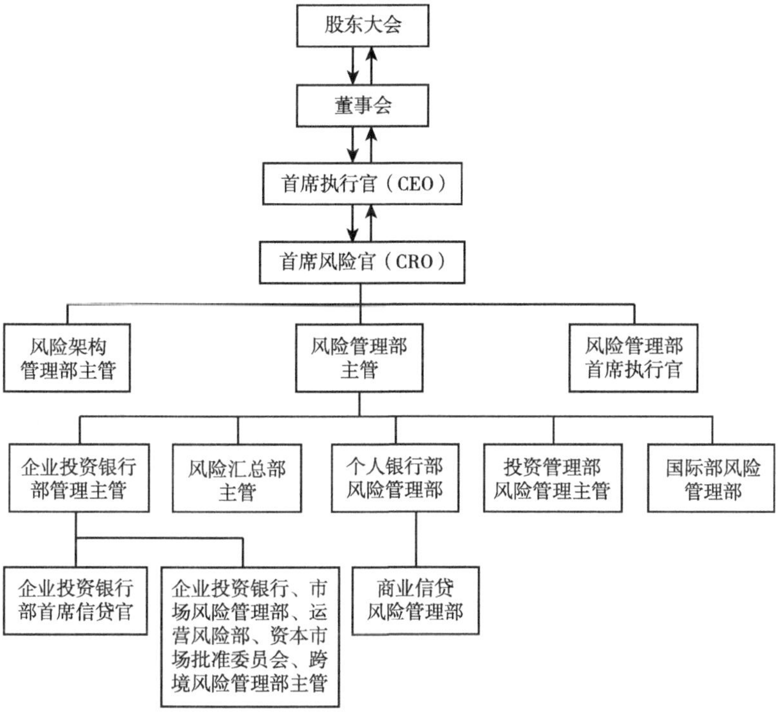

图8－3　各职能部门的风险管理体系

股份制改革进程，完善股权结构，改善资源配置机制，促进商业银行结构、资产模式及风险管控等的理性回归。其次，应完善商业银行风险监督法律法规体系。应建立健全商业银行风险管理的独立评审、严格审批与全面审核等制度，从法律法规视角提升商业银行风险管控的科学性与规范性以实现“贷审分离”；从法律角度对贷款审查委员会这一审查制度的一些制度性缺陷进行改良和完善，逐步完善贷款审批权人即一行之长不参加贷款审查委员会的制度建设；建立健全商业银行具体业务的长效考核机制，完善对业务绩效考核机制的法律法规保障。最后，应完善商业银行风险具体管控制度与管控细则。应按照风险综合与分类管理的原则，依托金融科技的信息共享机制，建立扁平化风险的垂直管理架构，完善风险定人、定事的一追到底的激励与约束机制；加强风险管理制度的建设，完善风险管理委员会的具体工作流程与管控框架。

（四）加强商业银行风险管控的国际合作

随着我国金融市场的逐步开放，特别是随着经济全球化趋势的发展，我国商业银行的业务范围也已逐步渗透到了全世界金融服务的各个角落，以国为单位的商业银行管控已很难满足商业银行境内外业务发展的需要，因此在我国商业银行风险的管控过程中，应主动加强与国际上其他国家和机构的合作与磋商，以适应金融管控不断变化的国际化趋势。

首先，新形势下应积极参与国际范围内的各类风险管控活动。各级管控部门应积极参与国际范围内的诸如各类管控定期会晤制度、双边或多边管控的信息备忘录签署、区际金融或商业银行管控机构的建立、各国风险管控制度的修订、风险管控手段共享等活动的开展，发挥我国在国际金融风险管控上应有的作用。其次，在金融管控国际化趋势下，应加强我国与国外商业银行协作管控的合作。经济的全球化发展及金融科技的技术突破，在一定程度上促进了金融业特别是商业银行的跨境运营，各国金融机构纷纷在各类大型金融中心设立分支机构，各金融机构业务运营的国际化趋势更是加剧了业务风险特别是业务风险在全球范围内的蔓延滋生，也加大了各国金融机构遭遇风险损失的概率，故加强风险管控的国际合作将成为今后风险管控的常态。因此，我国在商业银行风险管控制度建设中，应建立与国际上其他国家间较为固定的高层互访、信息交流、紧急磋商、人员培训等的协作与沟通。最后，在金融管控国际化趋势下，应积极参与国际商业银行管控标准的制定与实施工作。积极采用国际上通用的新会计标准，减少贸易和资本流动过程中的壁垒，促进筹资过程中成本的降低与风险的规避；积极参与风险管控国际标准的制定，积极按照国际标准规范国内风险管控流程与管控细节，努力构建良好的风险管控国际秩序与环境。

第四节　本章小结

本章主要研究了商业银行风险管控的传统模式、金融科技背景下商业银行风险管控的新尝试与新趋势及依托区块链、人工智能等手段完善商业银行风险管控新体系等内容。分析了商业银行风险管控的传统模式及其制约、管控环境的新变化及面临的管控自由化、市场虚拟化、管控同质化、缺乏风险量化工具等挑战；金融科技背景下商业银行风险管控的新要求、新尝试及新趋势，区块链、人工智能等金融科技手段在商业银行风险管控中的应用新场景及新模式。依托区块链、人工智能等金融科技手段，从宏观政策扶持、微观管控新框架重塑等视角探讨风险管控的组织结构、法律保障及国际合作等升级与完善。

第九章　政策启示与研究展望

本部分内容基于智慧中国视域下金融科技的长尾效应、脱媒效应金等理论，从金融科技信任博弈规制、节点赋能、去中心化及加密计算规则视角完善了商业银行业务转型中风险管控的 CA 识别认证体系、SDAE 降噪评估模型、GM(N, N) 风险应对流程及宏微观政策相结合的管控框架，以期对解决商业银行业务转型中面临的防控机制设计、管理体系、管理手段等方面的缺陷，进而克服当前商业银行业务转型中的二八定律、信息不对称、难以有效衔接业务发展与转型等问题，从而助力数字金融从模仿迭代到颠覆重塑的转型，丰富商业银行风险识别溯源机制及风险管控聚类分层理论；从实践上对商业银行资金流向定点追踪、精准溯源与有效测度，实现商业银行业务转型中风险管控的差异化管理；从政策上完善商业银行业务转型中风险管控的宏微观政策统筹，为相关监管和具体业务运营部门提供建议参考。同时，该研究虽然在前人研究的基础上依托金融科技新思维对商业银行风险的识别、测度、评估、防控及管控进行了较为系统的研究，但由于受理论修养和现实经验的不足，在一些诸如深入挖掘风险数据、构建风险控制技术与手段等微观领域上的研究还不够到位，今后应加大研究力度。

第一节　研究结论

本研究在梳理金融科技背景下商业银行业务转型升级中存在的新风险、新痛点及风险管控新趋势基础上，从金融科技兴起、金融科技对商业银行业务发展的长尾效应与脱媒效应等视角研究商业银行业务转型及转型中出现的新风险，随后尝试依托金融科技的长尾效应理论、脱媒效应理论及跨界耦合金融的共生演化机制，从风险的识别、评估、应对及管控四步骤，重构商业银行业务转型中风险的 CA 识别溯源体系，从时空、类别及业务等不同视角调整业务关联度及风险指标，提高风险管控溯源效率；改进商业银行业务转型中风险的 SDAE 降噪评估模型，模拟样本数据的 GAN 生成算法，将高维稀疏的数据特征转换为低维稠密的特征表达，提升风险评估精准度；完善商业银行业务转型中风险的 GM(N，N) 风险应对流程，筛选风险防控指标，保障风险管控信号输出入的流畅与精确，检验风险应对流程的效果；依托金融科技手段，从制度保障、组织保障及法律保障等视角完善商业银行业务转型中风险管控的宏微观政策统筹，提高风险监管质量；从而重塑金融科技背景下商业银行业务转型中风险管控的机制与路径，克服了业务运营中的二八定律、信息不对称、难以有效衔接业务发展等困境，实现优化商业银行服务经济发展“输血路径”的管控目标。

1. 将区块链、人工智能等金融科技手段应用于商业银行风险管控突破了信息传递的囚徒困境。依托区块链、人工智能等技术的信息共享、去中心化、节点赋能及防篡改等特点，可保障业务转型后各信息在传递过程中的及时性、透明性与流畅度，破解商业银行风险定价的博弈困境，增加银企双方信任度。

2. 将区块链、人工智能等金融科技手段应用于商业银行风险识别拓展了金融科技的应用场景。依托区块链、云计算及人工智能等金融科技手段构建商业银行风险 CA 认证溯源模型，构建风险数据分类信息平台，有助于定位追踪、精准捕捉资金流向，实现风险识别、追踪与溯源，拓展金融科技的应用场景。

3. 将区块链、人工智能等金融科技手段应用于商业银行风险评估破解了风险评估手段的滞后。依托区块链、云计算及人工智能等模拟样本数据的 GAN 生成算法，构建堆栈自编码 SDAE 降噪模型，将高维、稀疏的大数据特征转换为低维、稠密的特征表达，解决商业银行风险评估中的数据不平衡问题，提升商业银行风险评估的精准度，破解传统模式下商业银行风险评估手段的滞后性。

4. 将区块链、人工智能等金融科技手段应用于商业银行风险管控提高了风险应对的效率。从 SOM – PNN 映射神经网络、灰色自效应 GM(N，N) 预警等原理出发，筛选风险管控指标体系，依托金融科技手段构建风险管控 GM(N，N) 模型，完善风险管控流程与机制，确保风险管控信号输出、输入的流畅与精确，调整业务关联度及风险指标，完善 GM(N，N) 风险应对流程。

第二节　政策启示

本节内容依托智慧中国视域下金融科技的长尾效应理论、脱媒效应理论及跨界耦合金融的共生演化机制构建了商业银行风险的 CA 识别溯源体系，在改进风险的 SDAE 降噪评估模型、完善风险的 GM(N，N) 应对流程、完善风险管控的宏微观政策统筹的基础上，分析金融科技背景下商业银行业务转型中风险防控的新特点及新趋势，以期为重塑新视域下商业银行业务转型中风险管控的机制与路径、优化商业银行服务经济发展“输血路径”管控目标提供一定的启示。基于前述研究，本书尝试分析对国家政策宏观层面、银行行业中观层面及异质性银行个体微观层面等的启示。

一、对国家政策宏观层面的启示

（一）对完善金融监管改革的启示

金融科技背景下，随着金融机构特别是商业银行业务转型中所出现的新风险、新痛点，其金融监管体系应随之升级，随之深化。首先，应继续完善金融体系的市场化机制。应依托区块链、云计算、人工智能、大数据及生物识别等金融科技手段，积极适应当前金融体系中出现的新变化，努力完备市场化的风险传染与防控机制，更好地发挥金融科技背景下新兴技术在智能监管、预防欺诈、数据管理及交易管控等方面的数据处理、加密计算及机器学习等特性。其次，应从国家宏观制度层面强化金融监管的数字化发展趋势。依托区块链、云计算、人工智能、大数据及生物识别等金融科技手段，筹建能跨过传统意义上“一行三会”的专门针对数字金融的监管体系与监管机构，加大对金融科技背景下新型业务特别是数字型金融业务的风险预防与管控力度，强化对数字货币、数字牌照、电子货币及其衍生产物的数字化监管。再次，应加强对金融机构特别是商业银行的金融数据的保护立法。相关部门应出台相应的金融市场数据保护法律法规与保护制度，严厉打击利用金融科技手段进行的违法行为，维护金融网络平台的稳定与安全，维护金融市场信息数据的安全。最后，也应积极设立金融监管新媒体平台。依托金融监管新媒体平台，营造金融科技发展的良好舆论氛围，避免金融科技这一新型产物在发展过程中受到不必要的干扰与冲击。

（二）对全社会征信体系建设的启示

应依托金融科技手段加强全社会征信体系建设，依托云计算、区块链、人工智能及大数据等手段，对各类借款主体及各类业务客户的历史信用状况、资质、品质、行为等各类信息进行采集、加工、分析，以此判断各主体当前的信用状况，并评估其履约的能力与风险水平。首先，应依托区块链、人工智能等金融科技手段，加强各相关部门征信信息间的融合与互通。依托云计算、大数据及人工智能等各技术手段，将金融机构、税务、工商等各部门间的征信信息进行融合，将各类割裂开的征信信息进行有效整合，实现各部门间信用信息资源融合、信用档案互通，将一些例如交通信息、社会信誉、消费状况等反应客户信用状况的基本信息纳入央行的信用信息基础数据库。其次，应依托区块链、人工智能等金融科技手段提高征信系统信息数据采集、征信架构体系建设及征信服务质量等。自 2013 年《征信业管理条例》出台以来，我国征信体系建设已逐渐规范，目前国内最权威、最适用的征信体系仍是央行征信中心的国家金融信用信息基础数据库，该数据库已覆盖了全国近四亿消费者及两千多万企业的信贷记录，但仍有部分消费者和小微企业由于缺乏正规信贷机构的信贷记录，故当前该信用信息基础数据库的信用覆盖率仍难以满足经济运行与发展的需要，金融科技背景下，应依托区块链、人工智能等技术手段，扩大信息基础数据库覆盖范围，提高征信系统信息数据采集、征信架构体系建设以及征信服务质量，满足经济、社会生活的发展需要。

（三）对宏观审慎监管与微观审慎监管有机结合的启示

金融科技背景下应进一步加强宏观审慎监管与微观审慎监管间的有效衔接与有机融合。面对新时代背景下商业银行业务转型升级后更为凸显的风险，宏观审慎监管与微观审慎监管间的有机结合仍存在较大隐忧，两者间仍存在操作边界不确定、宏微观监管主体间难以有效界定等冲突与隐患。因此，首先在宏观层面上，央行等金融监管主体应依托区块链、云计算及人工智能等科技手段，筹建数字化金融监管体系，加大对金融业务特别是数字型金融业务的风险预防与管控力度。其次，在微观层面上，各商业银行应结合自身业务的异质性与各自特点，因时、因地、因业务的展开各项金融业务的具体监管指导。最后，应依托区块链、人工智能等科技手段，继续完善宏观审慎监管与微观审慎监管有机结合的金融监管体系，宏观监管部门应根据具体业务、具体环境弹性、灵活地设置监管指标，具体微观部门也应根据宏观经济环境与监管条件的变化做出适当调整，真正实现宏观审慎监管与微观审慎监管间的既分工又合作、互补互促的有机合作格局。

二、对商业银行等中观层面的启示

当前金融科技的发展势不可挡，金融机构特别是商业银行正逐渐融合了大数据、人工智能及云计算等金融科技手段，并且在这些手段的支撑下其业务发展与转型中正不断突破、不断推陈出新，其业务体系也正呈现出了智能、精准、安全的“智能化+生态化”发展态势。

（一）对商业银行业务转型升级的启示

新时代背景下，金融机构特别是商业银行的内外部发展环境也发生了较大变化，在全球经济增速放缓以及经济结构不断调整的当下，国内外部分企业面临空前的压力，商业银行信贷需求结构及其业务发展形式也受到了深远影响，银行的盈利空间与盈利能力也受到了较大挑战。同时，随着金融科技发展的突飞猛进发展，人工智能、第三方支付、无人银行等金融技术的发展与普及，也使得银行传统经营模式受到了较大制约与冲击。再加上金融脱媒、金融长尾效应等的存在，不断地冲击着商业银行的传统经营模式与优势领域，近年来商业银行传统业务呈现出了资产质量下滑、利润空间收窄、部分业务难以扩张等发展困境与痛点，其原有的依靠存贷利差盈利的经营模式已难以为继。因此，商业银行应结合金融科技新视域，融合大数据、人工智能及云计算等技术手段，实现其业务发展的不断突破与升级。应依托金融科技拓展资源配置渠道，开展消费信贷、数字货币等“定制化”服务，优化产品结构，进而实现业务模式的转型升级与经营方式的多元化。

（二）对商业银行风险管控的启示

商业银行在其业务转型升级中，也难免存在操作、道德及信用等方面的一系列风险的突发与暴露，故也应依托各类技术手段加强对风险的防范与管控。首先，应借助区块链、云计算、人工智能等技术手段构建风险信息分类数据平台，优化其风险溯源机制、完善其风险评估模型、提高其风险应对效率，并健全其风险管控体系。其次，应借助区块链、云计算人工智能及大数据等技术手段，加强商业银行与第三方科技平台间的合作，完善风险管控的“智能化+生态化”生态监管体系。再次，也应借助金融科技手段，融合利用现有征信体系中及第三方金融平台上各类消费活跃用户的数据信息，完善其客户的信息数据系统，力争在贷前、贷中及贷后各类风险管控中有效降低信息不对称性，精准防范各类风险。最后，在一些特色业务与服务方面，也应依托金融科技手段，通过大数据智能风控等措施来降低其运营中的风险，力争实现风险管控的数字化、智能化发展。

（三）对科技耦合商业银行提升风险管控能力的启示

在金融科技叠加经济新常态的当前环境下，依托金融科技提升商业银行风险管控能力也已成为各商业银行的重要任务之一。各商业银行不仅要在其业务转型升级中充分运用手段，而且在其业务转型中呈现出新风险、新痛点及新的发展趋势时，更应该大力拥抱金融科技全面提升其风险管控能力。特别是当前，金融科技与实体经济、与金融机构的深度耦合也为商业银行实现风险管理的智能化发展提供了前所未有的机遇。故商业银行应顺应时代潮流，依托区块链、人工智能等技术手段，积极借鉴互联网金融科技公司的发展经验，优化其风险识别机制、完善其风险评估模型，提升其风险应对效率，健全其风险管控体系，实现其风险管控模式的创新与流程的重塑。首先，商业银行应大力拥抱金融科技实现贷前风险的防范。借助区块链、云计算及大数据等科技手段，整合多渠道资源，整理客户信用数据，分析并掌握其风险偏好、风险诱因及风险等级等情况，对客户风险实行动态管理，进而提升其风险管控水平。其次，商业银行应依托金融科技建立全面的风险管控体系实现贷中风险的有效防范。建立风险信息分类数据平台，健全风险管控数据导入体系，完善风险管控流程，及时更新客户的风险数据，更高效地降低贷款过程中的信息不对称及逆向选择问题，进而较少贷中的道德风险。最后，商业银行应依托金融科技提升贷后风险管理水平。整理其内部数据，并进而将内外部数据有效整合，依托大数据、云计算等技术手段，对其客户信贷状况、存款状况及账户明细数据等情况进行整理，提高贷后风险信息的全面性与准确性。依托区块链、人工智能等技术手段，建立健全客户资金风险管控溯源模型，实时、动态监管客户资金账户状况，并依托机器学习、人工智能等技术手段，建立银行资产预警指标体系，及时发现风险信号并有效应对，降低银行风险水平。

三、对银行客户等微观层面的启示

金融科技拓宽了商业银行业务服务的平台与场景，目前其业务已延伸至部分长尾客户，在一定程度上弥补了传统模式下供给不足的缺口，也提升了其金融资源的配置效率与质量，当然随着商业银行业务覆盖广度与深度的提升，也对其客户群体适应金融科技新背景提出了一定的要求。

（一）加大在客户群体中关于金融科技的宣传力度

加大在客户群体中的金融科技宣传力度，鼓励客户使用网上交易、数字识别等金融科技手段，特别是对偏远交通不便地区及客户群体中年龄偏大、知识层次不太高的客户，应积极引导其对云平台与大数据等金融科技的认识，必要时也可对该部分客户群体进行产品、业务及可能存在的风险等相关知识的有效培训，加大对云计算、人工智能等金融科技的宣传与推广力度，帮助客户更好、更快地适应金融科技的发展要求。同时也帮助商业银行拓宽长尾客户，并解决其在满足长尾客户融资需求中的外部经济、规模经济及范围经济等多重经济效应，进而提升其资源配置效率，降低其业务转型中的风险。

（二）依托金融科技提升客户群体的金融素养

依托人工智能、大数据等技术手段，加大对金融知识的推广，提升客户群体的金融素养水平。应积极与教育机构、金融科技公司等联合，对客户群体进行金融知识的普及和教育，拓宽居民对于金融知识的获取渠道，例如，派发宣传页、开展知识讲座等，可对潜在客户尽早进行金融方面的教育，也可对年纪较大的老人进行上门讲解，在普及知识的同时拉近与客户群体间的关系；可与当地金融机构合作，利用金融机构的优势，为居民普及金融产品知识，合理利用机构的网点和人才设备，给客户群体输送金融意识和理财理念，积极引导进行合理有效的资金资源配置，规避风险创造收益；也应培养客户群体依托区块链、人工智能等手段进行合理消费信贷的意识，应根据具体情况改善不同地方的网络设施建设，为使用数字化产品和金融科技服务创造良好硬件条件，促进政府、银行及客户群体三方间的合作与协调，为提升客户群体金融素养提供有力支撑。

第三节　研究展望

一、研究不足

虽然该研究在前人基础上，依托金融科技新视域，从新思维视角展开对我国商业银行业务转型中的风险识别、评估、应对及管控等研究的研究，但由于受理论修养和现实经验的不足，在一些诸如深入挖掘风险数据、构建风险控制技术与手段等微观领域的研究还不够到位，今后仍需加大研究力度。

二、未来展望

今后需在如下几方面继续加强学习：

1. 应在商业银行风险溯源、评估与管控等微观领域内加大研究力度。在商业银行业务转型的风险管控上，应加大对金融科技的运用力度，将 CA 识别溯源模型、SDAE 降噪评估模型及 GM(N，N) 风险应对流程等研究进一步细化、深入。

2. 应利用金融科技、神经网络、小波分和模糊理论等加强对风险波动的模拟和预测。应加强对博弈规制、节点赋能异质性等机理的研究，提升商业银行风险溯源与管控的效率。

3. 应依托金融科技新思维实现多学科理论的交叉应用，依托金融科技新思维，将协同理论、超循环理论及耗散结构理论等多学科理论融入商业银行风险溯源与管控中，实现多学科交叉应用。

参考文献

[1] K. J. Arrow, Uncertainty and the Welfare Economic of Medical Care [J]. *American Economics Review*, Vol. 53, No. 5, December 1963, pp. 941 –969.

[2] J. Dreze, *Essays on Economic Decision Under Uncertainty* [M]. CUP Archive: Cambridge University Press, 1990.

[3] M. V. Pauly, The Economics of Moral Hazard: Comment [J]. *American Economic Review*, Vol. 58, No. 3, Jun 1968, pp. 531 –536.

[4] Stiglitz and Weiss, Credit Rationing in Markets with Imperfect Information [J]. *American Economics Review*, Vol. 71, No. 3, Jun 1981, pp. 393 –410.

[5] Michael. Rhodes, Banks in the Digital Age: It's Still about Humans [J]. *American Banker*, Vol. 58, 2017, pp. 267 –282.

[6] F. Black and M. Scholes, The Pricing of Options and Corporate Liabilities [J]. *Journal of Political Economy*, Vol. 81, No. 3, May 1973, pp. 637 –659.

[7] R. Merton, On the Pricing of Corporate Debt: The Risk Structure of Interest rates [J]. *Journal of Finance*, Vol. 29, No. 2, May 1974, pp. 449 –470.

[8] Jon. Frye, Collateral Damage: A Source of Systematic Credit Risk [J]. *Risk Magazine*, Vol. 13, No. 4, April 2000, pp. 91 –94.

[9] L. Richeson and R. Zimmermann and K. Barnett, Predicting Consumer Credit Performance: Can Neural Networks Out Perform Traditional Statistical Methods [J]. *Expert Systems Appl*, Vol. 2, No. 2, 1994, pp. 116 –130.

[10] A. Vellido and P. Lisboa and J. Vaughan, Neural Networks in Business: A Survey of Applications (1992 – 1998) [J]. *Expert Systems with Applications*, Vol. 17, No. 1, July 1999, pp. 51 –70.

[11] F. Longstaff and E. Schwartz, Valuing Credit Derivatives [J]. *Journal of Fixed Income*, Vol. 6, 1995, pp. 6 –12.

[12] D. Duffie and K. Singleton, Modeling Term Structures of Defaultable Bonds [J]. *Review of Financial Studies*, Vol. 12, No. 4, July 1999, pp. 687 -720.

[13] J. C. Cox and J. E. Igernsoll and S. A. Ross, A Theory of Term Structure of Interest Rates [J]. *Econometrics*, Vol. 53, 1985, pp. 385 -407.

[14] M. Crouhy and D. Galai and R. Mark, A Comparative Analysis of Current Credit Risk Models [J]. *Journal of Banking & Finance*, Vol. 24, No. 1, January 2000, pp. 59 -117.

[15] R. A Jarrow and V. Land and S M. Turnbull, A Markov Model for the Term Structure of Credit Risk Spreads [J]. *Review of Financial Studies*, Vol. 10, 1997, pp. 481 -523.

[16] R. Jarrow and S. Turnbull, Pricing Options on Financial Securities Subject to Default Risk [J]. *Journal of Finance*, Vol. 50, No. 1, March 1995, pp. 53 -86.

[17] I. Karatzas and S. Shreve, *Brownian Motion and Stochastic Calculus* [M]. Springer Science & Business Media, 1991.

[18] Dante. Disparte, Data is Not Just a Tool for Growth—It is the Growth [J]. *American Banker*, Vol. 91 2017, pp. 138 -149.

[19] R. C. Merton, Optimum Consumption and Portfolio Rules in A Continuous - Time Model [J]. *Journal of Economic Theory*, Vol. 3, No. 4, December 1971, pp. 373 -413.

[20] D. L. Dicks and P. Fulghieri, Uncertainty Aversion and Systemic Risk [J]. *Journal of Political Economy*, Vol. 127, No. 3, June 2019, pp. 1118 -1155.

[21] A. M. Andrieş and S. Nistor and N. Sprincean, The Impact of Central Bank Transparency on Systemic Risk—Evidence from Central and Eastern Europe [J]. *Research in International Business and Finance*, Vol. 12, 2019, pp. 125 -140.

[22] K. Ota and M. Dong and J. Gui, QUOIN: Incentive Mechanisms for Crowd Sensing Networks [J]. *IEEE Network*, Vol. 32, No. 2, March 2018, pp. 114 -119.

[23] R. Beaver, Financial Ratios as Predictors of Failure [J]. *Journal of Accounting Research*, Vol. 4, 1996, pp. 71 -111.

[24] R. Beaver, Market Prices, Financial Ratios and the Prediction of Failure [J]. *Journal of Accounting Research*, Vol. 6, No. 2, Autumn 1968, pp. 179 – 192.

[25] E. I. Altman, Financial Ratios, Discriminant Analysis and the Prediction of Corporate Bankruptcy [J]. *Journal of Finance*, Vol. 23, No. 4, September 1968, pp. 589 – 609.

[26] E. I. Altman and R. G. Haldeman and P. Narayanan, ZETA Analysis: A New Model to Identify Bankruptcy Risk of Corporations [J]. *Journal of Banking and Finance*, Vol. 1, 1971, pp. 29 – 54.

[27] Chen. Yi – Chang and Xu. Zixian, Loan Conditions and Bank Risk Exposure [J]. *Atlantis Press*, Vol. 106, December 2019, pp. 46 – 65.

[28] E. I. Altman and M. Brenner, Information Effects and Stock Market Responses to Sign of Firm Deterioration [J]. *Journal of Financial and Quantative Analysis*, Vol. 16, No. 1, April 1981, pp. 35 – 51.

[29] Z. XIAO and Z. LI and LIU, Emrshare: A Cross – Organizational Medical Data Sharing and Management Framework Using Permissioned Blockchain [C]. 24th IEEE International Conference on Parallel and Distributed Systems, 2018 (12).

[30] E. I. Altman, The Success of Business Failure Prediction Models: An International Survey [J]. *Journal of Banking & Finance*, Vol. 8, No. 2, June 1984, pp. 171 – 198.

[31] E. I. Altman and G. Marco and F. Varetto, Corporate Distress Diagnosis: Comparisons Using Linear Discriminant Analysis and Neural Networks [J]. *Journal of Banking and Finance*, Vol. 18, No. 3, May 1994, pp. 505 – 529.

[32] J. B. Caouette and E. I. Altman and P. Narayanan, *Managing Credit risk: The Next Great Financial Challenge* [M]. John Wiley & Sons, 1998.

[33] J. A. Ohlson, Financial Ratios and the Probabilistic Prediction of Bankruptcy [J]. *Journal of Accounting Research*, Vol. 18, No. 1, Spring 1980, pp. 109 – 131.

[34] M. Luoma and E. K. Laitinen, Survival Analysis as Tool for Company Failure Prediction [J]. *Omega*, Vol. 19, No. 6, 1991, pp. 673 – 678.

[35] R. W. Scapens and R. J. Ryan and L. Flecher, Explaining Corporate Failure: A Catastrophe Theory Approach [J]. *Journal of Business Finance & Accounting*, Vol. 8, No. 1, March 1981, pp. 1 -26.

[36] H. Frydman and E. Altman and D. L. Kao, Introducing Recursive Partitioning for Financial Classification: The Case of Financial Distress [J]. *The Journal of Finance*, Vol. 40, No. 1, March 1985, pp. 269 -291.

[37] P. T. Theodossiou, Predicting Shifts in the Mean of A Multivariate Time Series Process: An Application in Predicting Business Failures [J]. *Journal of the American Statistical Association*, Vol. 88, No. 422, 1993, pp. 441 -449.

[38] M. Odom and R. Sharda, A Neural Network Model for Bankruptcy Prediction [J]. *In Proc. Int. Joint Conf. Neural Networks San Diego*, 1990.

[39] T. Bell and G. Ribar and J. Verchio, Neural Nets Versus Logistic Regression: A Comparison of Each Model's Ability to Predict Commer Edict Commercial Bank Failures [J]. *Kansas Symp. On Auditing Problems*, Vol. 9, 2017, pp. 29 -53.

[40] R. Raghupathi and L. Schkade and B. Raju, A Neural Network Approach to Bankruptcy Prediction [J]. *Systems Science*, Vol. 4, 1991, pp. 147 -155.

[41] E. Rahimian and S. Singh and T. Thammachacote and R. Virmani, *Bankruptcy Prediction by Neural Networks* [M]. Chicago: Probus Publ, 2013.

[42] K. G. Coleman and T. J. Graettinger and W. F. Lawrence, Neural Networks for Bankruptcy Prediction: The Power to Solve Financial Problems [J]. *Artificial Intelligence Review*, Vol. 4, 1991, pp. 48 -50.

[43] D. Fletcher and E. Goss, Forecasting with Neural Networks: An Application Using Bankruptcy Data [J]. *Information & Management*, Vol. 24, No. 3, March 1993, pp. 159 -167.

[44] G. Udo, Neural Network Performance on the Bankruptcy Classification Problem [J]. *Computers & Industrial Engineering*, Vol. 25, No. 1, September 1993, pp. 377 -380.

[45] J. Tsukuda and S. Baba, Predicting Japanese Corporate Bankruptcy in Terms of Financial Data Using Neural Networks [J]. *Computers & Industrial Engineering*, Vol. 27, No. 1, September 1994, pp. 445 -448.

[46] R. L. Wilson and R. Sharda, Bankruptcy Prediction Using Neural Networks [J]. *Decision Support Systems*, Vol. 11, No. 5, June 1994, pp. 545 – 557.

[47] P. L. Brockett and W. W. Cooper and L. L. Golden, A Neural Network Method for Obtaining An Early Warning of Insurer Insolvency [J]. *Journal of Risk and Insurance*, Vol. 61, No. 3, September 1994, pp. 402 – 424.

[48] K. M. Fanning and K. O. Cogger, A Comparative Analysis of Artificial Neural Networks Using Financial Distress Prediction [J]. *Intelligent Systems in Accounting, Finance and Management*, Vol. 3, No. 4, December 1994, pp. 241 – 252.

[49] M. J. Lenard and P. Alam and G. R. Madey, The Application of Neural Networks and A Qualitative Response Model to the Auditor's Going Concern Uncertainty Decision [J]. *Decision Sciences*, Vol. 26, No. 2, March 1995, pp. 209 – 227.

[50] E. Tyree and J. Long, Assessing Financial Distress with Probabilistic Neural Networks [J]. *Neural Networks in the Capital Markets*, Vol. 10, 1995, pp. 423 – 435.

[51] C. Serrano – Cinca, Self Organizing Neural Networks for Financial Diagnosis [J]. Decision Support Systems, Vol. 17, No. 3, July 1996, pp. 227 – 238.

[52] R. Shards, R. Wilson, Neural Network Experiments in Business Failure Forecasting: Predictive Performance Measurement Issues [J]. *International Journal of Computational Intelligence and Organizations*, Vol. 1, 1996, pp. 107 – 117.

[53] R. Barniv and A. Agarwal and R. Leach, Prediction the Outcome Following Bankruptcy Filing: A Three – State Classification Using Neural Networks [J]. *Intelligent Systems in Accounting, Finance & Management*, Vol. 6, No. 3, September 1997, pp. 177 – 194.

[54] J. I. Han and H. Lee, Bankruptcy Prediction Using Case – Based Reasoning, Neural Networks, and Disriminant Analysis [J]. *Expert Systems with Applications*, Vol. 13, No. 2, August 1997, pp. 97 – 108.

[55] I. Olmeda and E. Fernandez, Hybrid Classifiers for Financial Multi – Criteria Decision Making: The Case of Bankruptcy Prediction [J]. *Computational Economics*, Vol. 10, November 1997, pp. 317 – 335.

[56] C. Serrano – Cinca, Feedforward Neural Networks in the Classification of

Financial Information [J]. *The European Journal of Finance*, Vol. 3, No. 3, 1997, pp. 183 -202.

[57] Moody's Quantitative Risk's Public Firm Risk Model [J]. *Available: www. moodysqra*, Vol. 3, 2017, pp. 189 -212.

[58] A. Vellido and P. Lisboa and J. Vaughan, Neural Networks in Business: A Survey of Applications (1992 - 1998) [J]. *Expert Systems with Applications*, Vol. 17, No. 1, July 1999, pp. 51 -70.

[59] B. K. Wong and T. A. Bodnovich and Y. Selvi, Neural Network Applications in Business: A Review and Analysis of the Literature (1988 - 1995) [J]. *Decision Support Systems*, Vol. 19, No. 4, April 1997, pp. 301 -320.

[60] A. I. Dimitras and S. H. Zanakis and C. Zopounidis, A Survey of Business Failures with An Emphasis on Prediction Methods and Industrial Applications [J]. *European Journal of Operational Research*, Vol. . 90, No. 3, May 1996, pp. 487 -513.

[61] G. Zhang and M. Hu and B. Patuwo, Artificial Neural Networks in Bankruptcy Prediction: General Framework and Cross - Validation Analysis [J]. *European Journal of Operational Research*, Vol. 116, No. 1, July 1999, pp. 16 -32.

[62] K. Tam, Neural network models and the prediction of bank bankruptcy [J]. *Omega*, Vol. 19, No. 5, 1991, pp. 429 -445.

[63] K. Tam and M. Kiang, Managerial Applications of Neural Networks: The Case of Bank Failure Predictions [J]. *Management Science*, Vol. 38, No. 7, July 1992, pp. 926 -947.

[64] L. M. Salchenberger and E. M. Cinar and N. A. Lash, Neural Networks: A New Tool for Predicting Thrift Failures [J]. *Decision Sciences*, Vol. 23, No. 4, July 1992, pp. 899 -916.

[65] P. Coats and L. Fant, Recognizing Financial Distress Patterns Using a Neural Network Tool [J]. *Financial Management*, Vol. 22, No. 3, 1993, pp. 142 -155.

[66] M. Kerling, Corporate Distress Diagnosis - International Comparison [J]. *Neural Networks in the Capital Markets*, *A. N. Refenes*, Vol. 10, 2019, pp. 407 -422.

[67] W. Edelberg, Risk - Based Pricing of Interest Rates for Consumer Loans [J]. *Journal of Monetary Economics*, Vol. 53, No. 8, November 2006,

pp. 2283 - 2298.

[68] E. I. Altman and G. Marco and F. Varetto, Corporate Distress Diagnosis: Comparisons Using Linear Discriminant Analysis and Neural Networks [J]. *Journal of Banking & Finance*, Vol. 18, No. 3, May 2020, pp. 505 - 529.

[69] M. Theodore and J. Barnhill and F. M. William, Modeling Correlated Market and Credit Risk in Fixed Income Portfolios [J]. *Journal of Banking & Finance*, Vol. 26, No. 2, March 2002, pp. 347 - 374.

[70] M. Bergeron and J. M. Martel, The Evaluation of Corporate Loan Applications Based on the MCDA [J]. *Journal of Emerging Market review*, Vol. 4, 1996, pp. 249 - 262.

[71] C. Zopounidis and A. I. Dimitras, *Multi - criteria Decision Aid Methods for Prediction of Business Failure* [M]. Dordrech: Kluwer Academic Publishers, 1998.

[72] G. Delianedis and R. L. Geske, Credit Risk and Risk Neutral Default Probabilities: Information About Rating Migrations and Defaults [J]. *Available at SSRN* 424301, 2003.

[73] P. Nickell and W. Perraudin and S. Varotto, Stability of Rating Transitions [J]. *Journal of Banking & Finance*, Vol. 24, No. 1, January 2000, pp. 203 - 227.

[74] L. V. Carty and J. S. Fons, Measuring Changes in Corporate Credit Quality [J]. The Journal of Fixed Income, Vol. 4, No. 1, 1994, pp. 27 - 41.

[75] P. Nickell and W. Perraudin and S. Varotto, Stability of Rating Transitions [J]. *Journal of Banking & Finance*, Vol. 24, No. 1, January 2000, pp. 203 - 227.

[76] R. A. Jarrow and D. Lando and S. Turnball, A Markov Model for the Term Structure of Credit Risk Spreads [J]. *The Review of Financial Studies*, Vol. 10, No. 2, April 1997, pp. 481 - 523.

[77] A. Bangia and F. X. Diebold and A. Kronimus, Ratings Migration and the Business Cycle, with Application to Credit Portfolio Stress Testing [J]. *Journal of banking & finance*, Vol. 26, No. 2, March 2002, pp. 445 - 474.

[78] K. J. Arrow, The Role of Securities in the Optimal Allocation of Risk - Bearing [J]. *The Review of Economic Studies* [J]. Vol. 31, No. 2, April 1964, pp. 91 - 96.

[79] J. S. Fons, Using Default Rates to Model the Term Structure of Credit Risk [J]. *Financial Analysts Journal*, Vol. 50, No. 5, December 1994, pp. 25 –32.

[80] R. Litterman and J. Scheinkman, *Common Factors Affecting Bond Returns* [M]. The Journal of Fixed Income, 1991.

[81] J. Jonsson and M. Fridson, *Forcasting Default Rates on High – yield Bonds* [M]. The Journal of Fixed Income, 2016.

[82] R. Geske, *The Valuation of Corporatc Liabilities as Compound Options* [M]. Journal of Financial and Quantitative Analysis, 2017.

[83] T. S. Y. Ho and R. F. Singer, Bond Indenture Provisions and the Risk of Corporate Debt [J]. *Journal of Financial Economics*, Vol. 10, No. 4, December 1982, pp. 375 –406.

[84] J. C. Cox and J. E. Ingersoll and S. A. Ross, An Analysis of Variable Rate Loan Contracts [J]. *The Journal of Fiance*, Vol. 35, No. 2, May 1980, pp. 389 –403.

[85] F. Jamshidian, An Exact Bond Option Formula [J]. *The Journal of Finance*, Vol. 44, No. 1, March 1989, pp. 205 –209.

[86] D. Shimko and N. Tejima and D. V. Deventer, *The Pricing of Risky Debt When Interest Rates Are Stochastic* [M]. The Journal of Fixed Income, 2020.

[87] F. Black and J. C. Cox, Valuing Corporate Securities: Some Effects of Bond Indenture Provisions [J]. *The Journal of Fiance*, Vol. 31, No. 2, May 1976, pp. 351 –367.

[88] M. J. Brennan and E. S. Schwartz, Analyzing Convertible Bonds [J]. *Journal of Financial and Quantitative Analysis*, Vol. 15, No. 4, November 1980, pp. 907 –929.

[89] S. P. Mason and S. Bhattacharya, Risky Debt Jump Processes and Safety Covenants [J]. *Journal of Financial Economics*, Vol. 9, No. 3, September 1981, pp. 281 –307.

[90] C. Zhou, *A Jump – Diffusion Approach to Modeling Credit Risk and Valuing Defaultable Securities* [M]. Working Paper, Federal Reserve Board, 1997.

[91] I. J. Kim and K. Ramaswamy and S. Sundaresan, Does Default Risk in Coupons Affect the Valuation of Corporat Bonds? A Contingent Claims Model [J].

Financial Management, Vol. 22, No. 3, 1993, pp. 117 – 131.

[92] S. R. Das and P. Tufano, Pricing Credit – Sensitive Debt When Interest Rates, Credit Rating and Credit Spreads Are Stochastic [J]. *The Journal of Financial Engineering*, Vol. 2, September 1995, pp. 161 – 198.

[93] D. B. Madan and H. Unal, Pricing the Risks of Default [J]. *Review of Derivatives Research*, Vol. 2, December 1998, pp. 121 – 160.

[94] D. Duffie and M. Schroder and C. Skiadas, Recursive Valuation of Defaultable Securities and the Timing of Resolution of Uncertainty [J]. *The Annals of Applied Probability*, Vol. 6, No. 4, November 1996, pp. 1075 – 1090.

[95] D. Duffle and K. Singleton, *Simulating Correlated Defaults* [M]. Stanford University, 1998.

[96] D. Duffle and K. Singleton, Credit Risk, Princeton Series in Finance [J]. *Princeton University Press*, 2003.

[97] M. Athavale and R. O. Edmister, The Pricing of Sequential Bank Loans [J]. *Financial Review*, Vol. 39, No. 2, May 2004, pp. 231 – 253.

[98] E. P. Jones and S. P. Mason and E. Rosenfeld, Contingent Claim Analysis of Corporate Capital Structures: An Empirical Investigation [J]. *The Journal of Finance*, Vol. 39, No. 3, July 1984, pp. 611 – 625.

[99] S. Titman and W. Torous, Valuing Commercial Mortgages: An Empirical Investigation of the Contingent – Claims Approach to Pricing Risky Debt [J]. *The Journal of Finance*, Vol. 44, No. 2, June 1989, pp. 345 – 373.

[100] R. Anderson and S. Sundaresan, A Comparative Study of Structural Models of Corporate Bond Yields: An Exploratory Investigation [J]. *Journal of Banking & Finance*, Vol. 24, No. 1, January 2000, pp. 255 – 269.

[101] G. R. Duffee, Estimating the Price of Default Risk [J]. *Review of Financial Studies*, Vol. 12, No. 1, 2020, pp. 197 – 226.

[102] J. O. Horrigan, The Determination of Long Term Credit Standards with Financial Ratios [J]. *Empirical Research in Accounting*, *Journal of Accounting Research*, Vol. 04, 1996, pp. 44 – 62.

[103] A. A. Gottesman and G. S. Roberts, Maturity and Corporate Loan Pricing

[J]. *The Financial Review*, Vol. 39, 2004, pp. 55 –77.

[104] J. S. Ohlson, Financial Ratios and the Probabilistic Prediction of Bankruptcy [J]. *Journal of Accounting Research*, Vol. 18, 2019, pp. 109 –131.

[105] J. C. Wiginton, *A Note on the Comparison of Logit and Discriminant Models of Consumer Credit Behavior* [M]. Journal of Financial and Quantitative Analysis, 1980.

[106] M. Lundy, *Cluster Analysis in Credit Scoring*, *Credit Scoring and Credit Control* [M]. New York: Oxford University Press, 2018.

[107] K. Y. Tam and M. Y. Kiang, Managerial Applications of Neural Networks: The Case of Bank Failure Predictions [J]. *Management Science*, Vol. 38, 1992, pp. 927 –947.

[108] A. K. Jain and Robert P. W. Duin and Jianchang Mao, *Statistical Pattern Recognition: A Review* [M]. IEEE Transactions on Pattern Analysis and Machine Intelligence, 2020.

[109] Cortes and Vapnik, Support – vector Networks [J]. *Machine Learning*, Vol. 20, No. 3, 1995, pp. 273 –297.

[110] Sheng – Tun Li and Weissor Shiue and Meng – Huah Huang. The Evaluation of Consumer Loans Using Support Vector Machines [J]. *Expert Systems with Applications*, Vol. 30, No. 4, May 2006, pp. 772 –782.

[111] M. Bergeron and J. M. Martel, The evaluation MCDA [J]. *Journal of Emerging Market review of coloan applications based on*, Vol. 4, 1996, pp. 249 –262.

[112] C. Zopounidis and A. I. Dimitras, Multicriteria Decision Aid Methods for the Prediction of Business Failure [J]. *Dordrech: Kluwer Academic Publishers*, 1998.

[113] M. Doumpos and C. Zopounidis, Credit Risk Assessment Using a Multi – criteria Hierarchical Discrimination Approach: A Comparative Analysis [J]. *European Journal of Operational Research*, Vol. 138, No. 2, 16 April 2002, pp. 392 –412.

[114] A. Vellido and P. J. G Lisboa and J. Vaughan, Neural networks in business: A Survey of Applications (1992 – 1998) [J]. *Expert System with Applications*, Vol. 17, No. 1, July 1999, pp. 51 –70.

[115] B. K. Wong and T. A. Bodnovich and Y. Selvi, Neural Network Applica-

tions in Business: A Review and Analysis of the Literature (1988 - 1995) [J]. *Decision Support Systems*, Vol. 19, No. 4, April 1997, pp. 301 -320.

[116] A. I. Dimitras and S. H. Zanakis and C. Zopounidis, A Survey of Business Failures with An Emphasis on Prediction Methods and Industrial Applications [J]. *European Journal of Operational Research*, Vol. 90, No. 3, 10 May 1996, pp. 487 -513.

[117] G. Zhang and M. Y. Hu and B. E. Patuwo, Artificial Neural Networks in Bankruptcy Prediction: General Framework and Cross - validation Analysis [J]. *European Journal of Operational Research*, Vol. 116, No. 1, 1 July 1999, pp. 16 -32.

[118] K. Y. Tam, Neural Network Models and the Prediction of Bank Bankruptcy [J]. *Omega*, Vol. 19, No. 5, 1991, pp. 429 -445.

[119] E. I. Altman and G. Marco and F. Varetto, Corporate Distress Diagnosis: Discriminant Analysis and Neural Networks [J]. *Journal of Banking and Finance*, Vol. 18, No. 3, May 1994, pp. 505 -529.

[120] M. Leshno and Y. Spector, Neural Network Prediction Analysis: The Bankruptcy Case [J]. *Neurocomputing*, Vol. 10, No. 2, March 1996, pp. 125 -147.

[121] K. C. Lee and I. Han and Y. Kwon, Hybrid Neural Network Models for Bankruptcy Predictions [J]. *Decision Support System*, Vol. 18, No. 1, September 1996, pp. 63 -72.

[122] B. Back and T. Laitinen and K. Sere, Neural Networks and Genetic Algorithms for Bankruptcy Predictions [J]. *Expert System Applications*, Vol. 11, No. 4, 1996, pp. 407 -413.

[123] S. Piramuthu and H. Ragavan and M. J. Shaw, Using Feature Construction to Improve the Performance of Neural Networks [J]. *Management Science*, Vol. 44, No. 3, 1 Mar 1998, pp. 416 -430.

[124] S. Piramuthu, Feature Selection for Financial Credit - Risk Evaluation Decisions [J]. *Informs Journal on Computing*, Vol. 11, No. 3, 1 Aug 1999, pp. 258 -266.

[125] E. Martinelli and Carvalho and André Carlos Ponce de Leon Ferreira and Rezende and Solange Oliveira and Matias and Alberto Borges, *Rules Extractions from*

Banks' Bankrupt Data Using Connectionist and Symbolic Learning Algorithms [M]. Computational Finance 1999, New York Jan, 1999.

[126] G. Zhang and M. Y. Hu and B. E. Patuwo, Artificial Neural Networks in Bankruptcy Prediction: General Framework and Cross – Validation Analysis [J]. *European Journal of Open Research*, Vol. 116, No. 1, 1 July 1999, pp. 16 – 32.

[127] P. Nickell and W. Perraudin and S. Varotto, Stability of Rating Transitions [J]. *Journal of Banking and Finance*, Vol. 24, No. 1 – 2, January 2000, pp. 203 – 227.

[128] A. Bangia and F. X. Diebold and T. Schuermann, Rating Migration and the Business Application to Credit Portfolio Stress Testing [J]. *Pier Working Paper Cycle*, Vol. 9, 2002, pp. 001 – 004.

[129] E. I. Altman and V. M. Kishore, Almost Everything You Wanted to Know About Recovery on Defaulted Bonds [J]. *Financial Analysts Journal*, Vol. 52, No. 6, 1996, pp. 57 – 64.

[130] Ivailo and Izvorski, *Recovery Ratios and Survival Times for Corporate Bonds* [M]. IMF Working Paper, 2017.

[131] Bahar and Brand, *Recoveries on Defaulted Bonds Tied to Seniority Rankings* [M]. Special Report Standard and Poor's, 1998.

[132] K. Van de Castle and D. Keisman and R. Yang, Suddenly Structure Mattered: Insights Into Recoveries of Default Debt [J]. *Standard & Poor's*, Vol. 05, 2000, pp. 1 – 47.

[133] E. I. Altman and B. Brady and A. Resti and A. Sironi, The Link between Default and Recovery Rates: Implications for Credit Risk Models and Procyclicality [D]. NYU Working Paper No. 2451/26764, 2020.

[134] C. Ozturk and A. Dizbase, *Barriers to Implementation of Blockchain into Supply Chain Management Using an Integrated Multi – Criteria Decision – Making Method: A Numerical Example* [M]. Soft Computing, 2020, pp. 771 – 789.

[135] E. Androulaki and A. Barger and V. Bortnikov, Hyperledger Fabric: A Distributed Operating System For Permissioned Block Chains [C]. Proceedings of the13th EuroSys Conference, 2018.

[136] M. Onorato and E. I. Altman, An Integrated Model for Defaultable Loans and Bonds [J]. *European Journal of Operational Research*, Vol. 163, No. 1, 16 May 2005, pp. 65 – 82.

[137] S. M. Turnbull, Pricing Loans Using Default Probabilities [J]. *Economic Notes*, Vol. 32, No. 2, July 2003, pp. 197 – 217.

[138] A. M. Andrieş and S. Nistor and N. Sprincean, The Impact of Central Bank Transparency on Systemic Risk—Evidence from Central and Eastern Europe [J]. *Research in International Business and Finance*, Vol. 51, January 2020, pp. 375 – 402.

[139] S. Kaur and C. Kapuria, Determinants of financial inclusion in rural India: does gender matter? [J]. *International Journal of Social Economics*, Vol. 47, No. 06, June 2020, pp. 747 – 767.

[140] 杨子晖，陈里璇，陈雨恬．经济政策不确定性与系统性金融风险的跨市场传染——基于非线性网络关联的研究 [J]．经济研究，2020 (01)：65 – 81.

[141] 郭烨，黄振，姚若琪．战略投资者选择与银行效率——来自城商行的经验证据 [J]．经济研究，2020 (01)：181 – 197.

[142] 马勇，陈雨露．金融杠杆、杠杆波动与经济增长 [J]．经济研究，2017 (06)：31 – 45.

[143] 李苍舒，沈艳．数字经济时代下新金融业态风险的识别、测度及防控 [J]．管理世界，2019 (12)：53 – 69.

[144] 丁友刚，严艳．中国商业银行贷款拨备的周期效应 [J]．经济研究，2019 (07)：142 – 157.

[145] 方意，黄丽灵．系统性风险、抛售博弈与宏观审慎政策 [J]．经济研究，2019 (09)：41 – 55.

[146] 童中文，解晓洋．中国银行业系统性风险的“社会性消化”机制研究 [J]．经济研究，2018 (02)：124 – 139.

[147] 吴晓求，许荣，孙思栋．现代金融体系：基本特征与功能结构 [J]．中国人民大学学报，2020 (02)：39 – 49.

[148] 唐文进，苏帆．极端金融事件对系统性风险的影响分析——以中

国银行部门为例［J］. 经济研究，2017（09）：17－33.

［149］张天顶，张宇. 模型不确定下我国商业银行系统性风险影响因素分析［J］. 国际金融研究，2017（03）：6－12.

［150］陈瑞华，信息经济学［M］. 天津：南开大学出版社，2003.

［151］李家军，风险控制的博弈［M］. 西安：西北工业大学出版社，2006.

［152］于立勇，詹捷辉. 基于 Logistic 回归分析的违约概率预测研究［J］. 金融研究，2004（09）：15－23.

［153］于立勇，詹捷辉，金建国，内部评级法中违约概率与违约损失率的测算研究［J］. 统计研究，2004（12）：22－26.

［154］任兆璋，杨绍基. 商业银行违约风险测度的 SBP 模型研究［J］. 金融研究，2006（11）：127－134.

［155］牛锡明. 我国商业银行实行贷款定价之研究［J］. 金融研究，1997（10）：15－20.

［156］石蓉，耿香娥. VAR 方法在商业银行贷款定价的应用［J］. 统计与决策，2002（09）：28－29.

［157］陈燕玲. 论利率市场化后贷款定价模式选择［J］. 安徽大学学报，2002（03）：82－85.

［158］蒋东明. 论国外贷款定价模式及其对我国商业银行的启示［J］. 北京理工大学学报，2004（05）：83－85.

［159］陈高翔. 利率市场化条件下贷款定价研究［J］. 价格理论与实践，2004（10）：51－52.

［160］喻永新. 商业银行贷款定价问题初探［J］. 现代商业银行导刊，2000（07）：28－31.

［161］王东平. 利率市场化条件下国有商业银行贷款定价体系建设［J］. 经济研究参考，2004（94）：20－22.

［162］邢毓静. 我国境内外汇利率市场化进程中的商业银行外汇贷款定价［J］. 投资研究，2001（02）：23－27.

［163］王俊寿. 商业银行贷款定价模型的比较研究［J］. 南开经济研究，2004（02）：99－102.

[164] 毛仲玫．CPA 模型在中小企业贷款定价中的应用 [J]．新金融，2003 (11)：29 – 30.

[165] 张伟，董伟，张丰麒，岳洋，赵毅，楚晓杰．德国金融科技在金融领域中的应用、管控思路及对我国的启示 [J]．国际金融，2019 (09)：76 – 80.

[166] 王奇．巴塞尔新资本协议框架对商业银行贷款定价的借鉴 [J]．世界经济情况，2002 (20)：23 – 24.

[167] 史泽友，黎丽，张维梁，刘代光．关于利率市场化进程中人民币贷款定价的探讨 [J]．金融论坛，2002 (11)：9 – 13.

[168] 毕明强．墓于贡献度分析和客户关系的商业银行贷款定价方法研究 [J]．金融论坛，2004 (07)：44 – 50.

[169] 袁桂秋，姜礼尚，罗俊．固定支付利率的抵押贷款定价理论——限于在支付日提前支付或违约 [J]．系统工程理论与实践，2003 (09)：48 – 52.

[170] 袁桂秋，金能．无违约风险的可调支付利率抵押贷款定价原理 [J]．系统工程学报，2004 (02)：135 – 140.

[171] 庄新田，黄小原．基于信息不对称的商业银行贷款定价策略分析 [J]．系统工程，2002 (03)：20 – 23.

[172] 简志宏，李楚霖，考虑违约风险的资产定价 [J]．武汉理工大学学报，2001 (04)：71 – 73.

[173] 蒲建平，余剑．贷款定价的期权分析及对中国商业银行风险思考 [J]．北方经贸，2009 (12)：113 – 114.

[174] 王来星．我国商业银行收益与风险对应的定价模型构建 [J]．武汉金融，2003 (05)：28 – 35.

[175] 史泽友，黎丽，张维梁．关于利率市场化进程中人民币贷款定价的探讨 [J]．金融论坛，2002 (11)：9 – 13.

[176] 江海峰．金融科技在金融行业的应用模式研究 [D]．杭州：浙江大学，2018.

[177] 潘淑娟．市场风险与风险：风险管理中存在的悖论 [J]．经济问题研究 2004 (03)：62 – 64.

［178］江海峰．金融科技在金融行业的应用模式研究［D］．杭州：浙江大学，2018.

［179］石晓军，张振龍译．演进着的风险管理——金融领域面临的巨大挑战［M］．北京：机械工业出版社，2001.

［180］张天顶，张宇．模型不确定下我国商业银行系统性风险影响因素分析［J］．国际金融研究，2017（03）：28－37.

［181］王煦逸．商业银行客户资信评价模糊综合评判模型［J］．金融研究，2002（07）：43－52.

［182］吴晶妹．现代论［M］．北京：中国金融出版社，2002.

［183］钱卫宁，邵奇峰，朱燕超．金融科技与可信数据管理：问题与方法［J］．软件学报，2018（01）：150－159.

［184］叶岳良，文炳勋．金融学［M］．长沙：中南工业大学出版社，1999.

［185］王曼怡．金融企业风险管理［M］．北京：中国经济出版社，2003.

［186］陈忠阳．金融风险分析及管理研究［M］．北京：中国人民出版社，2001.

［187］邵奇峰，金澈清，张召．金融科技：架构及进展［J］．计算机学报，2018（05）：969－988.

［188］吕欣．大数据安全和隐私保护技术架构研究［J］．信息安全研究，2016（03）：244－250.

［189］梁吉业，冯晨娇，宋鹏．大数据相关分析综述［J］．计算机学报，2016（01）：1－18.

［190］吴鑫，曾菊儒，彭辉．群智感知激励机制研究综述［J］．软件学报，2016（08）：2025－2047.

［191］龙云安，张健，艾蓉．基于金融科技的供应链金融体系优化研究［J］．西南金融，2019（01）：72－79.

［192］张路．博弈视角下金融科技驱动供应链金融创新研究［J］．经济问题，2019（04）：48－54.

［193］张婷．我国商业银行金融科技的应用与前景展望［J］．新金融，2019（07）：50－57.

［194］刘素．金融科技在金融及其他场景的应用研究［D］．北京：北京

邮电大学，2019.

[195] 张景智．“管控沙盒”制度设计和实施特点：经验及启示 [J]．国际金融研究，2018 (01)：57 – 64.

[196] 孙娜．新形势下金融科技对商业银行的影响与对策 [J]．宏观经济管理，2018 (04)：72 – 79.

[197] 王滨．金融科技对金融业风险管理的影响 [J]．中国金融，2019 (18)：75 – 76.

[198] 姚前．金融科技的激励相容：基于博弈论的经济分析 [J]．清华金融评论，2018 (09)：95 – 100.

[199] 李志辉．国际金融业风险竹理发展的新趋势：综合风险管理 [J]．南开经济研究，2001 (01)：62 – 66.

[200] 陈树斌．金融科技在金融领域的应用研究 [D]．东北财经大学，2017.

[201] 钟轶贤．金融科技对商业银行风险承担水平的影响研究 [D]．华南理工大学，2019.

[202] 孙志娟．我国商业银行 RAROC 风险定价模型 [J]．统计与决策，2011 (20)：141 – 143.

[203] 王彧语．大数据技术在商业银行零售业务中的应用 [J]．现代商业，2022 (29)：39 – 41.

[204] 徐玉莲，张思琦，郭思迁．科技金融网络主体合作的演化博弈研究——基于银行、风险投资与科技企业三方分析 [J]．金融理论与实践，2022 (10)：26 – 35.

[205] 陈莹．商业银行信用风险成因及对策研究 [J]．现代金融，2022 (10)：42 – 50.

[206] 刘志洋，解瑶姝．商业银行数字化转型的特征、成就与展望 [J]．金融博览，2022 (10)：14 – 15.

[207] 孙志娟．基于灰色自校正理论的我国商业银行信贷风险预警机制研究 [J]．湖南社会科学，2013 (02)：142 – 146.

[208] 孙建军，曹昱．中国商业银行竞争和风险承担——基于多决策渠道机制的研究 [J]．海南大学学报 (人文社会科学版)》，2023 (02)：102 – 113.

[209] 高婕，宋丹丹．浅谈我国商业银行信用风险预警规则体系［J］．现代商业，2022（29）：36－38.

[210] 张伟，董伟，张丰麒，岳洋，赵毅，楚晓杰．德国金融科技在金融领域中的应用、管控思路及对我国的启示［J］．国际金融，2019（09）：76－80.

[211] 吴永飞，王彦博，杨璇，徐奇．量子小样本学习技术应用——基于银行智能风控领域［J］．银行家，2022（10）：96－99.

[212] 袁栩．数字金融背景下商业银行营销［J］．经济研究导刊，2022（28）：78－80.

[213] 孙中会，逯苗苗．数字化转型能提升商业银行效率吗？［J］．山东社会科学，2022（10）：128－137.

[214] 张雪兰，李佳宁．太相似而不能倒：银行信贷同群效应与系统性风险［J］．南方经济，2023（02）：110－129.

[215] 孙志娟．后危机时代我国商业银行风险监管路径研究［J］．西南金融，2014（09）：23－27.

[216] 陆怡舟．基于不确定性特征的金融转型风险管理研究［J］．新金融，2024（02）：16－22.

[217] 王兴涛．数字化时代商业银行数字化转型与贷款策略研究［J］．商展经济，2024（03）：63－65.

[218] 叶小舟．新形势下我国城市商业银行信用风险管理研究［J］．商场现代化，2022（19）：85－87.

[219] 刘志洋，宋雨楠．金融衍生产品市场降低全球银行业系统性风险了吗？［J］．世界经济研究，2023（02）：66－77＋135.

[220] 韦念好，班婷，肖丹然．商业银行流动性管理——基于金融市场交易的角度［J］．银行家，2024（02）：73－77.

[221] 高伦，陆岷峰．金融强国背景下商业银行数字化转型风险与管理路径研究［J］．天水行政学院学报，2024（01）：118－124.

[222] 孙志娟．关于我国商业银行逆周期信贷路径研究［J］．统计与决策，2012（05）：158－161.

[223] 刘洋，陈媛．经济新常态下商业银行信贷风险管理问题研究［J］．

时代金融，2023（12）：84－86.

［224］孙志娟．我国商业银行风险预警机制的构建［J］．经济问题，2012（06）：96－99.

［225］马亚明，马丽敏，于博．数字化转型能够降低银行信用风险吗？——基于交叠DID模型的实证检验［J］．现代财经（天津财经大学学报），2024（03）：3－18.

［226］梁力军，史宁，魏齐皓．新常态下商业银行风险导向型税务风险管控体系构建［J］．财会通讯，2022（24）：135－138.

［227］孙志娟．我国新型商业银行风险预警体系的构建［J］．经济研究参考，2013（66）：30－32.

［228］蔺鹏，孟娜娜．商业银行投贷联动的风险管理及监管研究［J］．武汉金融，2017（09）：67－71.

［229］陈华，张梦冉．新常态下商业银行风险管控能力提升研究［J］．农村金融研究，2016（08）：34－39.

［230］曾刚．交叉金融创新与风险管控［J］．中国金融，2016（05）：31－33.

［231］潘小勤．商业银行视角下担保圈贷款风险管控的探索与研究［J］．农村金融研究，2015（09）：54－56.

［232］张骏．金融信息化风险管控研究综述［J］．商业时代，2013（10）：63－64.

［233］贾学奇，胡棋智，姜勇．关于将“大数据”技术引入银行运营风险管控的思考［J］．农村金融研究，2015（01）：41－45.

［234］唐盛鹏．对商业银行金融创新与风险管控辩证关系的思考［J］．西南金融，2012（10）：57－58.

［235］肖娟．商业银行内部控制体系优化思考［J］．现代商业，2023（03）：109－112.

［236］钟鼎礼．西方商业银行操作风险管控对我国商业银行的启示［J］．金融与经济，2012（07）：35－38.

［237］孙志娟．我国商业银行风险预警体系与运作流程的再造［J］．西南金融，2013（09）：41－44.

［238］龙海明，胡鸣．数字化转型能有效缓释银行流动性创造顺周期性吗？［J］．国际金融研究，2023（12）：60－72.

［239］孙志娟．我国商业银行信贷风险评估预警研究——基于灰色自校正 SAGM（1，1）模型［J］．金融理论与实践，2013（06）：58－62.

［240］李志刚．新阶段银行数字化风控体系建设［J］．中国金融，2022（12）：60－62.

［241］张秋水．互联网金融发展背景下商业银行审计风险及应对策略［J］．企业改革与管理，2023（23）：152－154.

［242］孟陶颖．金融科技对商业银行承担风险影响的实证分析［J］．中小企业管理与科技，2023（24）：67－69.

［243］孙娜．新形势下金融科技对商业银行的影响与对策［J］．宏观经济管理，2018（04）：72－79.

［244］王美婷，崔兆鹏．商业银行风险分析体系中的大数据应用研究［J］．商展经济，2023（23）：105－107.

［245］黄小珊．商业银行创新成效评价研究——从银行业创新指数构建角度分析［J］．银行家，2022（10）：56－61.

后　记

本人长期致力于商业银行信贷、风险预警等方面的研究，本书的思考与写作前后经历了三年的时间，在这三年里，无论是在选题、写作，还是最终修订上，均使得自己的理论知识与实践技能在知识海洋中汲取了大量宝贵经验。书稿的最终完成主要是把过去在金融机构工作中的实践经验与在大学的科研、教学过程中所积累的理论知识进行了较为系统的整合与升华，其主要目的在于实现研究的理论价值与实践价值的有机结合，以期能够真正指导金融机构的实践工作。

本书的最终完稿是在许多前辈及同仁的共同帮助下完成的，他们孜孜不倦的教导、无私的帮助对我而言都是莫大的鼓舞。感谢河南工业大学孙中叶教授对于本书的肯定和无私帮助，从选题、写作到最终完稿均得到了孙老师的悉心指导，感谢河南工业和信息化职业学院孙保强老师、河南科技学院闫柳狄老师对文稿的不吝赐教与细心校对。同时还要感谢我的家人，感谢他们给予我在学术研究道路上的鼎力支持。滴水之恩，无以回报，只有在今后的工作和生活中加倍努力，力争以自己最好的成绩回报社会、恩师、领导及家人。

经历了无数个日日夜夜，当文稿从无到有、从雏儿到付梓，喜悦之情、感动之心顷刻间涌满了心头。相信多年之后，我会依然怀念这份潜心钻研挑灯夜战的感动，这当中有苦、有乐，简单、却也深邃……

学术研究永无止境，加之本人在学术造诣上的欠缺，书中难免有不妥之处需要进一步深入探讨，衷心期望得到诸位前辈及学术同仁的不吝赐教。

孙志娟